本译丛为
浙江师范大学非洲研究院系列研究丛书之一

浙江省高校人文社科重点研究基地
——浙江师范大学高等教育学研究基地资助出版

非洲教育译丛　　徐　辉　顾建新　主编

Africa

中国对非洲的援助与软实力：
以教育和培训为例

China's Aid & Soft Power in Africa:
The Case of Education & Training

[英] 肯尼斯·金　著

刘爱生　彭利平　译

ZHEJIANG UNIVERSITY PRESS
浙江大学出版社

图书在版编目(CIP)数据

中国对非洲的援助与软实力：以教育和培训为例 /（英）金著；刘爱生,彭利平译. —杭州：浙江大学出版社，2015.8

（非洲教育译丛 / 徐辉,顾建新主编）

书名原文：China's Aid & Soft Power in Africa：The Case of Education & Training

ISBN 978-7-308-13951-9

Ⅰ. ①中… Ⅱ. ①金…②刘…③彭… Ⅲ. ①中外关系—对外援助—研究—非洲 Ⅳ. ①D822.24

中国版本图书馆 CIP 数据核字（2014）第 235269 号

浙江省版权局著作权合同登记　图字：11-2014-275

ⓒKenneth King 2013

中国对非洲的援助与软实力：以教育和培训为例

[英]肯尼斯·金　著

刘爱生　彭利平　译

责任编辑	伍秀芳（wxfwt@zju.edu.cn）
责任校对	金佩雯
封面设计	续设计
出版发行	浙江大学出版社
	（杭州市天目山路 148 号　邮政编码 310007）
	（网址：http://www.zjupress.com）
排　　版	杭州林智广告有限公司
印　　刷	杭州日报报业集团盛元印务有限公司
开　　本	787mm×960mm　1/16
印　　张	15.75
字　　数	290 千
版 印 次	2015 年 8 月第 1 版　2015 年 8 月第 1 次印刷
书　　号	ISBN 978-7-308-13951-9
定　　价	48.00 元

译 序
Translators' Foreword

  在步入新世纪的 2000 年金秋十月,"中非合作论坛"第一次部长级会议在北京召开。这是一次继往开来的盛会,它为 21 世纪包括教育在内的不同领域的中非合作提供了一个制度性的框架和机制,为扩大和深化中非教育合作提供了机遇。

  非洲是发展中国家最多的大陆,中国是世界上最大的发展中国家。教育无论是对非洲还是对中国的可持续发展都具有重要的战略性意义。正是因为如此,它一直是中非关系中的重要内容。在中非合作论坛的框架下,中非教育交流与合作不断深化:多边高层磋商机制初步形成;规模不断扩大,层次不断提升;合作内容不断丰富,合作形式和参与主体日趋多元;中国教育在非洲的影响力不断提升。此外,中非教育合作还带动了国内高校自身的发展和学科建设。

  伴随着中非关系的迅速发展,非洲研究也迎来了一次新的发展机遇。21 世纪以来的这段时间是我国非洲研究最为兴旺的时期,这主要表现为:学科建设不断完善,研究领域大为拓展;各类学术活动越来越多,与国外非洲学界的学术交流日趋频繁,研究成果不断涌现等。

  正是在这样的时代背景下,从 1996 年开始在喀麦隆从事汉语国际推广工作,并在 2002 年成为教育部首批四个教育援外之地之一,开始承担教育部、商务部教育援非项目的浙江师范大学于 2003 年 1 月成立了国内首家专门研究非洲教育及发展的学术机构——非洲教育研究中心。2007 年 9 月,浙江师范大学又在非洲教育研究中心的基础上创建了我国高校首家综合性非洲研究机构——非洲研究院。几年来,浙江师范大学在非洲教育研究方面已经取得了一系列令人瞩目的成绩,为推动国内非洲研究和中非教育合作的不断发展作出了自己的贡献。非洲研究学科也因此成了浙江师范大学新的学科增长点。

  然而,就中非关系发展的巨大需求而言,我国的非洲研究,包括对非洲教育的研究,仍亟须加强。从研究力量和研究水平而言,我国的非洲研究与国外许多国家的非洲研究之间还存在很大的差距。即使就与国内其他学科的比较而言,非洲研究仍属于边缘学科。中非合作(包括中非教育合作)的深化需要国内非洲研究(包括非洲教育研究)不断取得进步。在这个过程中,既需要中国的学者以"中国人的视角"对非洲进行客观的、独立的研究,也需要中国的学者加强国际学术交流,了解国际非洲研究的现状以及非洲发展的动向。基于此,浙江师范大学的非洲教育研究者一边就非洲教育问题进行自主研究,一边开展对非洲教育研究以及非洲教育发展政策走向具有重要影响力的学术著作和研究报告的译介工作。本次推出的"非洲教育译丛"包括世界银行等国际组织有关非洲教育发展的重要报告以及非洲和西方学者有关非洲教育问题的重要研究成果。我们相信,这些研究成果能加深国内关注非洲发展的朋友们对非洲教育问题的了解,推动国内非洲教育研究和非洲研究的发展。

徐　辉　顾建新

2008 年 5 月 20 日

前　言
Preface

　　本书阐述的是中国对非洲的教育与培训援助。此外,本书还将讨论援助的方式及其原因。不过,本书并不论述中国在非洲经营的学校或培训机构(如美国、法国、德国和英国等国,在非洲有直接经营的学校)。像日本一样,中国在非洲建立学校,但不经营它们,而是移交给当地教育部门。中国在非洲建立的一些高等教育机构亦是如此。即便在非洲的孔子学院也不由中国经营,而是作为东道国大学的一部分,由中国与该国的院长共同领导。

　　本书也不阐述中国对教育部门的资助,或者其他发展机构的教育资助。这些机构的资助方式被定义为全部门方法(sector-wide approaches,SWAPs)①,它可以把外部资助与教育部门协调起来。中国与此类资助方式或协调的机构无关。同样,中国不像美国和德国那样,致力于大规模的资助项目。

　　相反,本书阐述中国如何感知和施行与非洲的教育合作或人力资源开发。因此,本书的视角,与中国定义它们与非洲合作的视角相同。像中国一样,本书关注中非过去60年合作的历史。这意味着本书将关注成千上万名到中国接受培训的非洲学生和专业人士。来华的学生是长期的,而专业人士只待几个星期。此外,本书还将涵盖中非大学合作的中国版本,以及前往非洲的中国语言教师和志愿者。在中国看来,中非合作还包括在国内建立非洲研究院或中心。中非的有效合作需要专业知识以及双方的理解。

　　然而,除了阐述这些正式的培训方式、学生交换、志愿者和专业人士之外,本书还

---

　　①　全部门方法(sector-wide approaches,SWAPs)是指在任何一个部门,把政府、捐助者和其他利益相关者联结起来的方法,其目的在于促进全球发展——译者注。更多资料请参考:http://en.wikipedia.org/wiki/Sector-Wide_Approach.

将探讨成千上万名在非洲经商的中国人对非洲人的培训所带来的深远影响，无论这些商人来自微小企业，还是中型与大型企业。

由于用比较的框架进行分析，因而本书关注中非合作与传统捐助国之间的异同。本书着重关注中国援助的话语如何不同于经合组织（Organisation for Economic Co-operation and Development，OECD）的捐助国。本书还致力于捕捉那些来华的非洲学生与专业人士的实际感受。他们大多获得中国政府奖学金或培训资助。与西方捐助国不同，在过去 20 年中，中国很少改变其官方发展话语（official development discourse）的核心概念。中国的分析家，无论是政策制定者还是大学学者，都意识到发展话语（development discourse）中持久的一致性，并经常提及它。

但是，这些强劲有力的话语，如何影响到来华长期学习或接受短期培训的人员的实际感受？或许，官方话语并没有影响到所有来华的受训者以及中国在非洲所创办的公司中的雇员。我们将通过调查在华的非洲学生和受训者的经历，以及那些参与到中国企业的非洲人员来完成这些议题。

在 2006 年之前，软实力并不是中国发展话语的一部分，也没有完全被中国发展援助组织（China's Development Assistance Community）所接受。中国的发展话语，更强调互惠、共同发展和双赢合作。然而，即便软实力有可能变成一个无所不包的词汇，它仍可以有效地与各种援助分解开来，而且会影响到中国其他的对外与对内政策。

由于我 1968 年的博士论文研究的是西方最早一批国际组织对非洲教育使命的影响（1920—1924）及这些组织的报告，我被认为是教育援助领域的权威，尤其是在对非援助方面。在过去的 25 年中，我一直在编辑 *NORRAG News*①，其首要目标是"收集、批判地分析和汇总教育与培训的政策和战略，以及国际合作"。

许多国际组织，都曾在历史上给非洲开出了各种药方，这当中就包括 20 世纪 20 年代的菲尔普斯·斯托克斯基金会（Phelps-Stokes Fund）②和 20 世纪 80 年代的世界银行。但这些良方，也遭到大量的批判。根据菲尔普斯·斯托克斯基金会的报告，国际组织对非洲教育的关心可简单归纳为四点：20 世纪 70 年代的最低的基本学习需

---

① *NORRAG News* 是肯尼斯·金教授编辑的数字通讯，每年出两期，主要关注某一地区的教育、培训和援助政策。——译者注

② 菲尔普斯·斯托克斯基金会（Phelps-Stokes Fund）是根据菲尔普斯·斯托克斯家族一位成员的遗嘱，于 1911 年成立的一家非营利基金会，主要目的是致力于促进非洲的社会与经济发展。——译者注

求和非正式教育,90 年代的全民教育,以及最近当务之急的"2015 年后的教育与技能"。但这些报告、使命和委员会的共同点是,它们都是由外部机构给非洲的教育与培训提供特定的药方。这些药方在过去和现在都遭到非洲人深深的憎恨。

中国,或许还包括日本,很少对非洲"指手画脚"。自然,中国也没有针对非洲制定过详尽的教育政策文本(下文即将谈到)。但问题的关键并不在于有没有制定政策。像日本,针对非洲制定了许多政策,但它们不是命令性的。这两个亚洲国家可以声称,它们对非洲的援助是"回应式"(response mode)的,其援助机制可以反映这一点。韩国亦是如此。

另外,前往非洲支援的中国与日本的工作人员和专家,他们的谦卑很受非洲人民喜欢。如果软实力是指"让其他人想要你所想要的"(getting others to want what you want),那么中国和日本并没有花费大量时间游说或倡议,至少在本书所讲的领域是如此。

如果把中非在教育与培训上的合作比作一块七巧板的话,那么这块七巧板还有一些丢失的部分,尤其是在理解中国对非洲援助所产生的影响上。我们着重分析了这些丢失的部分,但希望这些分析足够全面,从而可以更为清晰地理解中非在人力资源开发上的历史、原理、伦理和方式。

最后,为什么理解中国对非洲的教育与培训的援助及其方式很重要呢?中国对非洲的援助与合作由一系列独立的部分组成,包括农业、商业投资、医药、贸易、财经、基础设施、科技,以及人力资源开发(human resources development,HRD)、教育、文化和人际交换等(FOCAC,2006b)。在某个层面上,本书关注的是最后四个项目;但在另一层面上,中国对非洲的人力资源开发的援助,是理解中非在其他领域合作的方式与潜力的关键,包括医药、农业、科技等。Shinn and Eisenman(2012:210)指出了其中的要义:"相对经济、对外援助和战略等话题,教育合作受到的关注度较小,但中国学者和政策制定一直在出版物和公共声明中强调其重要性。"

除了从总体上理解中非在人力资源开发上的合作外,随着中国在非洲的大中小型企业数量的迅速增加,与人力资源开发相关的议题也成为一个热点。一种普遍的观点认为:中国把成群结队的专家带到非洲,而很少雇佣或培训当地人——这种观点其实是错误的(Brautigama,2009:154)。但由于这种观点已经深入人心,因而还原中国在非洲的人力资源开发项目与投资的本来面目,显得至关重要。

然而,对于理解中国人是如何看待自身在非洲的旅居或扎根,我们仍需要大量地学习。目前,对于过去一二十年或更长年份的中国人是如何在非洲立足的,我们还缺乏详细的个人论述。搜集和整合那些涉及在非洲衣食住行的资料,应是优先考虑的事情。戴维·利文斯通（Livingstone，1858）长达 700 多页的巨著《一名传教士在非洲南部的旅行和考察》的影响力巨大，包括对诸多以他为榜样而移民到非洲的苏格兰人所产生的影响。人们看待非洲及非洲人的态度，深受这些早期描述非洲大陆的著作的影响。

在这个互联网和社交网络时代，人们或许无须再出版一本描述中国人在非洲旅居的专著，只需使用社交网络和博客，就可以把自己在非洲的经验与难以计数的读者分享。但是，它们并不构成研究资料的来源。

若没有这些详尽的记述，要决定中国关于非洲友谊的官方话语是否反映了实情并适应当地环境，将会变成一个挑战。

致 谢

Acknowledgements

要是没有马克·布雷(Mark Bray)教授邀请我做香港大学文学院和教育学院的杰出访问教授(2006—2007),就没有这项研究和这本书。在完成中国与非洲的实地考察的几年之后,我先应浙江师范大学的邀请在2010年8月去中国,同一年又应香港教育学院的邀请待了五个月。这次重返特别重要,因为我在这两段时间得以更新自己的研究。在此,我首先感谢浙江师范大学国际与比较教育研究院的万秀兰和楼世州教授,以及香港教育学院的马克·梅森(Mark Mason)教授和鲍勃·亚当森(Bob Adamson)教授。

英国科学院(British Academy)、卡内基基金会苏格兰大学项目(Carnegie Trust for the Universities of Scotland)和利华休姆基金会(Leverhulme Trust)提供的研究资助,使得有关非洲和中国的案头研究得以完成。在香港待了近一年之后,我向香港研究资助局(Hong Kong Research Grants Council)提出资助申请;在其资助下,我得以深入非洲进行研究。对于这项研究的成功,我还得感谢我在香港大学的年轻同事比昂·诺德维特(Bjorn Nordtveit),我们分头访问了非洲和中国内地。

自2006年起,许多人在不同的时段提供了不同的帮助,他们是:顾建新(Gu Jianxin)、陈晓西(Chen Xiaoxi)、胡自远(Hu Ziyuan)、贺文萍(He Wenping)、菲利普·斯诺(Philip Snow)、贝里·索特曼(Barry Sautman)、严海蓉(Yan Hairong)、兴津庆一(Okitsu Keichi)、于白(Yu Bai)、李薇(Li Wei)、张中温(Zhang Zhongwen)、马跃(Ma Yue)、马吕斯·瓦马克(Marius Vermaak)、张维元(Zhang Weiyuan)、应淡君(Ying Danjun)、赵琼(Zhao Qiong)、特雷·梅尼菲(Trey Menefee)、周志发(Zhou Zhifa)、阿斯范·依默茹(Asfaw Yimeru)、马新(Ma Xin)、牛长松(Niu Changsong)、卡诺·奥赛狄普(Kunle Osidipe)、史蒂文·撒贝(Steven Sabey)、刘高琼(Liu Gaoqiong)、莉蒂亚·拉比(Lydia Larbi)、乔纳森·简森(Jonathan Jansen)、郑崧(Zheng Song)、艾德

里安·戴维斯（Adrian Davis）、刘海芳（Liu Haifang）、奥巴梅·罗穆尔瓦德（Obame Romuald）、李志标（Li Zhibiao）、比昂·诺德维特（Bjorn Nordtveit）、撒该（Zacchaeus Ojekunle Olusheyi）、李安山（Li Anshan）、佩妮·戴维斯（Penny Davies）、穆罕默德·亚当（Mahamat Adam）、马克·乔治（Mark George）、黛伯拉·布劳提根（Deborah Brautigam）、松永伊藤（Matsunaga Masaei）、伊格纳茨·波莱特（Ignace Pollet）、唐长安（Tang Changan）、默里登·瓦拉尔（Merriden Varrall）、周南照（Zhou Nanzhao）、单·拉吉（Dan Large）、本·基普科利尔（Ben Kipkorir）、杰丝·穆甘比（Jesse Mugambi）、桑德拉·吉利斯派（Sandra Gillespie）、索耶恩·金（Soyeun Kim）、爱玛·莫德斯雷（Emma Mawdsley）、唐钱（Tang Qian）、元婷婷（Yuan Tingting）、允·帕克（Yoon Park）、穆雷·马克里（Murray Macrae）、里查德·卡锐（Richard Carey）、鲍勃·瓦克沙（Bob Wekesa）、横关由美子（Yokozeki Yumiko）、彼特·瓦卡巴（Peter Wakaba）、魏杨根（Wei Yanggen）、李军（Li Jun）、亚当斯·波多莫（Adams Bodomo）、菲利普·巴伯（Philip Barber）、摩根丝·简森（Mogens Jensen）和前田光子（Maeda Mitsuko）。① 从最开始的会议，到本书写作结束（2012 年末），我与这其中的许多人都保持着联系。

　　除了这些人之外，我还在非洲访谈过 200 多人，中国 70 多人，其中有些人还不止一次。在最初访谈之后，我还通过电子邮件与有些人保持联系。其他一些人邀请我进行讲学，包括我在非洲实地调查的三个国家、中国、德国、比利时、丹麦、韩国和英国。

　　在此，我还要对詹姆斯·克瑞（James Currey）、道格拉斯·约翰逊（Douglas Johnson）、林恩·泰勒（Lynn Taylor）、杰奎琳·米歇尔（Jaqueline Mitchell）深表感谢。他们承担了书稿的编辑和出版工作。我还要感谢派特·马拉斯（Piet Marais）的特别帮助，她为本书的扉页提供了图片。

　　在埃塞俄比亚、肯尼亚、南非以及中国，所有的访谈都是与我妻子帕拉维纳（Pravina）共同完成的。此外，她还得忍受我的时间安排以及写作末期（2011 年 11 月）的"足不出户"。2012 年 2 月，我做了髋关节置换手术，她一直在我身边给予照顾，并几乎通读了整本书稿。我所欠她的，是无法用语言来表达的。尽管这些章节是我写的，但我从与她的联合访谈以及她的真知灼见中受益良多。因而，我更喜欢用"我们"，而不是"我"。

肯尼斯·金　于 2013 年 4 月 1 日

---

　　① 中文作者的名字这里都采用音译，可能与实际有出入。——译者注

目 录
Contents

1 中国与非洲：人力资源开发的起源、文件与话语 / 1

　1.1　南南合作中的中国发展话语 / 6

　1.2　软实力 vs 南南合作的精神 / 9

　1.3　中国教育援助的变与不变 / 11

　1.4　中非大背景下的中国教育与人力资源开发 / 13

　1.5　研究中国对非人力资源开发的挑战 / 13

　1.6　研究中非人力资源开发合作所采用的方法(2006—2012) / 16

　1.7　开放、进入和透明 / 19

2 中国与非洲的高等教育合作：互助合作的新方式？ / 25

　2.1　背景介绍 / 25

　2.2　影响与起源 / 29

　2.3　中非教育合作的伙伴关系 / 31

　2.4　孔子学院的特殊性和显著性 / 47

　2.5　中非合作论坛框架下的人力资源开发目标和中非高等教育合作的加强
　　　　(2003—2015) / 51

　2.6　中非人力资源开发合作的焦点：高等教育 / 53

　2.7　结论：合作、伦理和互惠 / 55

3 非洲学生在中国：变化中的特征、背景与挑战 / 59

3.1 变化中的中国学生和非洲学生的态度？ / 61

3.2 在中国学习的肯尼亚人 / 66

3.3 中国大学的其他非洲学生 / 74

3.4 进一步反思的问题和政策分析 / 83

4 中国在非洲的企业和培训——双赢合作的舞台？ / 91

4.1 中国对长短期培训的支持以及中国在非洲的工商企业的作用 / 95

4.2 中国工商企业在非洲人力资源开发的规模 / 98

4.3 中国电信业的跨国公司 / 99

4.4 公司的社会责任(CSR)与中国在非洲的公司 / 101

4.5 关键基础设施公司中的培训和发展哲学 / 102

4.6 中国小微公司的培训挑战 / 105

4.7 腐败的两个方面 / 106

4.8 通过不同的经营模式开展培训 / 107

4.9 与非洲非正式经济相关的中国商人和中国商店 / 109

4.10 人力资源战略中的东方快车、推土机和机车 / 113

4.11 中国在安哥拉：建筑部门的技能事例 / 116

4.12 中国工商企业在技能和能力建设上的其他视角 / 118

4.13 中国在非洲工商企业的技能和能力开发——文献的视角 / 121

4.14 结　语 / 130

5 中国的援助和传统的捐助国：趋同还是趋异？ / 133

5.1 中国对非洲援助的特点和差异 / 135

5.2 援助数据和透明度 / 147

5.3 虽独具特色，却也是趋同的开始？ / 154

5.4 结　语 / 160

6　中国在非洲的软实力——过去、现在和未来 / 163

　　6.1　孔子学院，中国软实力的最好例证? / 164

　　6.2　关于孔子学院的分析性视角 / 170

　　6.3　作为中国文化外交的中国奖学金和专业培训 / 177

　　6.4　中国在非洲的援助、教育和软实力 / 184

　　6.5　将软实力与中国在非洲的发展援助联系起来 / 187

　　6.6　给中国在非洲的援助和软实力定位 / 196

7　结　论 / 201

参考文献 / 207

附　录 / 227

索　引 / 229

译者后记 / 231

缩 略 词
Abbreviations

AAA	阿克拉行动议程(Accra Agenda for Action)
ADB	亚洲发展银行(Asian Development Bank)
AERC	非洲经济研究协会(African Economic Research Consortium)
ALRN	非洲研究劳工网络(African Labour Research Network)
ASU	非洲学生联盟(African Students Union)
AU	非洲联盟(African Union)
BA	文学士(Bachelor of Arts)
CASS	中国社会科学研究院(Chinese Academy of Social Sciences)
CCS	中国研究中心(Centre for Chinese Studies)
CERC	比较教育研究中心(Comparative Education Research Centre)
CICC	中国信息与文化交流(China Information and Culture Communications)
CMU	重庆医科大学(Chongqing Medical University)
CRBC	中国路桥总公司(China Road and Bridge Corporation)
CRI	中国国际广播电台(China Radio International)
CSAC	中国喀麦隆学生协会(Cameroon Students Association in China)
CSCUK	英联邦奖学金委员会(Commonwealth Scholarship Commission(of the UK))
CSR	企业社会责任(corporate social responsibility)
CC	孔子课堂(Confucius Classroom)
CI	孔子学院(Confucius Institute)
CSFP	联邦奖学金计划(Commonwealth Scholarship and Fellowship Plan)
DAC	发展援助委员会(Development Assistance Committee)

DAAD   德意志学术交流中心（German Academic Exchange Service）①

DAC   发展援助委员会（Development Assistance Committee）

DFID   英国国际发展部（Department for International Development）

DRC   发展研究中心（Development Research Centre）

DSA   发展研究协会（Development Studies Association）

EADI   欧洲发展研究和培训机构协会（European Association of Development Research and Training Institutes）

ECNU   华东师范大学（East China Normal University）

EFA   全民教育（Education for All）

ECPC   埃塞—中国职业技术学院（Ethio-China Polytechnic College）

ERASMUS   欧共体大学生流动行动计划（European Community Action Scheme for the Mobility of University Students）

ETC   埃塞俄比亚电信公司（Ethiopia Telecom Corporation）

FAO   联合国粮农组织（Food and Agriculture Organisation）

FCO   （英国）外交和联邦事务部（Foreign and Commonwealth Office）

FDI   外国直接投资（foreign direct investment）

FOCAC   中非合作论坛（Forum on China-Africa Cooperation）

GDP   国内生产总值（Gross Domestic Product）

GIZ   德国发展合作署（German Agency for Development Cooperation）

GOI   印度政府（Government of India）

GMR   全球监测报告（Global Monitoring Report）

GUASC   中国非洲学生总联合会（General Union of African Students in China）

GUAST   天津非洲学生联合会（General Union of African Students in Tianjin）

HEI   高等教育机构（Higher Education Institute）

HKIEd   香港教育学院（Hong Kong Institute of Education）

HLF4   第四届高层论坛（Fourth High Level Forum）

HR   人力资源（human resources）

HRD   人力资源开发（human resources development）

HRW   人权观察（Human Rights Watch）

---

① DAAD 为德文 Deutscher Akademischer Austausch Dienst 的缩写。——译者注

HSK	中国汉语水平考试(Chinese language equivalent of TOEFL)
IAS	非洲研究院(Institute of African Studies)
IDS	发展研究院(Institute for Development Studies)
ILO	国际劳工组织(International Labour Organisation)
IPRCC	中国国际扶贫中心(International Poverty Reduction Centre in China)
ITEC	印度技术与经济合作(Indian Technical and Economic Cooperation)
IWAAS	西亚非研究所(Institute of West Asian and African Studies)
JICA	日本国际协力机构(Japan International Cooperation Agency)
JOCV	日本海外合作志愿者(Japan Overseas Cooperation Volunteers)
KOICA	韩国海外国际合作署(Korea Overseas International Cooperation Agency)
MPA	公共管理硕士(Masters in Public Administration)
MDG	千年发展目标(Millennium Development Goal)
MOE	教育部(Ministry of Education)
MOFA	外事部(Ministry of Foreign Affairs)
MOFCOM	商务部(Ministry of Commerce)
ND	未注明日期(no date)
NDD	非 DAC 捐助国(Non-DAC donor)
NGO	非政府组织(non-government organisation)
NORRAG	教育与培训之研究评论与建议网络(Network for Research Review and Advice on Education and Training)
NUGS	加纳学生联合会(National Union of Ghanaian Students)
ODA	海外发展管理局(Overseas Development Administration)
OECD	经济合作与发展组织(Organisation for Economic Cooperation and Development)
OSSREA	东部和南部非洲社会科学研究机构(Organisation for Social Science Research in Eastern and Southern Africa)
PRC	中华人民共和国(People's Republic of China)
SIDA	瑞典国际发展合作机构(Swedish International Development Cooperation Agency)
SSC	南南合作(South-South Cooperation)
SSA	撒哈拉以南非洲(Sub-Saharan Africa)
SWAP	全部门方法(sector-wide approach)

TAZARA 坦赞铁路(Tanzania Zambia Railway Authority)

TC 技术合作(technical cooperation)

TICAD 东京国际发展国际会议(Tokyo International Conference on African Development)

TUTE 天津职业技术师范大学(Tianjin University of Technology and Education)

TVET 职业技术教育与培训(Technical and Vocational Education and Training)

UNESCO 联合国教科文组织(United Nations Educational, Scientific and Cultural Organisation)

UNDP 联合国开发计划署(United Nations Development Program)

UNICEF 联合国儿童基金会(United Nations Children's Fund)

USAID 美国国际开发署(United States Agency for International Development)

VSO 海外志愿服务队(Voluntary Service Overseas)

WHO 世界卫生组织(World Health Organisation)

ZNU 浙江师范大学(Zhejiang Normal University)

ZTE 中兴通信设备有限公司(Zhongxing Telecommunication Equipment Corporation)

1 中国与非洲：人力资源开发的 起源、文件与话语

40多年前，即1971年，我出版了第一本关于教育援非的专著《泛非主义与教育》(King，1971)。此书主要论述了纽约菲尔普斯·斯托克斯基金会对东非、西非和南非的教育援助及其使命。此书还特别关注了该基金会对肯尼亚的教育发展所提出的建议，同时也是继《非洲的教育》(Education in Africa)和《东非的教育》(Education in East Africa)(Jones，1922；1924)之后关注肯尼亚院校发展的专著。之所以选择这一选题，具有一定的偶然性，因为我恰好接触到菲尔普斯·斯托克斯委员会于1922和1924年出版的两份报告。从中，我有一种强烈的感觉，非洲的教育许是从美国南部州为非裔美国人建立的教育机构中吸取了灵感，这其中包括塔斯基吉学院(Tuskegee)和汉普顿学院(Hampton)。不用说，"中国"这个单词并没有出现在我专著的目标中，也没有出现在菲尔普斯·斯托克斯基金会的报告中。

20年后，我出版了第二本关于援助与教育的专著《发展中国家的援助与教育》(King，1991)，论述了捐赠机构在展开与提升研究中所扮演的角色，分析了发展中国家的教育。此书并没有把日本和中国作为捐助国，而中国只是其他机构研究的对象。例如，世界银行就对中国人的技能发展、识字率和非正式教育进行了研究。

一晃又是20年。2011年，当我开始本书写作时，我意识到，就其创作起源而言，与1971年的经验具有相似性。2006年春，我来到了中国，并在香港大学度过了一年。刚到香港大学的头几天里，我被问及能否开展为期两周的研讨课。题目是什么呢？可以是我在爱丁堡大学非洲研究中心(1995—2005)所开展的研究(包括技能发展、消除贫困、教育与知识经济、对教育目标的批判，或者高等教育政治学)吗？我想，为什么不尝试一些不一样的东西呢？作为一名非洲研究专家，我偶然发现，中国把2006年宣布为"非洲年"。此外，中国还于2006年1月12日发表了《中国对非政策文件》(China's African Policy)。因而，如果在其政策中有所体现的话，为什么不谈谈中国的对非援助呢？

与菲尔普斯·斯托克斯基金会的两份报告(分别长达 317 页和 417 页)仅仅关注教育和培训不同,《中国对非政策文件》只有 11 页,但它涉及中非合作的各个领域。"合作"是该文件的关键词,出现了不下 78 次,合作的领域几乎无所不包：农业、政治、经济、媒体、旅游、健康、文化、环境、科技、军事、南南合作,以及人力资源和教育。除了仅有一次提到在紧急情况下提供"人道主义援助"外,文件并没有提到"援助"。

换言之,中国有对非政策,但并没有一个单独的教育政策。更确切地说,文件只是在教、科、文、卫和社会方面,有几行涉及教育政策。下面的一段话摘自《中国对非政策文件》：

人力资源开发和教育合作

充分发挥中国政府设立的"非洲人力资源开发基金"在培训非洲人才方面的作用。根据非洲国家的实际需要,确定重点,拓展领域,加大投入,提高实效。继续与非洲互派留学生。中国将适当增加政府奖学金名额。继续派遣援非教师。帮助非洲国家开展汉语教学。实施教育援助项目,促进非洲有关薄弱学科的发展。加强在职业技术教育和远程教育等方面的合作。鼓励双方教育、学术机构开展交流与合作。

以上一段话将是本书的主要内容：中国对非洲的人力资源开发的帮助。更为详细探讨的议题是：人才培训、奖学金、学生交流、教师派遣、汉语教学、职业教育,以及中非教育项目和学术机构的合作。

更为重要的是,中国强调根据非洲国家的实际需要而予以援助。也就是说,中国的教育援助在某种程度上是基于需求的,是一种对非洲自身需求的回应。这一点与日本长久以来的援助方式相似。日本国际协力机构(Japan International Cooperation Agency,JICA)强调,在与发展中国家的互动中,"回应式"(response mode)具有重要的意义(King and McGrath,2004)。

贯穿本书,我们还将考量中国对非洲的援助方式在多大程度上不同于传统的经合组织(OECD)的捐助国——它们大部分同时是发展援助委员会(Development Assistance Committee,DAC)的成员。这将是一个挑战,因为其间的援助方式存在巨大差异,即便在教育领域。例如,德国和法国把大量的援助用在高等教育上(70%),而美国、英国、荷兰、加拿大和瑞典等国家,把超过总额 69% 的援助用于基础教育(UNESCO,2011b：110;2012b：219—220)。

又一次,许多西方的捐赠者(但绝不是所有的)声称,它们援助的目的是减少贫困。因此，英国国际发展部（Department for International Development，DFID）自1997年起出版的一些白皮书（DFID，1997；2000a；2006；2009），强调其基本目标是缩减世界贫困。"贫穷的"、"贫困"在这四份报告中出现了不下百次。相比之下，《中国对非政策文件》根本没有出现这些字词。① 我们该如何解释？

有趣的是，在《中国的对外援助》白皮书中，"贫穷的"、"贫困"等字眼出现的次数极少；即便出现，也主要是针对中国自身。尽管该文件指出亚洲和非洲是贫困人口最多的两个地区，接受了中国80%左右的援助，但很明显，中国仍然把这种援助视为"穷帮穷"，一如20世纪60年代早期周恩来所主张的中国对非的使命（Snow，1988：145）。50年后，该白皮书仍把中国视为一个发展中国家，人均收入低，贫困人口多（China，2011a：1）。

中国最近出台的对非政策（2006）和对外援助白皮书（2010）吸引人的地方是，它们保持了中国20世纪五六十年代曾使用过的一些话语。和平共处五项原则，最初由中印于1954年提出，在1955年4月的万隆会议上得到了重申。"五项原则"的关键词是"平等互利"和"互不干涉内政"。8年后，这些内容又出现在周恩来访问非洲时提出来的著名的"中国政府对外援助八项原则"中。② 在"八项原则"中，首先强调的便是平等互利，"中国政府一贯根据平等互利的原则对外提供援助，从来不把这种援助看作是单方面的赐予，而认为援助是相互的"（China，2000a：1）；第二条强调的便是严格尊重他国的主权。

然而，需要谨记的是其出台的背景。我们不能脱离当时的背景来看待周恩来于1964年发表的中国对外援助的声明，而仅仅把它视为早期中国对外援助政策文本的节选。斯诺认为，中国的这些原则，是中国对过去60年遭到外国侵略的亲身经历的直接反思（Snow，1988：145）。事实上，周恩来在非洲阐述这些声明时，同时宣称非洲"革命时机已经成熟"。由于中国第一次进入非洲就发出这样的信号，在西方看来是

---

① 比较不同的非洲国家在中国外交部和DFID的呈现方式非常有趣。在后者的"实施计划"（Operational Plan）中，DFID尽管承认埃塞俄比亚取得了不俗的进步，但强调"埃塞俄比亚仍然是世界上最贫穷的国家之一"（DFID，2011：2）。相比之下，中国外交部的头两句是这样描述中国与埃塞俄比亚的关系的：双方有频繁的高层互访，政治互信继续深化。2010年11月24日，胡锦涛与吉尔马（Girma Wolde Giorgis）总统互致贺电，热烈庆祝两国建交40周年。详见：www.fmprc.gov.cn/eng/wjb/zzjg/fzs/gjlb/2984/.

② 从1963年12月13日至1964年2月5日，周恩来和陈毅先后访问了十个非洲国家：埃及、阿尔及利亚、突尼斯、摩洛哥、加纳、马里、几内亚、苏丹、埃塞俄比亚和索马里。参见附录"中国政府对外援助八项原则"。

一种"不祥之兆"。50 年之后,中国猛然现身非洲,同样让西方惊恐万状。

尽管每一次中国在非洲的露脸具有明显的持续性,但认识到不同时代的差异性也是很重要的。相比而言,20 世纪 60 年代早期前往非洲的中国教师与改革开放后80 年代早期前往非洲的教师就存在差异。

40 多年之后,诸如"平等互利"这些相同的词语,又几次出现在《中国对非政策文件》《中国的对外援助》白皮书上。其背后的持续性,除了"穷帮穷"、中国作为一个发展中国家帮助其他发展中国家、特别强调相互性等概念外,还包括许多其他的维度。当然,与这些相关的是中国对"援助"和"合作"的态度——我们已经在上文提及。

中国对外援助和合作的背后有一系列理念,其中一个核心理念是避免形成一种捐赠关系,即富人对穷人的慈善捐赠。相反,中国极力避免与他国形成一种依赖关系,而是帮助他国一步一步走向自力更生、独立发展的道路(China,2000a:1)。在中国对外援助的政策中,除了著名的"坚持不附带任何政治条件"外,还积极宣扬合作是为了团结和友谊。

因而,当中国对外宣布发展合作时,它避免使用捐助国和受援国等语句;相反,其话语特别强调团结。这种团结源于中国和非洲共享发展中国家的身份,并经历了几十年的同舟共济。下面的一段话摘自首届中非合作论坛(Forum on China-Africa Cooperation,FOCAC)部长级会议通过的《北京宣言》(2000),从中可以看到中国对"南南合作"和"平衡"这些典型话语的偏爱。2012 年 7 月,第五届中非合作论坛部长级会议通过的《北京宣言》保持了同样的特色。

> 强调中非同属发展中国家,根本利益一致;中非在国际事务中保持密切磋商,对巩固发展中国家间的团结,进一步推动建立国际新秩序具有十分重要的意义。(China,2000b:2)

> 双方对过去 12 年中非合作论坛所作的积极贡献表示赞赏,因为它巩固了中非的传统友谊,深化了政治上的平等互信,促进了经济上合作共赢和文化上交流互鉴,并推进中非新型战略伙伴关系。(China,2012:1)

"友谊"这一词语成为中国对外宣称援助关系的一个重要标志,这与其他国家的援助大不相同,例如英国国际发展部(DFID)。在其四卷本的白皮书中,根本没有出现"友谊"、"友好的"、"朋友"等字词,用以描述英国与其亚洲、非洲以及其他地区的伙伴国家的双边关系。相反，《中国对非政策文件》尽管只有 11 页，但出现"深厚友谊"、"中非友谊"、"友好关系"等字词不下 13 次。类似地，《中国的对外援助》中有大量的论述涉及与非洲及其他发展中国家的友好关系和友好合作。

"平等"和"相互"被反复使用，以突出中非友谊和伙伴关系的本质。就此方面而言，温家宝的发言与胡锦涛在中非合作论坛北京峰会上的开幕词并无差异（Hu，2006）。有时候，它是指政治上的平等；有时候，它是指"平等相待"。相互性有时候被表达为"互利"，但也指"相互尊重"、"相互支持"和"相互信任"。"相互"这一词语在 11 页长的《中国对非政策文件》中出现了不下 17 次。在最近的中非合作论坛的行动计划中，"相互信任"、"理解"、"协调"和"学习"等词语，同样被频繁地使用（China，2012）。当然，"相互"并不意味着相互的捐赠，它可以指非洲的资源和中国的财政。

"相互性"被频繁地用于描述中非关系，而在南北（North-South）关系的描述中并不常见。因而，这一词语根本没有出现于《巴黎有效援助宣言》（Pairs Declaration on Aid Effectiveness）（OECD，2005），也没有出现于《阿克拉行动议程》（Accra Agenda for Action，AAA，2008）。在这两份文件中，"相互的"仅仅被用来强调"相互责任"（mutual accountability）！然而，有趣的是，在《有效发展合作釜山伙伴关系》（Busan Partnership for Effective Development Cooperation）的最终稿中，由于它更强调加强和扩大对南南合作和三角合作（发展中国家—发展中国家—发达国家），"相互学习"和"相互尊重"等术语开始慢慢进入有关有效援助的话语体系中（OECD，2011）。

"共同发展"是中国合作话语的另一个标志。发展不是中国帮助非洲去实现的，而是二者共享的目标。因而，中国常宣称自己是"最大的发展中国家"，帮助"拥有最多发展中国家的大陆"（China，2006：1）。在第五届中非合作论坛的行动计划（2012）中，中国并没有承诺直接帮助其伙伴减贫，而是"通过举办研讨会、培训班等方式，与非洲国家交流减贫经验"（China，2012：30）。显然，这种新型战略伙伴关系不仅是道德领域的一部分，同时通过"双赢的经济合作"的运用，它还提升了一种世界观：这个世界没有输家，只有赢者。尽管"双赢的经济合作"这一词语是在中国引入市场经济后提出来的，但甚至在周恩来那个特殊年代，就强调援助的目的是帮助受援国逐步走上"自力更生、经济上独立发展的道路"（China，2000a；Jin，2010）。

在接下来的章节中，梳理出友谊、团结和互惠背后的道德诉求具有重要的意义。道德诉求的一个关键维度是，中国把自己看成是一个从事"经济双赢合作"或寻求"共同发展"和"共同繁荣"的角色（China，2006：30）。认为援助和合作是互惠的，可以给双方带来好处这一观念，可以追溯至周恩来多次提出的"亚非国家之间的经济相互援助，是穷朋友之间的同舟共济"（China，2000a：1）。到今天，其诉求更为进取，"中国的对外援助,发展巩固了与广大发展中国家的友好关系和经贸合作,推动了南南合作,为人类社会共同发展作出了积极贡献"(China,2011a:1)。可以说,中国对待世界发达国家的方式也是如此。

我们在上文的评论中指出,中国避免被他国视为"捐助国",因而似乎更喜欢"合作"这一词,而不是"援助",这可以从《中国对非政策文件》略见一斑。但是,在《中国的对外援助》白皮书中,却发生了明显的变化。在这份长达18页的白皮书中,"援助"出现了不下133次,奇怪的是,"合作"只出现了38次。更为频繁地使用"援助"是否反映了中国有了建立一个援助机构的想法,而非仅仅满足拥有一个商务部辖下的对外援助司,目前还不得而知。但是,鉴于援助总额日益增长,中国不成立一个独立的援助机构,倒显得有点奇怪。事实上,2011年《中国的对外援助》白皮书就公开声称,商务部会同外交部、财政部等有关部门和机构,于2011年2月成立了对外援助的部际协商机制(China,2011a:16)。这一机制最终能否发展成中国国际合作署(China International Cooperation Agency,CICA)(像韩国的KOICA、日本的JICA),我们将拭目以待。

关于这一点,我们可能会注意到,在周恩来宣布对外援助的"八项原则"后的20世纪六七十年代,一个特别的援助部门成立了:对外经济贸易部(the Ministry of Foreign Economic Relations)。此外,每个省份都有援助分支机构,负责派遣专家。有趣的是,在早期,这些省是以结对的方式进行援助,例如河北省和非洲的扎伊尔(Zaire)(Snow,1988:147;Li,2011)。

从"合作"转变成"援助",一定意义上反映了中国从改革开放初期在非结盟国家处于"平等中的首席"(first among equals),发展成一个不断崛起的超级大国。换言之,中国的对外援助除了维持一贯的"南南合作"这一话语,重心日益放在对外援助机构的建设上,即使它决不加入OECD的发展援助委员会捐助国俱乐部。

1.1 南南合作中的中国发展话语

我们从中国对外关系等文件中挑选的一些术语(它们可以由中国大使在中非建交周年纪念日以及其他场合一遍又一遍地复述出来),基本上反映了中非发展的伦理道德诉求。互利、共同利益、友谊、政治平等、团结、相互学习等术语,是南南合作的主线。它们不仅可以在中国对非的《北京宣言》中找到,而且可以在《德里宣言》(Delhi Declaration)、《巴西里亚宣言》(Brasilia Declaration)中找到。因此,《德里宣言》(源于2008年4月召开的印非论坛峰会(India-Africa Forum)),不仅重申了印度与非洲由来已久的文明联结，而且在宣言的首页和末页表达了类似的伦理原则：

> 这种伙伴关系将建立在平等、相互尊重以及双方对相互利益的理解等基本原则之上。
>
> 这次论坛峰会进一步巩固了非洲与印度之间由来已久的关系，这种关系是互利的，是建立在相互信任、平等和团结的基础之上的。（GOI，2008：5；10）

莫兹利（Mawdsley）很好地把南方（Southern）发展伙伴的这些"符号诉求"归结如下：拒绝垂直的"捐助国—受援国"关系；注重最近的、直接的成功发展经验；共情源于共享的认同；互利互惠；与其他发展中国家团结一致（Mawdsley，2011：1，9；2012：152）。可以说，这些诉求可以延伸至朝鲜，这个国家刚刚从"非 DAC"跨入到 DAC 俱乐部（Kim，2011）。尽管南南合作在许多方面与《中国对非政策文件》《中国的对外援助》以及《中国政府对外援助政策八项原则》极其相似，但梳理出中非人力资源开发中的相关术语还是很重要的。在接下来的三章中，我们将通过描述人力资源开发方式、在华的非洲学生、华企在非洲的培训，对此详细探讨。但是，南南合作的一些原则如何转化为实际行动，可以在这里先作简单描述。

首先，要避免等级化的"捐助国—受援国"关系，这可以明显地从有关中非关系的宣言、行动计划以及演讲中体现出来。只要有可能，相关的宣言中最容易出现"双方同意……"这样的语句。例如，在 2006 年中非合作论坛第三次峰会的"北京行动计划"中，最常见的语句是"双方强调"（或者"同意"、"欢迎"、"重申"、"承认"、"决定"等）。不像在格伦伊格尔斯（Gleneagles）召开的 G8 会议，这种对"双方"的强调表明"行动计划"不是一份捐助文件，而是中非共同的承诺。[①] 另一方面，当涉及特定的承诺时，语言就发生了显著的变化：

> 中国政府决定：
> 在 2009 年之前，向非洲留学生提供中国政府奖学金名额由目前的每年 2000 人次增加到 4000 人次。（FOCAC，2006b：5.4.4）

[①] 在 2012 年召开的中非合作论坛中，"双方"在一份长达 42 页的文件中出现了不下 139 次，"中国政府"只出现了 8 次（China，2012）。

当然,在合作发展的实际层面,极易发现,要把一建设工地上的中国工程师与技术人员、熟练工人区分开来,是极其困难的。同样,中国"专家"出现在项目现场,似乎是因为要表明自周恩来确立的某些标准一直未变①:

> 中国政府派到受援国的专家,同受援国自己的专家享受同样的物质待遇,不容许有任何特殊要求和享受。(China,2000a)

当谈到中国最近成功发展的经验与知识时,对于成千上万名来华接受短期培训课程的非洲人而言,中国所要传达的信息明显而简单:这就是我们所学到的、我们所做的。② 中国没有像英国那样,在短期培训中试图评判和分析非洲在哪些方面做得不好。对于来华的非洲学生和非洲专家,中国所传达的另外一个压倒性的信息是:其成功与努力紧密相连。勤劳这一中华传统美德,对于成千上万名来华访问的非洲人,以及那些与在非洲创业的中国人共同工作的非洲人而言,都是显而易见的。

而涉及由共享发展中国家这一身份而带来的同感或团结这一议题时,实际情况更为复杂。当我们走近在华的非洲学生,探求中国学生对非洲学生的态度时,发现各自长久以来就存在关键性的种族态度。直到今天,这种态度是否发生了剧烈的改变,也是众说纷纭。我们将在第 3 章对在华的非洲学生做深度调研。

就互利互惠方面而言,其基本原则很清晰,一直可以追溯到万隆会议的精神和主张,"中国政府一贯根据平等互利的原则对外提供援助,从来不把这种援助看作是单方面的赐予,而认为援助是相互的"(China,2000a)。搞清楚这里的"相互"很重要。"相互"并不必然意味着中非关系在财政上的平衡。周恩来宣布中国对外援助八项原则刚过三年,中国就与坦桑尼亚和赞比亚签订了一份协议,要在两国之间建设一条长达 2000 千米的铁路。不像日本自 1973 年开始的资源换技术的互惠(Brautigam,2009),中国援建坦赞铁路以及其他早期的合作项目,都没有获得直接的物质利益(Dowden,2008:490)。但与同时期的西方或俄国对非援助截然不同,中国的对非援助用周恩来的话来讲,绝对是"穷帮穷"(Snow,1988:144 ff.)。换言之,中国对非援助的目的是为了团结,而不是慈善(赐予)。但不等于说,"相互"没有任何互惠的意思

---

① 这一点,日本的专家到今天也是如此:他们更喜欢在田间山头工作,而不是在与部长相邻的办公室里。

② 中国一位大使解释在中国举办培训课程的意图时说到"眼见为实"(大使与肯尼斯·金的谈话,2012 年 10 月 12 日)。

在里头。在中国开始建设坦赞铁路的 20 世纪 70 年代，中国重新获得联合国的席位，这尤其多亏非洲国家的投票。

在中非关系中，另一个可以表明互惠是如何在实际中产生的例子是，中非合作论坛中双方共同制订并一致通过的行动计划。例如，2006 年第三届中非合作论坛就包含一系列承诺，既涉及成立中非发展基金会（China-Africa Development Fund），以资助前往非洲投资的中国企业；又涉及众多可以使非洲方面受益的资助，包括教育中的人力资源、卫生和农业等。因而，在人力资源方面，双方并不是直接对等的，几乎所有的奖助学金、志愿者和专家都是由中国单方面地提供给非洲。[①] 但从总体上来看，双方无疑是互惠互利的。这与西方的援助是迥然不同的。在莫兹利看来，西方的援助是"慷慨的富人向贫困的穷人的一种没有回报的赠予"（Mawdsley，2011：9）。

在回顾南南合作的所有这些维度之后，尽管只是简短的回顾，但依然可以帮助我们清晰地理解合作的总体原则，以及合作在面临实际挑战时可能发生的变化。在接下来的章节中，我们将顺次地予以详细阐述。但在开始论述教育援助之前，还需审视中国合作的另一个视角。

1.2 软实力 vs 南南合作的精神

柏林墙倒塌和冷战刚结束不久，人们于 1990 年就使用"软实力"这个术语，这或许并不是一种巧合（Nye，1990）。从时间上来看，它至少存在了 20 年；但直到 15 年后，它才开始被中国政策制定者和学者使用，尤其是在胡锦涛于 2006 年 1 月第一次使用这个术语阐述文化的角色之后。[②] 尽管在胡锦涛讲话的一个星期之后，就颁布了《中国对非政策文件》，但有一个感觉：胡锦涛提及的软实力与《中国对非政策文件》之间并没有太多关联，所用的话语也不尽相同。

同年，胡锦涛在 2006 年 11 月举行的第三届中非合作论坛北京峰会的讲话中，体现的是我们前文已经分析过的南南合作话语："真诚友好"、"平等相待"、"相互支持"、"共同

---

① 埃及也为来华留学本国学生和去埃留学的中国学生提供了一小部分奖学金，见第 3 章。

② 胡锦涛 2006 年第一次使用这个术语：胡锦涛 2006 年 1 月 4 日在中央外事工作领导小组全体会议上讲话时指出，"我国国际地位和国际影响力的提高，既要表现在经济、科技和国防等硬实力上，也要表现在文化等软实力上（Li，2008：289）。"1994—2000 年间，软实力这个术语在 CNKI 的标题栏中才出现了 11 次；2001—2004 年间，58 次；2005—2007 年间，416 次（Li，2008：291—292）。

发展"、"互惠合作"。在讲话中，文化被视为中非共同努力、学习和交流的领地：

> 第三，扩大相互借鉴的文化交流。加强人文对话，增进双方人民特别是青年一代的相互了解和友谊，加强教育、科技、文化、卫生、体育、旅游等领域的交流合作，为中非合作提供精神动力和文化支持。（Hu，2006）

相反，在软实力的话语中，文化和媒介是一个国家力量的核心彰显。在一个有输有赢的竞技场中，它们在中非新型战略伙伴关系中并没有太多地被视为双赢元素。换言之，软实力在某种程度上意味着一个国家刻意去向外拓展并赢取他者之心。因而，从这个角度讲，中国在 2011 年的《中国的对外援助》白皮书中，把"合作"转变为"援助"，属于体现"软实力"的范畴。援助和软实力同属"捐助国—受援国"话语的一部分；软实力当然指向"受援国"而非"朋友"、"兄弟"或者"伙伴"。因此，毫不奇怪莫兹利在批判地分析南南合作性质的论文中没有提及软实力（Mawdsley，2011），在其著作《从受援国到捐助国：崛起的力量和变化的发展》中，仅有两小处提及软实力（Mawdsley，2012）；同样，Kim 在"对朝鲜援助的伦理案例"的述评中，也没有提到软实力（Kim，2001）。

布劳提根（Brautigam）在她最近出版的著作中仅三次提到中国和软实力。这本著作的书名取得非常含蓄，叫作《龙的礼物》（*The Dragon's Gift*）（Brautigam，2009）。她第一次提到软实力是强调北京需要说服其他国家：中国的崛起不是威胁，而是"和平的"；一个更为明显的援助项目可以在说服中扮演一定的角色。这或许意味着北京把软实力视为全球和谐话语的一部分，而不只是全球竞争话语。她第二次提到软实力是在中非合作论坛中北京的援助条款，包括给来华学习的非洲学生提供奖学金。最后一次则直接提到软实力中的人力资源，她把在非洲服务的年轻志愿者视为"中国的面孔"，是最新的"软实力"援助项目。

当然，在 1990 年第一次使用"软实力"很久以前，奖学金就被理解为一种"软实力"。事实上，作为"软实力的奖学金"存在部分悖论，因为像俄罗斯、美国和英国等特定国家在冷战结束后，就大幅减缩了奖学金。这从另外一个角度说明，软实力很难与硬实力分离开来。

冷战的双方都把奖学金视为"文化外交"。甚至有学者认为，像洛克菲勒、卡内基和福特等大基金会，针对非洲及其他发展中国家所施行的员工发展计划，也成为"文化外交"的一部分（Berman，1983）。试图通过精心安排的奖学金项目，来培养曾经被称为"友好的非洲人"——这些人来到美国，不会被针对黑人的种族歧视所激怒——则可以一直追溯到 20 世纪二三十年代（King，1971）。

然而，我们已在前文中讨论过，中国的奖学金和培训奖同样可以落入互惠和南南合作话语的范畴，因为假若我们从元叙事的角度来看，它们所包含的不只是中国在人力资源开发上的承诺。

我将在第 2 章揭示，这一情形同样适用于孔子学院，尽管它被不少人认为是中国软实力对外扩展的一个最具代表性的典范。例如，有学者就认为中国的孔子学院"是中国最为系统规划的软实力政策"（Yang，2010：235）。事实真相远为复杂，尤其是孔子学院的扩张不是由中国政府主导的，而主要基于海外学术机构的需求。① 正是如此，孔子学院才在美国大量出现，而且对孔子学院的需求有增无减。

总之，我们可以发现，软实力的确提供了另外一个视角来审视中国在人力资源开发所作的一些努力，但这种视角强调中国作为一个代理机构和战略家的角色，而非南南合作话语中我们所见到的伙伴关系。同样，把中国文化的传播视为对西方的威胁，并不是不可避免的；如果软实力与和平崛起、和谐世界的联系能够维持，那么文化影响力的扩散可以被视为一种"共享基本价值观和文化多样性原则"的尝试（Jiang，2009）。有趣的是，有人认为，中国在国外使用软实力，部分原因是中国在国内使用软实力，目的是为了提升和谐，以及为可持续增长创造条件（Barr，2011）。

我们将在第 6 章更为详细地讨论软实力，并探索一种使用软实力概念的方法，以使其与南南合作的原则或中国参与非洲事务所用到的道德伦理话语并不相冲突。

1.3 中国教育援助的变与不变

我们已经在《中国对非政策文件》中提及中国教育援非的一些条款。同样，这些条款在《中国的对外援助》中得到了重申：

> 中国教育援助内容主要包括：援建学校、提供教学设备和资料、派遣教师、在华培训发展中国家教师和实习生，为发展中国家来华留学生提供政府奖学金等。（China，2011a：14）

相比《中国对非政策文件》而言，《中国的对外援助》在教育领域的援助走得更远一点。它表明了这样一个观点：历史上许多技术和管理人才的正规培训，与中

---

① 因而，"由于国外合格的中文教师的短缺，中国通过汉办，建立了孔子学院，以向世界传播汉语教学和中国文化"（Yang，2010：240）这一表述就不准确。

国正在进行的援助项目息息相关，包括著名的坦赞铁路。这强调了一个事实："技术合作"远远超过了中国对正规教育的援助。大量来华的非洲个人，以及前往非洲大陆的中国专家，大大超过了纯粹的教育合作所能涵盖的数量。例如，根据斯诺的报告，在 20 世纪 80 年代早期，中国派往非洲的技术人员不少于 15 万人（Snow，1988：149—150）。事实上，在中国当前对外援助的政策中，技术合作似乎就包括教育。在《中国的对外援助》的"技术合作"一节中，就包括一系列不同领域：工业生产、农业、手工业、文化教育、体育训练、医疗卫生、清洁能源、地质勘探、经济规划等（China，2011a：8）。

与正规教育和技术合作不同——它们总体上针对的是长期的培训，中国所使用的"人力资源开发合作"这一术语针对的是发展中国家短期的人员培训。像中国许多其他的援助一样，它可以追溯到 20 世纪 50 年代早期，但在 1998 年才开始急剧扩展。到 2012 年，每年大概有 10000 名短期受训者利用中国的援助资金来华接受培训，许多领域与刚刚提到的技术合作和长期培训所涵盖的领域相同。我们将在第 2 章注意到，自 2009 年起，中国所提供的培训课程一直在持续增长。

除了这些援助外，中国还于 2002 年起发起"海外志愿者项目"。这个项目涉及的人很少，但一直在增长。几乎可以肯定，这一项目包括发起于 2006 年的"青年志愿者服务非洲计划"。在埃及举办的第四届中非合作论坛中，并没有提及志愿者，但到 2012 年第五届中非合作论坛，志愿者又被重新提起。相比其他志愿者项目，该项目的人数仍然很少，到 2012 年 9 月总数才达到 364 人。但是，志愿者还应包括前往海外教汉语的志愿者——这是一个大得多的业务。派遣汉语志愿者一直是中国的传统，但在 2003 年之前，所涉及的人数都很少。不过，自 2003 年起，人数有了迅猛增长；到 2009 年，据称大概有 7500 名汉语志愿者被派往超过 70 个国家。

有趣的是，《中国对非政策文件》和《中国的对外援助》白皮书都没有提及孔子学院或孔子课堂。但实际上早在《中国对非政策文件》（2006）颁布以前，世界上第一家孔子学院就于 2004 年 11 月在韩国首尔创建；到 2011 年中国发布《中国的对外援助》白皮书时，全世界已经有超过 700 家孔子学院和孔子课堂。这两个机构不仅负责管理大量来华接受长期和短期语言培训的人员，而且负责管理大量前往非洲、亚洲、拉丁美洲以及绝大部分经合组织国家的全职中国汉语教师，这些教师主要来自大学或中小学。或许由于孔子学院和孔子课堂并不全是援助项目，因而没有在《中国的对外援助》中提及。我们将在第 2 章进一步讨论。

1.4 中非大背景下的中国教育与人力资源开发

在我书桌后面，整个书架上都是关于中非的书籍。从中可见，人们对于中国在非洲做了什么有着广泛的兴趣，尤其在西方。因此，我们急切地期望，有关人力资源的探讨能够注意到这一更关键的背景。相比一种广泛流传的观点，即中国把本国的大量劳动力输入非洲，中国给非洲提供奖学金、培训、学术交流、志愿者、语言教师、专家，或者用一句话来概括就是，中国在本土和在非洲所提供的能力建设（capacity-building），究竟在多大程度上应获得认可？相比许多传统的经合组织捐助国的教育援助方式，包括日本，中国的教育与培训援助有何不同？就此方面，与早已存在的东京非洲发展国际会议（Tokyo International Conferences on African Development，TICAD）相比，中非峰会关于教育与培训的承诺有何不同？另外，与诸如印度、巴西或其他所谓的新兴捐助国相比，中国在非洲的人力资源开发有何不同？例如，即便收集少量最近出版的有关印非的书籍都将是一件困难的事情，哪怕印度已经分别于 2008 年 4 月和 2011 年 5 月召开了两届印非峰会。然而，印非之间的利益正在稳定增长。再一次，从另外一个角度而言，数以万计的中国移民出现在非洲，北至埃及，南及南非，究竟有多大重要的意义？这些移民大部分并不是基于劳工合同的雇佣工人（2007 年大概有 114000 人），而是小企业主、商人，甚至是农民和移居者（Brautigam，2009：154）。这些数以万计在非洲的中国劳动者将会对非洲产生什么影响（例如培训、技术转移）？中国文化在非洲扮演了何等重要的角色（包括日益兴起的汉语热）？培训和工作机会与中国公司紧密相关吗？我们将在第 4 章进一步分析。

1.5 研究中国对非人力资源开发的挑战

在结束本章之前，我们将依次讨论研究中国对非洲人力资源开发援助所面临的挑战、2006 年 3 月以来对此所采用的研究方法，以及第一次在香港大学举办的探索性研讨会——"中国和非洲：援助、贸易和国际合作的新途径"。

我们第一个碰到的挑战已经暗示过了，即与诸如英国、日本这样传统的发展援助委员会（DAC）捐助国，甚至像韩国这样新兴的 DAC 捐助国相比，中国关于援助的官方书面材料明显稀少。以我们已经提到的英国国际发展部（DFID）为例，自 1997 年起，就国际发展这一议题已经先后发表了四份白皮书（DFID，1997；2000a；2006；2009）；它还发表了一系列与 OECD 国际发展目标相联系的目标战略文件（target strategy papers)，包括《全民教育》(Education for All, 2000)。此外，它还于 2010 年出版了《全民学习：DFID 的教育战略（2010—2015）》(*Learning for All：DFID's Education Strategy* 2010—2015)(DFID, 2000b)。① 除了这些，DFID 还有一份有关"发展中等教育、职业教育和高等教育的重要性"(The importance of secondary, vocational and higher education in development)的简报，以及一份评价"技术与职业技能发展"(Technical and Vocational Skills Development, 2007)状况的出版物。换言之，在 DFID 的出版物中，既有可能在白皮书中找到有关教育的部分，也可在单独的政策文件中找到有关教育的部分。再次，在国家层面，还有一系列国家援助计划当中会有许多内容涉及教育。最后，还包括由 DFID 资助的一套名为《研究这些问题》(*Researching the Issues*)的丛书。② 这套丛书大概有 70 本，全部都是围绕教育和培训撰写的，其中 1997—2007 年间出版的不少于 50 本。

相反，中国用一种非常不同的方式处理教育援助或合作。正如我们所见，中国发表了两个政策文件，一个是对非的，一个是对外援助的，其中的确有一小部分涉及教育以及人力资源，但中非合作论坛峰会之后的行动计划和宣言也提及教育（我们将在下文作更详细的探讨）。2006 年 11 月举行的中非合作论坛峰会上的 8 项承诺，同样也是《中国的对外援助》的附录之一。在这 8 项承诺中，有关教育、人力资源，以及更为普遍的卫生和农业包含如下：

> 今后 3 年内为非洲培训培养 15000 名各类人才；向非洲派遣 100 名高级农业技术专家；在非洲建立 10 个有特色的农业技术示范中心；为非洲援助 30 所医院，并提供 3 亿元人民币无偿援款帮助非洲防治疟疾，用于提供青蒿素药品及设立 30 个抗疟中心；向非洲派遣 300 名青年志愿者；为非洲援助 100 所农村学校；在 2009 年之前，向非洲留学生提供中国政府奖学金名额由目前的每年 2000 人次增加到 4000 人次。(China, 2011a：Appendix Ⅲ)

如果把这一段与《中国对非政策文件》中有关教育的援助政策相对比，就会发现该文件（2006 年 1 月发表）中关于增强和促进合作的一般宣言，到 2006 年 11 月的中非合作论坛北京峰会召开时，就已经成为具体化的目标。在《中国的对外援助》关于

---

① 随着政府的变更，它出版不久后，就不再是官方政策，但仍然是学术界感兴趣的话题。

② 要具体知道这套丛书的书名，详见：http://www.dfid.gov.uk/r4d/PDF/Outputs/Policy Strategy/ResearchingtheIssuesNo70.pdf.

教育援助的章节中，我们同样能找到这种目标量化的感觉。

稍后，我们将更加详细地探讨中国教育援助背后的哲学，但现在可以说，中国在教育援非中所作的承诺和目标，与国际发展目标中涉及教育的内容并无关联，包括后来的"千年发展目标"（Millennium Development Goals，MDGs），或者"全民教育目标"（Education for All Goals）。相反，中国的教育援助是每三年定一个目标，由中非共同设定，尤其是在 2006 年第三届中非合作论坛之后。

然而，除了诸如《中国的对外援助》此类的报告有一小部分涉及教育援助外，没有其他的教育援助政策。或许这背后有很好的理由。一个解释是中国对发展中国家的教育援助规模较小，无法达到美国国际开发署（U. S. Agency for International Development，USAID）、英国国际发展部（DFID）、世界银行或亚洲发展银行（Asian Development Bank，ADB）那样的规模，因而没有必要专门制定教育援助政策。另一个可能的解释是，中国的政策制定者认为有些教育援助报告的话语是他们所不能接受的，包括"全球全民教育监测报告"（EFA Global Monitoring Reports）。另一个可能的重要原因是，教育部国际合作与交流司或者商务部对外援助司缺乏承担政策分析任务的人才。最后的一个原因可能是中国人力资源合作的不同分支分散于许多不同的部门和机构。

同时，中国在非洲仅有两位教育参赞（Educational Councillors），一个是在中国驻南非比勒陀利亚（Pretoria）大使馆，一个是在开罗大使馆。值得注意的是，历史上教育参赞的出现很大程度上与中国学生在该国留学有关，而不是作为一个发展援助的角色而出现。因此，伦敦、华盛顿、东京等地也有教育参赞。但教育参赞与 DFID 不具有可比性，因为后者拥有 40 名专职员工，专门负责教育政策制定。

建立学校、学院或职业中心的任务由商务部牢牢把控。负责长期奖学金的机构是国家留学基金委员会（China Scholarship Council，CSC）。而数千笔授予给非洲和亚洲的短期奖学金则通过商务部及其海外办公室来管理。中国的核心教育资源则掌握在教育部手中，它主要通过大学来负责非洲和亚洲人员的短期集中培训。日益增加的中国汉语奖学金则主要由中国汉办来提供。但青年志愿者项目（Young Volunteers' Programme）似乎由商务部和驻非洲的商务参赞处（Commercial Councillor' Office）来操作。每一年，这些援助海外教育和培训的部门都会齐聚在一起开会，其中的主力军是大学，此外还包括教育部、汉办、留学基金委和商务部。

可见，涉及人力资源开发合作的部门比较分散，而且专门负责的人员不多。在这种环境下，当外部社会急需想了解中国政府援助的内容、原因及成本时，相关政府部门为数不多的专业人士缺乏应对的能力。然而，中国越来越意识到提升研究和同媒体打交道的重要性。因此,相关部门被要求设立联络点,或者,新闻发言人以更专业的方式来回应外部社会对中国援助和合作项目日益增长的兴趣。

此外,如果有一个专门的机构集中负责中国人力资源开发援助的不同方面,人们将可以更容易获得相关信息,这无疑是很有价值的。当然,多年来,国家留学基金委员会已经建立了自己的网站(www.csc.edu.cn),可以在该网站中找到所有参与其中的大学。想申请中国政府奖学金去中国(香港、澳门和台湾地区除外)学习的学生,可以迅速发现不同省份的哪些大学有资格招生。[①] 同样,汉办也建立了自己的网站,在其官网我们可以了解到中国在 108 个国家设立的 390 所孔子学院和 500 个孔子学堂的详细信息(数据截至 2012 年底)。如果商务部负责、中国大学及其他机构提供资源的成百上千的培训课程,有一个类似的网站,将会大有用处。而这种事,印度技术和经济合作部(Indian Technical Economic Cooperation,ITEC)早已着手好多年。我们将在第 5 章作更详细的讨论。

1.6 研究中非人力资源开发合作所采用的方法(2006—2012)

在我们研究的第一阶段(2006 年 3 月至 2007 年 5 月),研究的重心主要是先从总体上理解中国的合作话语,而后关注中国教育援非和人力资源开发合作的路径。为什么中国要对非援助,而且自 2000 年起的每三年,中国对非提供的一系列奖学金越来越多? 如何评价前往非洲的中国专家、技术人员、志愿者以及教师? 中国有明确的提升非洲能力建设的战略吗? 为什么"中国政府历来重视对发展中国家教育领域的援助"(China,2011:14)? 莫约(Moyo)在论述中国"争夺资源"(她最近研究的副标题)的著作中,也注意到劳力与人力资源的维度(Moyo,2012:158 ff.)。

正如前文所讲,即便中国没有像世界银行、DFID 或者 USAID 一样,专门制定一个教育援助政策文件,但从其所作的承诺和行动中,还是有可能构建一个事实上的政策。在这一点上——中国政府每三年所作出的人力资源承诺与其践行之间,迄今为止都有紧密的联结——值得强调。因而,构建一个政策是可能的,但要解释其原理以及它与其他政策的关系,将成为本书的挑战之一。

现在回到研究的第一阶段,它发生在香港大学。我成为港大教育学院和文学院的一员,为期一年。这一年中,我们查阅了中国外交部网站、有关中非合作论坛的网

---

① 目前,中国政府奖学金无法在香港和澳门地区申请。在"一国两制"下,香港地区保持了自己的国际奖学金项目(Pong, 2011; King,2007a)。

页,以及其他相关的网站和文献。

2006 年是"非洲年",整年都在为第三届中非合作论坛北京峰会(2006 年 11 月举行)而准备。这一年外交部网站进行了更新,那些与中国建立了外交关系的非洲国家的详细信息都可以在网站上查到。这一点很有价值。同样,中非合作论坛网站把早期会议的所有信息都囊括其中,包括宣言、行动计划以及相关的演讲。中非合作档案(包括网站)也包含了一些与中非相关的早期文件,例如 20 世纪 60 年代早期周恩来三次到亚非访问的记录。

对中非而言,2006 年是特殊的一年。那一年,就中非话题的不同维度举行了许多学术会议和政策研讨会,这些会议在不同地点举行。在该市,甚至还有文化庆典活动,香港历史博物馆举行了"郑和下西洋纪念展",据说 600 年前郑和就到达了今天的肯尼亚拉穆(Lamu)。这些重大的学术会议包括:2006 年 5 月由香港大学非洲研究团队(African Studies Group)组织的会议;2006 年 10 月由英国皇家非洲协会(the Royal African Society)、非盟的非洲发展新伙伴计划(New Partnership for Africa's Development)以及南非国际事务所(South African Institute for International Affairs)在约翰内斯堡(Johannesburg)举行的会议;2006 年 11 月由香港科技大学中国跨国关系研究中心(China's Transnational Relations)举行的会议;2006 年 12 月由中国社科院和英国国际发展部在北京举行的会议。这只不过是同年在不同地点举行的众多会议中的四个会议,其他还有在东京、剑桥、波恩(Bonn)和伦敦举行的会议,不一而足。

此外,我还几次访问中国,并在不同的学术机构或政策机构,就我日益感兴趣的中国教育合作开展研讨会。这些机构包括中国社科院的西亚非研究所(Institute of West Asian and African Studies,IWAAS)、中国现代国际关系研究院(China Institute of Contemporary International Relations),以及北京大学、华东师范大学和上海师范大学。更为重要的是,我访问了英国国际发展部、世界银行、联合国开发计划署(United Nations Development Program,UNDP)驻北京办事处。这些机构多年前就通过不同方式参与到中国对非的事务中来。2007 年春,我有机会访问浙江师范大学。这所大学对非洲研究的兴趣日益浓厚,并于一年后正式成立非洲研究院(King,2007)。①

最后,访问教育部国际合作与交流司亚非处具有重要的意义。在那里,我会见了亚非处处长薛彦青,并获赠了一本名为《中非教育合作》(*China-Africa Education*

---

① 作者自那时起,被邀请担任该院的国际顾问。——译者注

Cooperation，2003）的纪念册。这是为数不多的与本研究相关的官方出版物之一（见第 2 章）。①

同样，我还与商务部对外援助司的一名资深成员探讨了本研究。之后，我拜访了商务部设在非洲不同国家的参赞办公室，这也被证明对本研究非常有用。

研究的第二阶段是申请香港研究资助局的资金，以到非洲调研。申请很顺利，并且多了一名同事，即前文提到的比昂·诺德维特。2008 年秋资金到账，我们前往非洲以及中国展开田野研究。② 我打算聚焦的三个非洲国家，代表了不同的区域、殖民和非殖民历史。③ 不像传统的捐助国，中国在非洲没有一组"计划国家"（programme countries），而是与所有非洲大陆的 54 个国家中的 49 个建立了外交关系。同样，我在选择进行田野研究的三个国家时，刻意避开了中国已经进行大量自然资源（如石油）投资的国家；在这三国中，中国贸易援助的水平是不同的。最后，经与中国的非洲研究专家讨论之后，我选择了埃塞俄比亚、肯尼亚和南非。

田野研究始于 2008 年 10 月，第一站是中国；2009 年 2 月，在埃塞俄比亚；2009 年 7 月，在肯尼亚。2010 年 3 月和 2012 年 9—10 月，两次访问南非；2010 年 4 月，重访埃塞俄比亚。在肯尼亚调研的 5 周内，一共访问了 70 人；在埃塞俄比亚访问了 60 人；在南非访问了 90 人。除了访问中国在这三个非洲国家的大使、商务参赞之外，我们还与肯尼亚（2 所）、埃塞俄比亚（1 所）和南非（3 所）的孔子学院的人员进行了讨论。④ 在肯尼亚和南非，我们还与那些所谓的孔子课堂（主要设在中小学）的人员举行了会议。

访谈的内容与本书六章所涉及的主题紧密相关。由于长久以来，笔者就与肯尼亚的高校建立了联系⑤，因而有可能与不同时期曾在中国留学的非洲学生以及肯尼亚政策机构和学术机构的高级成员进行访谈。同样，由于作者长期以来就从事有关非洲

---

① 2005 年，北京大学出版社为教育部出版了同名的一本小册子（72 页）。

② 前期有价值的中非研究得到了英国社会科学院、卡内基基金会和利华休姆基金会（Leverhulme Trust）的资助。

③ 诺德维特选择对埃及和喀麦隆进行田野研究。要想了解中埃关系，以及穆罕默德·默里斯（Mohamed Moris）2012 年 8 月访华的最新进展，请参阅《他》（*He*）（2012）。

④ 在南非，有三家孔子学院处于运行之中；2013 年春，第四家孔子学院将筹建，合作方是南非的德班科技大学（Durban University of Technology）。我们还与那些希望筹建第五家孔子学院的人员进行了谈话。在肯尼亚，在两家孔子学院正在运行，但埃格顿大学（Egerton University）和南京农业大学答应筹建第三家孔子学院。

⑤ 笔者曾于 1968—1972 年间在内罗毕大学（University of Nairobi）从教，并在此后的 20 年对肯尼亚的小企业进行研究。

援助和合作发展的研究，因而可以站在一个更好的立场来讨论中国与这三个国家的发展伙伴关系。就本书的主题而言，涉及一些关键的被访者：曾在中国留学的非洲人、孔子学院的工作人员、负责专业培训的中国大使馆工作人员，以及从事中非研究的中外学者。因此，从最初的访谈开始，到 2012 年 12 月结束，我们可以通过面谈或电子邮件的方式与我们的合作者保持对话。其中，我们与某个人的沟通次数就多达 50 次。

我们通过滚雪球的方式确认那些不同时期曾在中国留学的非洲学生，尤其是肯尼亚的学生。我们将在第 3 章对此作进一步讨论。同样，在浙江师范大学调研的四周内，我们采访了许多来自不同非洲国家的非洲学生。我们拜访了这三个国家从事中非研究的学者以及从事教育与培训资助的发展机构。我们还访问了驻三国首都（埃塞俄比亚首都亚的斯（Addis）、肯尼亚首都内罗毕（Nairobi）、南非行政首都比勒陀利亚（Pretoria））的印度大使馆人员。此外，由于我们对培训政策感兴趣，我们讨论了中国的商人。最后，我们依次讨论了三国的教育部。

笔者在所访问的每个国家，都举行了研讨会来讨论我们初步的发现。与会者包括一些我们所访谈的对象。研讨会在以下地点举行：亚的斯亚贝巴大学（Addis Ababa University）的东南非社会科学研究组织（Organisation for Social Science Research in Eastern and Southern Africa，OSSREA）、内罗毕大学（University of Nairobi）的发展研究院（Institute for Development Studies，IDS）、开普敦大学（University of Cape Town）的教育学院、斯泰伦博斯大学（University of Stellenbosch）的中国研究中心（Centre for Chinese Studies）、自由州大学（University of the Free State）的非洲研究中心、金山大学（University of Witwatersrand）的教育政策研究中心（Education Policy Unit）、夸祖鲁大学（University of KwaZulu Natal，UKZN）的大学教学与学习研究所（University Teaching and Learning Office）。一些总结性论文可以在 OSSREA 和 IDS 的研讨会论文集以及 UKZN 大学教学与学习研究所 2012 年举办的年会中找到。

许多中国企业家在肯尼亚和埃塞俄比亚设厂，这直接激发了当地年轻人学习汉语的兴趣。2011 年 7 月，中国 50 所知名高校在内罗毕大学（在该市绝对中心地带）举行中国教育展览会，绝非偶然。迄今，每年多达 350 名肯尼亚人通过各种中国奖学金前往中国进行长短期的学习，而花费个人资金前往中国的学生更是不计其数。

1.7　开放、进入和透明

我们在上文提及，西方国家教育援助的巨量信息可以在网上获得，例如 DFID。

类似地，只要在网站上搜索几秒，就可获得韩国海外国际合作署（Korea Overseas International Cooperation Agency，KOICA）有关教育援助的信息。这些信息用表格表示，包括每个部门的开支、当年的教育援助项目，以及它们持续的时间和经费总额（按美元计算）。此外，还包括培训技术工人项目和提升高级人力资源项目的列表。与这些国家相比，能在网络上找到的中国的国际教育援助细节寥寥无几，我们将在下文作深度分析。

当作者通过 Google 尝试搜索中国商务部的对外援助司时，并没有第一时间出现该司的网站，而是一些从事对外援助研究人员的学术论文，例如布劳提根。在商务部（英文版）的主页，可以找到对外援助司，但只有几行文字介绍其职责：

> 拟定并组织实施对外援助的政策和方案，推进对外援助方式改革；组织对外援助谈判并签署协议，处理政府间援助事务；编制对外援助计划并组织实施；监督检查对外援助项目的实施。①

我们预计，或许该司中文网站有关其职责的介绍会更加丰富，但事实证明，到 2012 年 3 月，英文版与中文版的表述一模一样。② 这八项功能性职责与 1964 年周恩来所阐述的对外援助八项原则，简直有天壤之别。它没有阐明使命或愿景，而只是陈述该司的职责范围：

> 中国商务部对外援助司的 8 项主要职责：
>
> （1）拟定和实施对外援助政策，起草与对外援助相关的法律、条例和规章；研究和推进对外援助方式变革。
>
> （2）制定对外援助计划并组织实施，拟定针对单个国家的援助计划，以及批准援助项目。
>
> （3）负责政府间的援助谈判并签署协议，处理政府间的援助事务，负责对外援助贷款的偿还和债务重组。
>
> （4）批准有投标资格的企业参与各种对外援助项目，确定项目投标的结果，公布援助项目和任务，监督检查各种对外援助项目的实施。
>
> （5）起草对外援助资金预算，尤其是年度资金，负责与对外援助相关的

---

① http://yws2.mofcom.gov.cn/，2012 年 3 月 8 日。
② 非常感谢浙江大学博士生李薇提供给我这一信息。

统计工作。

（6）使用对外援助经费，监督管理对外援助优惠贷款、对外援助合资企业和合作基金项目，处理政府间援助的重大议题。

（7）指导外经济合作局（对外经济合作部的前身）的相关对外援助活动。

（8）承接商务部委托的其他活动。

然而，一次，通过商务部网站的搜索功能来查找"对外援助司"，发现出现的页面不下 684 页，记录达 13000 条，第一条详细的记录即为 2011 年 11 月 25 日商务部副部长与南非贸工部总司长（Director General of the Department of Trade and Industry）举行会谈。令人惊奇的是，向后翻页，甚至可以发现 1951 年的有关管理外贸的条例（许多西方捐助国都没有拥有如此久远的历史记录）。多数记录是关于中国与其他发展中国家高层之间的会议。此外，在宏大的《中国商务年鉴》（China Commerce Yearbook）中，包含有对外援助司 4～5 页的年度报告，报告简短地提及了有关能力建设的培训项目。

相反，在外事司的网站（www.fmprc.gov.cn/eng/gjhdq/）上，可以查到大量中非的信息，包括非洲个体国家。对于每一个非洲国家，无论大小，大量详细的信息都可以获得，包括高层会议和交流，中国援助项目的进展和完成情况，以及文化和人力资源培训版块下双边协议的签署。以马拉维（Malawi）——一个最近才与中国建立外交的非洲国家——为例，我们可以获得如下信息：多少官员在 2010 年到中国接受培训（140）；到马拉维的中国志愿者是多少人（20）；到马拉维的医务工作者是多少人（12）。该网站最后更新时间是 2011 年 8 月 22 日。

对于绝大多数非洲国家，通常会用 1～2 页篇幅来详尽介绍中非间领导的会面。尤其是双方部长级的会面，但也包括省级的高层会议，甚至是一些大型的非政府组织和发展机构的会议。在绝大多数情况下，会提供会面的原因、会者的姓名和日期。此外，还有大量关于正在建设中的项目资料及其财务信息。因此，在我们研究个案——肯尼亚时，可以找到大量文化与历史活动的信息，包括肯尼亚国家博物馆和中国国家博物馆、北京大学就拉穆群岛（Lamu archipelago）考古达成协议。虽然这一信息来源并没有提及考古的主题，但与郑和 600 年前来到肯尼亚海岸紧密相关。

同样，在我们研究的另外一个对象——埃塞俄比亚，也有大量中非往来的信息。这包括中国为埃塞俄比亚官员领导力建设开设研讨班的信息，以及一个代表参加设在埃塞—中国职业技术学院（Ethio-China Polytechnic）里面的孔子学院开幕仪式的信息。尤其是埃塞俄比亚已故总理梅莱斯·泽纳维（Meles Zinawi）多次访华的信息。①

我们研究的第三个国家——南非，所涵盖的信息则更为完备，内容包括军事合作、艺术与文化、书籍出版，以及经贸合作。相比其他两国，关于南非信息更新的时间是 2011 年 8 月 22 日。从下面的几句话中，可以感受到资料的丰富性。值得注意的是，双方在 30 个领域有合作协议，超过了中非合作论坛的框架。

> 总统祖马于 2010 年 8 月 23—26 日对中国进行国事访问。胡锦涛与祖马举行了会谈。吴邦国、温家宝、习近平分别会见祖马。双方首脑签署了《中华人民共和国和南非共和国关于建立全面战略伙伴关系的北京宣言》，以期把两国的关系推向一个更新的层次，并为中国和南非在将近 30 个领域的实际合作制定好总体规划。（http://www.fmprc.gov.cn/eng/wjb/zzjg/fzs/gjlb/3094/）

我们已提到，上一次更新所有非洲国家的信息，是在第三届中非合作论坛北京峰会（2006）举办之前。不知道这一次更新为什么是在 8 月，但它仅发生在釜山召开援助效率高层论坛的前几个月（2011 年 11 月底举行）。当然，如果不为这过去的五年更新信息的话，那将会是一件憾事，因为尽管针对不同合作领域提供的信息并不具一致性，但至少丰富了相关的信息。

中非合作论坛的网站（www.focac.org/eng）更是如此。人们可以直接浏览自 2000 年 8 月以来举办的中非合作论坛的全部会议，包括相关的演讲、公报、宣言和行动计划。同时，它还提供了相关非洲国家和中国机构的链接。

这些与外事司相链接（包括中非合作论坛网站）的网站，所提供的信息远远超过中国教育部关于国际事务方面的信息。大量的培训（我们在接下来的章节将谈到）由教育部提供资源。其中，国际合作与交流司扮演了关键角色，但其网站的相关内容，如"与亚非国家的合作和交流"，仅有两段文字（202.205.177.9/english/international_7.htm）。其中的一段提到中国和非洲正在进行的主要合作项目，但仅此而已。没有可以获得这些项目的更多信息的其他途径。

不过，需要记住，相比英文版，诸如商务部、教育部这样部门，其中文网站拥有更

---

① 印度大使 2009 年告诉我们，这位已故总理上一年访印的次数要多于访华。

为详细的信息，更新的速度也更快。因此，当人们批判中国的信息不容易获得时，需要牢记这一点。然而，援外司是个例外，其中文版网站所提供的信息不及英文版丰富。我们将在第 5 章作进一步的讨论。

从总体上反思中国援助的透明度，以及从援外司、外交部、中非合作论坛、国际交流与合作司所提供的教育与人力资源开发的信息来看，中国不同政府部门提供的信息存在巨大差异。斯泰伦博斯大学中国研究中心主任格林姆（Grimm）对此有一个很好的评价，"总的来看，与传统捐助国相比，中国政府出版的资料较少，但它所提供的信息又比常人所认为的要多"（Grimm，et al.，2011：22）。

在结束本节之前，我们应该赞同格林姆的观点：研究中国的援助有点像玩七巧板游戏，但其丢失的部分比其他捐助国要多（Grimm，et al.，2011：22）。然而，我们也应注意到，七巧板丢失的部分正在慢慢聚拢，例如《中非知识网络的初步地图》（*Preliminary Mapping of China-Africa Knowledge Networks*）的出版就是这方面的努力。

此外，诺德维特的观点也是有益的，他认为中国的研究文化是极为不同的，理解这一点及其形式与规范至关重要，当然还包括关系（guanxi）的角色（Nordtveit，2011b）。或许正是此故，研究这一主题尤其具有挑战性，但其回报也非常丰厚。由于我对话语、文本和语言感兴趣，如果我懂中文，或许境况就完全不一样了。另一方面，那些驻非洲的中国大使馆工作人员、从事援非的人员以及在非洲创业的中国人都会说英语。由于我们所研究的三个国家都以英语作为母语，因而无论是在非洲接受采访，还是在中国，非洲学生也会说英语。

在这一章中，我们简短地从三个视角来观察中国对非洲的教育和培训援助：他们自身所喜欢的长久历史联结；南南合作的路径；软实力。所有这些视角都有助于构建中非重要关系的理论基础。

现在我们将分五个领域（章）来详细探讨这些主张在实践中的情况：高等教育合作、短期培训，以及孔子学院；过去 50 年，非洲学生在中国的经历；中国企业对非洲能力发展的影响；中国与 OECD 教育援助的区别；最后，极为重要的是，中国援助、教育和软实力之间的关系。

2 中国与非洲的高等教育合作：
相互合作的新方式？

2.1 背景介绍

中国对非洲的教育与培训捐助大部分集中在高等教育层次。对于多数非 OECD 发展援助委员会(DAC)成员国的中等收入国家而言,情况跟中国类似。1990 年 3 月全民教育世界大会(World Conference on Education for All,WCEFA)召开后,许多 OECD 捐助国开始把教育援助的重心放在基础教育,然而像巴西、印度、南非和土耳其这样的非发展援助委员会捐助国(non-DAC donors,NDDs),并没有阐述基础教育的重要性。事实上,NDDs 没有像主要的西方机构一样,一直为捐助高等教育还是基础教育,以及捐助不同教育部门的回报率而争论不休。这些不同教育部门的资源分配情况,已经成为具有影响力的"全球全民教育监测报告"(GMR)固定专栏。① 最近几年,GRM 对不同国家教育援助投向基础教育的比例进行了排名。不过,中国在其教育合作中,并没有就资源投向哪个教育部门而发生争议。相反,中国和印度,或许还有其他国家,并没有制定教育政策或战略文本用以指导教育资源的分配。②同样,在 2013 年国际热议的教育与发展的相关讨论中,中国也是如此。例如,中国似乎并没有把教育的地位纳入后 2015 时代的全球发展议程当中,至少在 2013 年初是这样(King and Palmer,2012)。

总之,中国的教育援非似乎主要集中在高等教育和职业培训上,但不只是正式意义上的高等教育。它不仅包括资助那些长期来华要获得学位的非洲学生,而且还包

---

① http://www.unesco.org/new/en/education/themes/leading-the-international-agenda/efareport/reports/.

② 关于资源分配议题的讨论,请参阅(Fredricksen,2010)。

括大量的短期培训项目，包括教师和校长培训，以及在非洲大陆日益增多的孔子学院，从埃及到南非，从埃塞俄比亚到加纳。它还包括始于 20 世纪 90 年代对非洲 25 个国家的科学实验室的援助。最近，自第四届中非合作论坛会议（2009 年在沙姆沙伊特举行）召开以来，中非高校达成了新的"20+20"合计计划，其中中国和非洲的 20 对大学或高等技术院校建立了一对一的合作关系。在第四届会议中，中非还建立起科技伙伴关系，每年资助 100 名非洲博士后来华进行科研工作。此外，双方同意实施中非联合研究与交流计划，以加强双方学者和智库的合作和交流。2012 年 7 月举行的第五届中非合作论坛部长级会议进一步强化了对高等教育的援助，包括中国接下来每三年将接收 5000 名非洲人员来华培训，以及继续开展高等教育合作计划（China，2012）。

在软件方面，中国教育部正通过浙江师范大学开展对非洲的国别教育研究。其中，研究非洲国家高教的案例不下 16 个，而已经完成的非洲国家研究达到一半。我们稍后再讨论浙江师范大学。

最后，在高等教育的硬件方面，中国全权负责建设了位于亚的斯贝巴（Addis Ababa）郊区的埃塞—中国职业技术学院（Ethio-China Polytechnic College），以及利比里亚大学（University of Liberia）新的芬德尔校区（Fendell Campus）。此外，中国还援助马拉维（Malawi）建立了一所科技大学，第一批学生于 2013 年入学。同样，中国还援助了南苏丹（South Sudan）的高等教育。

这并不是说，中国没有资助非洲基础教育。最为人熟知的是 2006 年在北京举行的第三届中非合作论坛峰会，中方承诺到 2009 年在非洲建立 100 所农村学校。在埃及举办的第四届中非合作论坛中，中方再次承诺在非建学校，但数量有所减少，到 2012 年建立 50 所"中非友谊学校"。与日本国际合作机构（Japan International Cooperation Agency，JICA）1985—2008 年间在非洲建立了 2600 所学校（每年 130 所）相比，中国六年间所建立的 150 所学校，并不是一个非常庞大的数字。而这正是我们想表达的意思——对基础教育的援助几乎是名义上的，在 2010—2012 这三年间，中国在与其建交的非洲国家中，大概为每个国家仅援建了一所小学（King，2010c）。

是什么因素导致中国的教育合作不同于 DAC 捐助国？国际各国对此一直有着浓厚兴趣。在第 1 章中，我们已从总体上论述了中国援助话语与西方的差异。在这里，我们将关注什么使得中国的非洲高教援助及其实施如此特殊。这并不单是西方学者的兴趣所在。2011 年，布里斯托大学（Bristol University）的一个中国学者的博士毕业论文的题目就颇耐人寻味：《中国的教育援非：一个不同的"援助逻辑"》

（Yuan，2011a）。

就其本身而言，中国教育援助的重心放在高等教育上，并没有特别不寻常之处。尽管我们在上文中提到世界全民教育会议（WCEFA）的重要性，但一些关键的捐助国，例如德国、法国，仍把70％的教育援助经费投向高等教育，而这当中大部分经费流向学术研究机构。因此，不能仅仅从定量的角度来分析中西高等教育援助的差别。

在第1章中，我们探讨了新兴的发展国家或者NDDs援助的各种特征，例如团结一致、互惠互利、以自身的发展经验作参考（Mawdsley，2011；2012）。这其中的许多特征指向南南合作（South-South cooperation，SSC）或者横向合作，以区别于传统的"捐助国"与"受援国"之间的南北（North-South）纵向合作（Zimmermann and Smith，2011；Kim，2011）。然而，探讨当前中非高等教育合作是否表现出南南合作的特征具有重要的意义，因为这将证明中国是否不同于DAC捐助国。但这里的挑战是，互惠不应等同于双方完全平等。例如，这不是比较中国提供给肯尼亚的奖学金数量（反之亦然），然后评判是否达成互惠的问题。①

相反，我们应从整体的视角来看待双方的互惠，从而评判经济与社会合作是否达成双赢。例如，一方面，在2006年的第三届中非合作论坛所作的八个承诺中，第三条是"为鼓励和支持中国企业到非洲投资，将成立一个规模达到50亿美元的中非发展基金"，这条承诺似乎主要考虑中国企业的利益，但无疑这些投资在非洲也会大受欢迎。另一方面，第八条承诺涵盖中国对非洲的人力资源开发的承诺，包括职业发展、农业展示中心、医院、青年志愿者、学校和奖学金。作为主要的官方发展援助，这当然会拿来与DAC作评比（FOCAC，2006）。如果放在一起看待，这两个承诺或许可以被认为是互惠的。②

在非洲，不同国家与中国的双边协议，同样是广义上的互惠。以肯尼亚为例，处处都在讨论中非合作论坛之外所达成的一些协议（King，2010d）。但在这里，简短地评判中国高等教育援非的路径与DAC捐助国是否有特定的差异，还是很重要的。

第1章提到，中国并没有专门制定一个教育政策，用以解释或认证它与非洲的教

---

① 我们希望本章能就化解Mawdsley（2011：13）在论述南南合作中的"捐赠"（giving）所碰到的挑战作出一点贡献："这里的论述非常概括。为了尝试构建一个更为广阔的图景，本文无法深挖南方发展国家合作的不同方面的细节，或者把不同形式的援助区别开来（例如，人道的目的还是发展的目的，是技术援助，还是贷款、拨款，等等）。"

② 作为例证，一个极为不同类型的互惠可以从"千年发展目标"的协商中体现出来。最初，世界领导于2000年9月在纽约商定了七个目标。一个高级官员对来访的欧洲发展合作的部长说："我们设法为南方国家确立了六个目标，而为我们北方国家确立了一个目标。"

育合作(包括高等教育)。我们只有从《中国对非政策文件》(2006)和《中国的对外援助》白皮书(2011)，以及中非教育部长论坛(2005年11月27日)找到有关教育政策的宣言。

有趣的是，尽管中非教育部长论坛附加在第五届全民教育高层会议中①，但17个非洲国家和中国的教育部长并不仅仅重申了基础教育的优先性，相反，他们还强调要为职业技术教育制定谨慎的政策，并鼓励高等教育的发展，以及文化多样性。这次论坛尤其强调了高等教育对经济发展的影响，"发展高等教育，扩大规模并改进质量，培养高素质人才以满足经济发展需求，是发展中国家实现社会可持续发展的重要手段"(China，2005)。

在《中国对非政策文件》中，仅有两段涉及教育，但更重要的是，里面并没有提及基础教育，而只提到建立在"非洲人力资源开发基金"基础上的培训，增加来华非洲学生的奖学金数量，增派中国对非的语言教师，以及职业教育和远程学习(China，2006：7)。所有这些当然都与高等教育有关。最后，在2011年《中国的对外援助》白皮书中(它不仅针对非洲，更是面向全世界)，"教育"这一术语包含在白皮书中"技术合作"(technical cooperation，TC)、"人力资源开发(HRD)合作"、"教育"这三个子标题下。总而言之，在长达18页的文件中，"教育"出现的次数不下15次，但"基础教育"只有1次。其他提到教育的部分也都清晰地指向"技术合作"、"人力资源开发"以及更高层次的教育。"教育"这一节的最后总结部分说明了一切，虽然它是用一种非常量化的方式表达的：

> 截至2009年年底，中国共帮助发展中国家建成130多所学校。累计资助来自119个发展中国家共计70627名留学生来华进行各类专业学习，其中，2009年向11185名留学生提供了奖学金。共派遣近1万名援外教师。共为受援国培训校长和教师1万余名。(China，2011a：14)

虽然这些资料总体上更强调"中国的对外援助属于南南合作范畴，是发展中国家的相互帮助"(China，2011a：3)，但当涉及高等教育时，并没有设计出一条独特的道路以构建相互性。没有任何官方资料致力于解释中国的高等教育援助是否有"中国特色"或其他特征。因此，当我们现在转向探讨中非高等教育合作的主要模式时，我们

---

① 全民教育高层会议由UNESCO召集，每年召开一次，考核2000年在塞内加尔首都达喀尔所作出的承诺，通常先于当年的《全民教育全球监测报告》出版。

应将这一挑战牢记在心。

为了做到这一点，我们将从中国官方发布的仅有的两份关于中非教育合作的资料中，探寻中非高等教育合作的主要范畴。一份是前文已提到的大型纪念册，由教育部制作，分为英文版、法文版和中文版，题目叫《中非教育合作》(China，2003)。另一份同样由教育部制作，题目也相同，它提供了更为详细的信息，但仍然很简短，仅有 79 页，且只有中文版(China，MOE，2005)。[①]

中非教育合作的七大方式包括：高层教育交流；学生交换；教育合作项目；在非洲的中国教师；在非洲的汉语培训；为非洲专业人员在中国举办的研讨会和讲习班；中国的非洲研究。我们将在第 3 章讨论第二个范畴，标题即为《非洲学生在中国》。其余的范畴都涉及高等教育，将在本章中讨论。由于本丛书的第一册在 2003 年出版时，孔子学院尚未诞生，这里只探讨它的发展及其基本原理，我们将在第 6 章论述软实力时，再回到孔子学院这一话题上。

在单独探讨这些内容时，我们也将关注这些不同内容是如何成为一个有机整体的。它们是中国人力资源开发承诺的一部分吗？它们是否吸取了中国自身教育合作的经验(比如中国其他省份对西部贫穷省份的资助)？这些特殊的合作模式背后的动力、逻辑和核心原则是什么？它们体现了《援助实效性巴黎宣言》(Paris Declaration on Aid Effectiveness)的五大原则(所有权、同盟、协调、结果管理、多边责任)吗？或者，它们更能直接反映新兴发展国家对外援助的特点，还是只间接地反映？

2.2　影响与起源

中非教育合作的历史源远流长。在分析教育援助的不同模式，以及 2000 年 10 月召开的中非合作论坛中对人力资源开发所作的承诺时，这一历史背景非常重要。

中国往往被归类于一个"崛起"的"非 DAC"捐助国。更为准确地讲，应是一个"重新崛起"的国家。同巴西、印度、俄罗斯和南非这些新兴发展国家一样，最近世界各国对中国的兴趣也是有增无减。众所周知，中非教育合作始于 20 世纪 50 年代，当时中国和埃及开始了第一次教育交流。即使在早期，重心也放在高等教育上(学生交换)，虽然同时也有教师派遣到非洲。

中非合作论坛部长级会议每三年召开一次，从 2000 年 10 月至 2012 年 7 月，共

---

① 贺大量地引用了这个文件(He，2006)。我非常感谢张忠文(Zhang Zhongwen)把它翻译成英文。

已召开五届。人们关注该会议时，首先倾向于从总体上考量中非合作，其次才是教育与人力资源合作。这些会议可能会被认为是中非合作的正规化，但实际上，早在中非合作论坛启动前就已存在人力资源开发合作的许多要素。贺文萍（He Wenping）指出，在中非合作论坛成为各大新闻头条，第二届会议（2003年）设定了为期三年的援助目标之前，中非教育交流与合作就已定期展开，在每一个时段，双方的教育互动都有一定的广度和深度（He，2006；China，MOE，2005：1—7）。实际上，中非合作论坛反而缩减了援助的内容，只强调长、短期的培训与奖学金、学校建设、孔子学院的扩张以及启动青年志愿者赴非（后两项始于第三届中非合作论坛北京会议）。中非大学内部的合作项目，有些基于科技的发展，一开始并没有成为论坛议程的一部分，直到2009年第四届中非合作论坛部长会议才发生了改变，虽然早在20世纪90年代双方大学就已开始合作建立科学实验室，而且该合作遍及20个非洲国家的25所大学。

那么，这些对非合作模式的根源是什么？很明显，对于许多新兴发展国家，包括中国、巴西、印度、土耳其、韩国和泰国等，提供长、短期培训和派遣专家，是提升能力建设战略的第一步。[1] 如果欠发达的部分原因是本国能力的欠缺，那么，到外国接受专业培训，以及从发达国家派遣专家到欠发达国家，是一个显而易见的战略。这种模式可以在20世纪60年代中期印度寻求技术合作的早期历史中见到，在1960年韩国的早期国际合作的优先计划中也出现过。有趣的是，中国20世纪七八十年代对中高层技术人员和管理人员的培训，又一次醒目地出现在《中国的对外援助》白皮书中，其中列举的例子包括坦桑尼亚、毛里塔尼亚和圭亚那（Guyana）。因此，这种培训模式中国早已有之，无须解释说它借用了哪些更古老、传统的捐助国的做法。但是，它与许多DAC捐助国的技术合作培训项目有何不同？

同样，当谈到大学的结对与合作这个想法时，有许多不同模式可供借鉴，但中国大学寻找伙伴可能是出于自身国际化的需要。现在还不太清楚为什么中国的25所大学会与非洲的大学结对，但有一点可以肯定：教育部在这当中扮演了核心角色。此外，在1995—1997年间，当时的中国高层，包括主席、总理和三位副总理，对非洲将近30个国家进行了一系列访问，内容涉及援助和投资（Brautigam，2009：83）。我们还将在下文看到，中国第一位到达肯尼亚埃格顿大学（Egerton University）的中国教授，来自南京农业大学，时间是1994年（King，2010d）；第一位到达卡麦隆的教授是在

---

① 参见2011年4月的 *NORRAG News* 45，论奖学金的地缘政治：新与旧的提供者，东与西，北与南。当杜鲁门宣扬"爱好和平的人们，都将获得美国的技术知识所带来的好处"时，技术合作一开始也成为发展援助的焦点（Rist，1997：21）。

1993 年(Nordtveit,2010)。

这里提出一个更普遍的问题：中国与他国的人力资源开发合作，在多大程度上植根于自身教育供给的经验？可以说，双边教育合作，尤其在发展的初始阶段，倾向于关注该国教育系统中那些具备比较优势的要素。日本就是一个典型的国家，日本国际合作机构(JICA)资助的大量科学与数学项目，就源于本国的经验①；与之类似，英国和法国的发展机构在早期(甚至是现在)也充分利用比较优势，资助了大量英语或法语项目(ODA，1990：12)。

以上的比较优势主要体现在课程开发上。一些亚洲捐助国更为普遍的做法是，向其他发展中国家强调自身最近成功发展经验的实用性。韩国的"知识分享项目"(Knowledge Sharing Programme)就是一个极为明显的例子(Kim,2011：12)；同样明显的是前文所提到的日本向发展中国家分享其教育发展的经验。

进一步探究中国自身的教育发展经验(包括作为一个受援国，从外部发展合作伙伴获得的创新思想)是否会反过来成为其教育合作项目的一部分，是非常具有价值的。有趣的是，《中国的对外援助》白皮书根本没有提到中国曾作为一个接受外部资助的受援国的角色，也没有提到其他国家学习中国援助经验的可能性。《中国对非政策文件》强调中非"有着相似的历史经历"，两国相互学习，而不是非洲学习中国自身的成功发展经验(China,2006：2)。然而，随着我们不断深入讨论中国高等教育合作的不同方式，我们会发现，大规模的短期培训项目，无疑是直接建立在非洲学习中国发展经验这一观念的基础之上的。

2.3　中非教育合作的伙伴关系

考虑到我们在第 1 章已指出，中国致力于与非洲建立"战略合作伙伴关系"，因而，自然而然，中非教育合作的主要方式是建立伙伴关系。伙伴关系虽然不是合作与培训的独有机制，但却是一个非常显著的机制。因此，中非教育合作的七大方式(第二届中非教育合作部长级会议之后，迅即在《中非教育合作》大型纪念册作了汇总)大部分可以通过合作伙伴模式来实现。

这里再罗列一下前文提及的中非教育合作的七大方式：教育高层往来；学生交换；开展教育合作项目；在中国举办专业研修班；中国教师积极参与非洲国家的教学；

---

① 请参阅这本引人入胜的著作：《日本教育发展史：当今发展中国家可从中获得什么启示？》(JICA,2004)。

在非洲进行汉语教学和研究；在中国进行非洲研究和职业培训（China，2003）。我们将有选择性地分析这其中的方式，探讨其执行过程的合作伙伴这一核心特征；如果有关联，我们还将对比中非的教育合作与传统的西方合作资助（北—南），分析两者在政策伦理和政策制定上有何不同。

在这里我们将重点关注教育合作项目（以埃塞俄比亚和肯尼亚为例）、中国举办的短期职业培训、语言培训（包括孔子学院）。非洲学生交换这一内容将在第 3 章进行探讨。

2.3.1 教育合作项目

自然，在中非教育合作的七大方式中，最能体现合作伙伴关系的应属教育合作项目。事实的确如此。虽然我们还将指出其他方式的某些方面同样完全依赖于中非大学伙伴关系的建立，但首先，我们要分析中非教育合作项目。自 20 世纪 80 年代中期开始，这些合作项目基本上由中国大学和非洲大学合作展开，主要由中国教育部促成和提供资金。[①] 截至 2003 年，中国 19 所大学与非洲 23 个国家的 29 所高等教育机构建立了合作项目（China，MOE，2005：55）。大部分情况下，这些合作包含了大学结对的一些元素，但同时也体现了共享性和相互性的话语：基于政府奖学金的学生交换；访问学者的相互交流；研究成果的分享；共同兴趣领域的合作；教师交换；共同举办国际会议（China，2003：59）。作为这些协议的一部分，中国还为非洲 20 个国家提供了科学实验室，为 6 个国家提供了语言实验室（He，2006：7—9）。一些没有出现在《中非教育合作》大型纪念册的教育合作项目，例如，南京农业大学与肯尼亚的埃格顿大学、浙江大学与喀麦隆的雅温德第一大学（Yaounde I University），都属于中非大学合作伙伴关系的一部分。

有意思的是，一些大学合作项目似乎是长期性的。有些合作项目长达 15 年，取得了丰硕成果，至今仍在运行。这其中较突出的例子包括南京农业大学与埃格顿大学的合作、浙江师范大学与喀麦隆的埃德温第二大学（Yaounde II University）的合作。这种长期合作，或许是相互分享和学习的核心，正如中国对外援助话语所体现的那样。[②] 另外，知晓中非大学合作的范围，不仅是合作的数量，而且持续 10 年、15 年

---

① 中非教育合作伙伴关系的达成最早见于华东师范大学和尼日尔（Niger）的尼亚美大学（University of Niamey），时间是 1986 年。

② 在一个案例中，一个早期的中国教授在非洲大学待了五个合同期，并娶了当地的一个妇女。这是合作的另一个成果。

或更多年数合作的程度，是很有意义的。这些合作并非都没有麻烦，但即便存在困难，非洲合作方（例如喀麦隆），仍旧认为"中国人比其他国家的专家更为实在"（Nordtveit,2011a：105）。接下来，我们将更加地详细审视过去 10 年及更长的时间内，其中的一些合作是如何构建的；集中关注非方（埃塞俄比亚和肯尼亚）的两个不同的非洲模式，以及他们在中国的合作大学；发现协议双方不同合作方式中的多重互动层次。

从职业与农业教师到埃塞—中国职业技术学院。 这一合作最初源于 21 世纪初埃塞俄比亚政府要求中方派遣教师以应对不断扩张的农业与职业学院。自 2000 年起，中方派遣至埃塞俄比亚的合同员工不少于 400 人；可能其中有些员工来自天津职业技术师范大学（Tianjin University of Technology and Education,TUTE）。接下来的发展是 2003 年，天津职业技术师范大学建立了第一个非洲职业教育研究中心；同年，又举办了首届短期培训研讨会，对象为埃塞俄比亚各类职业学院的主任。此类资源中心建立的目的是辅助教育部，以服务成千上万名来自非洲不同专业领域的技术人才来华接受短期培训。同时，这也是中非合作论坛 2000 年建立的非洲人力资源开发基金的结果——从 2000 年到 2012 年，到中国接受短期培训的非洲各类人才不下 45000 名。

不久，人们发现，与其由中方派遣数以百计的职业技术教育与培训（Technical and Vocational Education and Training,TVET）教师到埃塞俄比亚，还不如就地建立一个培训机构。鉴于此，2003 年，中国提供帮助以建设一个职业技术学院的想法浮出水面。这并不是中非合作论坛承诺的一部分（尽管第二届论坛同年在亚的斯亚贝巴召开），而是中国与埃塞俄比亚双边交流的结果。埃塞—中国职业技术学院如期建设，经商务部批准，由一中国公司出资 1500 万美元，但后来耽误了几年。

即使如此，中国发现还是需要给这个职业技术学院提供教职工，而不仅仅是建设和提供设施。考虑到中国高等教育援非的深厚基础，天津职业技术师范大学再次提供了 11 位系主任，并通过中国国家留学基金委员会，为埃塞俄比亚学院培训了大量具有硕士学位的教师（60 名），同时中国教育部为该学院提供了一名院长。其他的教职工则通过新近启动的青年志愿者服务非洲项目来到这所学院。这种打包形式的援助并没有让中国区别于西方的援助；实际上，早期加拿大 CIDA 和 USAID 就遵循了相似的路径：建设、派遣教职工，以及培训新教师。① 天津职业技术师范大学所做的一切，只是遵循了以往路径。当埃塞—中国职业技术学院于 2009 年开始运行时，它

---

① 甚至在更早时期，印度的农业大学由美国的赠地学院来扶助。

无疑是该国最高水平的职业技术学院。但在埃塞俄比亚职业技术教育与培训政策实施中，最具影响力的仍属德国。德国通过启动大规模的工程能力建设项目（Engineering Capacity-Building Project），影响到埃塞俄比亚的总体职业技术教育与培训政策。其他国家（如韩国、意大利）援助的职业学院也将开张。因此，ECPC 无法帮助中国提升其在埃塞俄比亚独一无二的影响力，而印度政府通过建设埃塞俄比亚军事学院（Ethiopian Military Academy）（该校位于哈勒尔（Harar）），并给其提供教职工，却实现了此目的。

到 2010 年，在天津职业技术师范大学的扶持下，ECPC 的发展在许多方面体现了中国资源开发援助的不同方式：派遣教师、在中国大学建立一个资源基地、派遣员工到中国接受短期的职业培训课程、校舍建设、给该学院配备职员、接受志愿者、资助埃塞俄比亚人来华接受长期培训。

这些都还不够。2009 年年末，中国决定在 ECPC 成立一家孔子学院。2010 年年初，这一决定正式付诸实施。毫不奇怪，天津职业技术师范大学又一次被汉办选为中方的合作者。不过，有一点让人感到奇怪的是，如果按照一般的程序，成立孔子学院的提案由所在国的大学校长提出，但在埃塞—中国职业技术学院，领导角色仍掌握在中国人手中，尽管埃塞俄比亚方也有一名住校的院长分享领导权力。

最后一种援助仍需要注意：紧随 2009 年 11 月在沙姆沙伊赫举办的第四届中非合作论坛之后（作为行动计划的协议之一，当时启动了中非高校"20＋20"合作计划），非方就宣布 ECPC 是非洲 20 所合作大学之一，其合作对象是 TUTE。

我们花费了一点时间向大家表明，非洲的一所大学如何从不同层级的合作中获益。这些层级既有来自中国不同的政府部门，又有来自中国不同的院校。同样，中方也从中受益。在接下来的案例中可以看到，非洲被视为中国大学实现国际化的一种路径（King，2012b）。在下文中，我们将以浙江师范大学作为个案，予以说明。

至于所有中国援助的重叠维度（大部分与中国的某所学院有联系）是否使得这所职业技术学院变得与众不同，从而区别于西方传统援助下的学院，我们应该这么看待：尽管就促进非洲学校的整体发展而言，中国大学与西方大学所起到的作用是相似的，但在援助非洲大学时，中国通过孔子学院加入文化和语言的元素，就变成了一大特色。在分析孔子学院作为合作伙伴时，我们还将回到这个问题上。此外，在日常的合作中的一个差别，可以从中国的工作文化和中国对埃塞俄比亚同事的尊重中得以体现。

　　我们认为我们必须相互尊重，因为我们共享一个悠久的历史。我们不期望改变埃塞俄比亚人的方式。例如，就守时性而言，我们往往是准时的。

但学生到堂的时间是不同的；大部分学生不喜欢遵守时间。另一个事例是在院子里劳动。所有的中国教职工都会参与劳动，包括中国的院长，他会亲临一线。当地的教职工不喜欢劳动——认为它是羞耻的；但我们的观点和行动正影响着他们；他们的一些思想观念正在改变。（Chen Xiaoxi 与肯尼斯·金的谈话，2010 年 4 月 7 日）

我们另一个关注的问题是南南合作中的互惠。一位埃塞俄比亚国务大臣就认为，中国增进了民族的平等，而不是施舍。

> 与西方（美国）相比，他们有一个重要的优势，它是软实力的体现——他们经常基于尊重和平等的理论与原则，与非洲国家打交道。这对于一个曾被殖民统治过的、习惯了西方双重标准的非洲大陆而言，具有重大影响力。
>
> 他们与埃塞俄比亚的交往呈现出不同的品质。一个重要的事实是，中国人在这里的主要目的不是去帮助埃塞俄比亚人，他们并不是大公无私的。这是无关道德的问题。他们的所作所为创造了一种双赢的局面。双方是相互平等、关系透明的。他们来到这里是为了促进援助，而没有带来西方的伪善。（埃塞俄比亚国务大臣与肯尼斯·金的谈话，2009 年 2 月 12 日）

从双向的科学合作到"20＋20"项目中的肯尼亚—中国合作。 一点儿也不奇怪，并非所有的中非合作都会遵循相同的路径。在新的"20＋20"合作项目中，有超过一半（12 对）的高校，在其合作中并没有建立孔子学院。南京农业大学与位于肯尼亚东非大裂谷（Rift Valley of Kenya）区域的埃格顿大学在长期合作过程中，就没有建立孔子学院，这种情况直到 2012 年才改变。在这种特殊的合作中，许多方面无疑值得关注。

其中之一即是来自中方员工的长期奉献。1994 年南京农业大学与埃格顿大学建立联系后，有一位中国教授在 19 年后仍在该校工作；他的一位同事于 1997 年前往埃格顿大学，到 2013 年还在该校工作。

其次，虽然双方合作的重心是把园艺学及其相关实验室和设备引入埃格顿大学，但早在 1998 年，在汉办的支持下，汉语课程就引入了该校。而之所以没有在 21 世纪头 10 年的中期发展成为孔子学院，可能是因为埃格顿大学的所在地恩乔罗（Njoro）位于东非大裂谷区域，是一个农业小镇，商业不够发达，没有建立孔子学院的需求。另一方面，那些在埃格顿大学掌握了中文技巧的人，以及到中国接受了培训的人，都跑到内罗毕教中文去了（参见第 3 章）。

第三,埃格顿大学所能发展的援助方式之一是各种短期培训项目。21世纪的头10年,数以千计的非洲专业人才已经到中国接受短期培训。此外,在中国教育部的支持下,埃格顿大学举行了一些区域性的培训研讨班,主要是把东部非洲的参与者带到肯尼亚,而不需要千里迢迢跑到中国。当然,不去中国,而选择在非洲接受培训的做法,也引起了争议。大量的争议是关于其意图是为了呈现中国发展经验与知识的一些维度,还是为了展现中国对非洲发展的影响。在本章接下来的有关大规模短期培训项目的讨论中,我们会看到,目前的重心主要放在展示中国经验上。中国教育部实施短期培训课程的援助基地之一——南京农业大学,实际上强调的就是农业教育。

与埃塞—中国职业技术学院一样,中国对肯尼亚的高校开展了持续的教职工发展项目,他们要到中国的合作方高校接受培训。换言之,有一整个系列的肯尼亚人在南京农业大学接受了培训,包括博士层次的培训。同时,作为培训的一部分,他们例行要在第一年学习汉语。与20世纪六七十年代福特基金会、洛克菲勒基金会等机构资助的新非洲大学教职工发展项目相比,中国的这个项目更加紧凑。无疑,绝大多数教职工在同一所大学接受学位后进行培训有许多好处,它有利于建立一个共同的基础,促进院校发展,而不仅仅是个人发展。

最后一个关于南京农业大学和埃格顿大学的问题是:成为"20+20"项目的一部分,给这种长久的合作关系还带来了什么? 它会迅速增加既有合作的强度与广度吗? 正如第四届中非合作论坛在2009年12月所承诺的那样,这个项目已经启动,但其详细的追求目标、发展轨迹与财政资助,并不是容易获知的(除了个体层面的合作)。然而,我们将会在第5章发现,"20+20"双边合作经联合国教科文组织插手,有可能变成三边合作。

有趣的是,在2012年年末,埃格顿大学决定增加语言与文化的成分——这在过去,在正式形式上一直是缺失的。此外,埃格顿大学还宣布,将成立第一家所谓的"农业孔子学院"(Agricultural Confucius Institute)(埃格顿大学的一名员工与肯尼斯·金的谈话,2012年9月4日)。这所新的孔子学院会在哪些方面体现农村和农业背景,值得期待。

从1996年第一次访问非洲到成为中国主要的非洲研究院。 浙江师范大学是体现中国院校变革速度以及充满活力的学术领导力的一个典型。像埃塞—中国职业技术学院一样,浙江师范大学代表了绝大多数中国高等教育合作的既有模式。它始于1996年中国教育部的一个请求:支持喀麦隆的埃德温第二大学国际关系学院的汉语教学中心的发展(Nordtveit,2010)。此后,浙江师范大学肯定显示了对非洲教育教学与研究的政策兴趣,因为在2000年中非合作论坛建立之后,教育部寻找地点安置

来自非洲的专业受训人员时，找到了浙江师范大学。第一期基础教育管理的专业研
讨班于 2002 年 8 月和 9 月举行，第二期在大约一年后即 2003 年 9 月举行。此后每
年，浙江师范大学国际教育学院都会举行一些为期两三周的短期研讨班，自 2006 年
首次召开中非大学校长论坛（Presidents' Forum）之后，许多研讨班的内容集中在院
长和校长的高等教育管理上。

　　浙江师范大学最初的教育部非洲教育研究基地，并入了 2007 年 8 月新成立的非
洲研究院；同年，埃德温第二大学的汉语教学中心变成了该国首家孔子学院，合作方
是浙江师范大学。浙江师范大学的国际化并不仅仅针对非洲；很快，浙江师范大学与
乌克兰的一所大学合作，成立了第二家孔子学院。但浙江师范大学最具雄心的创举
是集中开展了不下 16 个非洲国家的高等教育研究。这项工程，既提升了浙江师范大
学不同系部教职工的非洲意识和能力，也促进了高等教育研究。大概有 32 名教师和
博士生前往诸如阿尔及利亚、博茨瓦纳等非洲国家，进行为期两个月的调研。作为一
个群体，这一系列的研究应该会给中国学者提供一个富有吸引力的视角来看待非洲
高等教育。

　　非洲研究院一项非常不同的、带有强烈政策目的的工程，是在 2009 年 11 月埃及
举办第四届中非合作论坛之前，出版发行了《中非合作五十年》（*Fifty Years of Sino-
African Cooperation*）（Liu and Yang，2009）。这不仅仅是尝试把一份相关的学术著
作呈送到关键决策者手中——召开大型区域会议或世界会议的国际通常做法，也是
非洲研究体现中国特色的一个重要机会。由于本书致力于区别西方研究非洲的路径
与方法，因而它与本章所要关注的问题非常相近：中非高等教育合作的路径是否与
西方或日本有差异？

　　刘鸿武作为该书的主编之一（该书共有 37 名中国合作者），同时也是非洲研究院的
院长，致力于从总体上抓住中国研究非洲路径的不同维度，而不仅仅关注非洲的高等教
育。首先，对非洲的基本伦理关注，但需注意这与西方对非洲的伦理关注有何不同：

　　　　我们对非洲人民及其历史与文化，要有一种尊重和细腻的情感，要去欣
　　赏他们，关心他们。（Liu，1999：22）

　　其次，基于承诺的不变原则，中国声称应该与非洲进行全方位的合作，包括社会、
文化以及自然资源的开发。这种双赢合作的直接表述，表现了中国与西方对非合作
的不同：

　　基于互利和双赢原则，我们应该启动与非洲国家全方位的战略合作，与他们一道开发丰富的自然、社会、文化和战略资源，开发这片广阔的土地以及潜在的巨大市场。(Liu,1999:10)

第三，中国文化软实力在非洲的延伸与中国的"硬"经济和援助活动紧密联系在一起；如果不是与中国餐饮兴旺相连，即便是孔子学院也不会得到欣赏。

　　当中国的产品、援助项目和经济影响力在许多非洲国家变得无处不在时，它的文化元素（例如中医、针灸、杂技和武术）和组织（例如汉语学校、孔子学院和中国餐馆）也开始在这片大陆的不同地方兴起，甚至包括一些遥远的山村和部落。(Liu,1999:18)

像中国与非洲的其他 20 所高校一样，浙江师范大学与其最早的合作伙伴——喀麦隆的埃德温第二大学，竞争成为"20＋20"项目的一部分。① 而且，作为第四届中非合作论坛承诺建立"一个中非合作研究和交流计划，以加强中非学者和智库的合作和交流"的一部分，浙江师范大学还与南非斯坦陵布什大学(Stellenbosch University)的中国研究中心建立了合作关系。最后，在最重要的文化方面，非洲研究院建立了一个大型非洲博物馆。它于 2010 年 10 月开馆，展示了非洲的雕塑、面具、服装、乐器和生活用品等，目的是"实质性地推进中非文明的对话与合作"(IAS,2010)。

　　这些涉非的各种活动都与我们所说的一系列高等教育援助方式紧密挂钩。事实上，它们涵盖了教育部出版的《中非教育合作》所提到的不同方式。总之，根据我们的分析，浙江师范大学的涉非合作范畴包含如下：

　　派遣教师；支持语言实验室的建设；接收短期来华培训的专业人员；接收那些持有奖学金和自费来华长期留学的人员；合作建立孔子学院；为非洲研究及其文化建立大型基地；参与跨国研究；参与"20＋20"合作项目；以及参与联合研究和交流计划。②

---

　　① 奇怪的是，在"20＋20"项目中，浙江师范大学还与埃德温第一大学成为合作伙伴，尽管这所大学在历史上一直与浙江大学合作。
　　② 2012 年年底，浙江师范大学与斯坦陵布什大学就建立一个中非国际商学院达成框架协议，这进一步扩展了合作的范围。

　　我们回到先前的问题：这些合作方式，无论是单个的，还是作为一个整体，是否构成了一种新的工作方式，以区别于经合组织（OECD）国家传统的合作路径？它们在何种意义上体现了南南合作的特点？

　　从历史上来看，可以认为，除了孔子学院的合作（接下来我们将会谈到），中国的大部分援助方式，也曾分时段地出现在一些欧洲主要大学的发展研究院或区域研究中心。然而特别的是，至少在浙江师范大学，它们是同一时间出现的。当然，它们并不仅仅是非洲研究院的责任，而是学校作为一个整体予以支持。

　　然而，伦理诉求并不仅仅体现于相关活动是否存在，而且在于它们是如何传递的。刘鸿武的"尊重和细腻情感"是一种极高的要求。在下一章关于来华留学的非洲学生的论述中，我们将批判性审视教育部的断言：中国政府尽其所能照顾好非洲学生；他们所读的高校完全理解和尊重他们的文化、生活方式，以及宗教与习俗（China，2003：17）。[①]

　　在合作中，中国坚持的互惠、平等和共同利益的基本原则，所遇到的挑战并不罕见。然而这种情况并非南南合作独有，它已成为南北合作几十年来所持续关注的议题（King，1985）。下面这个问题，充满了争议：如果北方国家与南方国家在合作中能够实现经济平衡，是否也能够实现知识对称（knowledge symmetry）。同样还存在长期争议的是研究合作中的拥有权和控制权（包括劳动分工）：如何避免研究设计与分析由北方国家来做，而资料收集留给南方国家这种情况（King，2009b；Holm and Malete，2010；NORRAG News 41，2009）。

　　即使南南合作的总体原则是互利、平等和共同发展（就如中国所强调的），一些同样的问题可能会出现。富裕的南方国家与贫穷的南方国家在合作中仍然会产生财政不平衡的问题。面对人力资源开发项目中明显的不平衡和缺乏互惠性，是否能认为中非合作在国家层面，总体上是互惠和平衡的呢？换言之，区分项目层次上的互惠与总体双边关系上的互惠是有用的吗？

2.3.2　在非洲的中国教师

　　中国教育合作的另一种方式——中国教师积极参与非洲国家的教育，同样存在一些潜在的合作联结，而不仅仅是个体教师前往非洲的问题。首先，根据《中非教育

---

　　① 更多的有关中非教育合作的学术分析认为，这种照顾是双向的。其中，中国政府精心照顾非洲学生，同时，许多非洲学生关心和支持中国的现代化（China，MOE，2005：19）。

合作》这本册子中的黑白照片纪录，在 20 世纪 70 年代甚至更早，就有中国教师前往非洲教学，且不仅限于名义上的社会主义国家。从这些照片中还可以看出，中国教师的教学遍及许多国家，绝不仅仅是英语非洲（Anglophone）。事实上，最初的一批教师于 1954 年到达埃及；到 21 世纪初，有超过 500 名教师被派往 35 个国家（He，2006：5—6）。当然，与 20 世纪六七十年代来自英国/美国的"支教东非"组织（Teachers for East Africa），或者美国和平工作团（Peace Corps）、英国海外志愿服务队（Voluntary Service Overseas，VSO）和日本青年海外协力队（Japan Overseas Cooperation Volunteers，JOCV）等志愿性组织派遣的教师相比，这个数字并不算大。但对于中国这样在 20 世纪五十至七十年代仍然非常贫穷的国家而言，这也是一个了不起的成就。

另一方面，我们需要注意的是，在医疗领域，前往非洲的中国人的数量则要多得多。可能中国的一个省与非洲的一个国家这种特殊的结对方式，产生了不同的效果（在第 1 章提及）。据说，过去 50 年间，总共超过 20000 名中国医疗人员前往世界各地，当然大部分在 44 个非洲国家服务（Li，2011：122—113）。然而，正如布劳提根（Brautigam，2012b）和尹（Yin，2012）在其关于中国医疗援非的批判性评论中所指，数字并不是有效援助的唯一评判标准。援助中专业知识的转移，极度依赖于语言和地方能力。

正如前文所暗示，这些教师所传达的信息在 20 世纪六十至八十年代存在巨大的差异；斯诺（Snow，1988：69—104）在其"作为传教士的中国人"（The Chinese as Missionary）一章中，对这 30 年中国与非洲的政治关系的剧烈变迁作了最好的分析。但就上文提及的伦理发展议程而言，当然，中国教育部倾向于广义的概括：

> 与当地人民结成的友谊，提升了中非人民之间的理解，进而促进了中非在政治、经济和文化领域的交流与合作。（China，2003：83）

目前，我们没有关于中国海外教师的资料，而和平工作团、海外志愿服务队（VSOs）或者日本青年海外协力队（JOCV）都有此方面的资料。例如，《后无来者：VSO 的历史》（Never the Same Again：A History of the VSO）就探讨了 VSOs 在 20 世纪六十至九十年代非同一般的经历（Bird，1998）。例如，该书"开放中国"（Opening in China）一章讲述了第一批志愿者 1982 年抵达中国的历史（Bird，1998：133—140），如果深度挖掘中国最初援非的 500 名教师，定能提供有价值的研究和历史。

一个日益明显的趋势是，援非的教师来自那些过去就与非洲建立了联系的大学。

因此，发现决定前往非洲的个体多数来自前文提及的 25 所大学，并不会让人觉得奇怪。而且，这些教师被吸引到一些早期就有的汉语教学项目，接下来我们就论述一下这个话题。

2.3.3　中国在非洲的汉语教学和研究

这节讨论内容虽短，却尤为重要。语言正变成"中非合作的焦点"。这句话在 2003 年 12 月是一个预言性的论断，因为几个月后，第一个建立孔子学院的理解备忘录就签署了，尤其是世界首家孔子学院于 2004 年 11 月 21 日在韩国首尔挂牌。但自 1954 年至 2003 年，中国已派遣大约 150 名教师在 15 个非洲国家教汉语。[1] 自非洲第一家孔子学院于 2005 年 12 月 19 日在内罗毕大学挂牌起，在五年的时间里，这个数字已经发生了剧烈的变化。即便 2013 年中国派往非洲的教师数量已超过过去 50 年的总数，他们想在中非合作中扮演核心角色的雄心已然存在，只是不那么结构化而已。对于上文所提的中国汉语教学教师，我们只能从中国官方来评估他们对非洲的中小学和大学所产生的影响。如果我们要超越中国官方的分析，这也将是本研究的一个挑战[2]：

> 汉语教学和研究的发展有助于创造一种利好的局面，促使中国和非洲吸取各自文化的精华，并提升中非人民之间的理解和友谊，从而促进双方在政治、经济和文化领域的交流与合作。(China，2003：99)

我们稍后就会注意到，把孔子学院带到非洲以及世界其他区域的机制是中非大学之间的合作。但早期的在非洲的汉语项目，例如在埃及、突尼斯、喀麦隆和毛里塔尼亚的项目，是否已经使用了大学合作模式值得探讨。当然，正如前文所提，喀麦隆埃德温第二大学的汉语教学中心受益于自 1996 以来与浙江师范大学持续而紧密的合作。

2.3.4　在中国的专业研讨班：世界四大短期培训项目之一

像孔子学院在非洲的发展一样，最初只不过是中国资助的一些汉语教学中心，到

---

[1]　中国海外汉语教学史先于孔子学院的创建。这段历史应非常吸引人。其中一个元素是中国教育部于 1986 年 11 月实施的一个计划：在非洲设立一系列培训中心，教年轻的非洲人学习汉语。

[2]　在《中非教育合作》的更为学术性的评价之中，有详细的资料论及埃及、突尼斯和喀麦隆的汉语教学情况(China，MOE，2005：58—64)，但没有提到汉语教学中中国大学的合作安排。

现在转变成 33 所孔子学院；20 世纪 90 年代末一系列为非洲人举行的专家研讨班，通过非洲人力资源开发基金的资助，发展成大规模的中非合作论坛项目。其实，在 1998—2003 年间，已经有由教育部组织的整个系列研讨班（He，2006：11—12）。这些研讨班涉及 42 个不同非洲国家的 300 名参与者，课程包括教育管理、职业教育、远程学习和汉语教学（China，2003：71）。毋庸置疑，诸如卫生部、农业部等其他部门也举办了研讨班。与中国其他教育领域的合作类似，传递这种特殊又集中的职业培训的机制是大学。因此，早在 2003 年，教育部就指定不少大学作为基地，以开展这些短期的职业培训。这当中最早的一批是我们在前文中提到的浙江师范大学和天津职业技术师范大学。

对于一系列大学而言，这里形成了一种补充关系：从过去拥有在非洲（或亚洲）的项目或工程，支持汉语教学，到现在发现自身成了专业培训的基地。当然，严格意义上说，现在这种模式并不算合作模式，因为研讨班的参与者来自许多不同非洲国家，人数大约为 25～30 人。然而，正如教育部所讲，在大学里开设这些课程的过程有助于"非洲参与者理解中国的教育、政治、经济、历史和文化，与此同时，能够促使他们建立和加强与中国大学的联系"（China，2003：71）。

由中国商务部组织、其他部门合作执行的短期培训项目，在中非合作论坛举行的 12 年间，有了急剧的扩张：从 2000 年前的几百人，到计划 2013—2015 年来华的非洲专业人员达到 30000 人以上。这使得中国成为继印度、日本和德国之后，开展世界上最大的短期培训项目的国家之一。[①] 同时，课程的总数也在持续膨胀，现在达到了至少 509 门，其中 440 门课程的参与者来自许多不同国家，69 门课程的参与者来自单个国家。在这种模式下，从 2003 年第三届中非合作论坛举行到 2015 年第五届中非合作论坛结束的 12 年间，来华接受短期培训的非洲专业人士的总数达到 63000 人。即使这个数字比同时期持奖学金来华接受长期培训的人数（16000人）要大得多，但与人们对国家留学基金委的长期奖学金的关注相比，人们对此计划的关注较少。甚至布劳提根都认为它们"在能力建设上极为有限"（Brautigam，2009：158）。

事实上，短期培训作为中国官方最具分量的对非人力资源开发援助，我们对其运

---

① 德国通过德意志学术交流中心（DAAD）经营着世界上规模最大的长期学术项目，以及通过德国国际合作机构（GIZ）经营着世界最大的短期项目。2009 年，光是非洲，通过 GIZ 接受培训的人员将近 10000，这里的多数前往德国（Jung，2011：43）。

作的了解极为有限。① 就目前来看，尽管每门课程在其完成之后，例行要接受评价，但并没有由商务部集中开展的综合评价。对这些短期课程进行综合评价的只有极个别的例子，其中之一是浙江师范大学为非洲大学校长开办的教育管理课程（Yuan，2011：246—256），这对课程的参与者和组织者都产生了非常积极的反应。

迄今，最为完整、最为详细的评价来自中国驻肯尼亚大使馆商务参赞处所使用的反馈机制。在作者的帮助下，这一反馈机制被有意设计出来，以鼓励对归国的参与者进行量和质的评价。2010 年，当这一反馈机制开始被采用时，不下 198 名肯尼亚人已经前往中国，而在上一年，这一数字是 130 人。这是持中国国家留学基金委奖学金人数的 5 倍。在一系列打包的研讨班中，其涵盖的门类众多；与肯尼亚密切相关的研讨班，由关键的政府部门联合大使馆来挑选。在 2010 年，针对派遣赴中国进行为期 3 周至 3 个月不等短期培训的 198 名肯尼亚人，一共提供了 135 门不同的研讨班。以下是这一年的一部分研讨班：

> 小水电技术；杂交水稻技术；海洋生物实用养殖技术；中国针灸；绿色无污染茶叶制作；棉花种植与管理；现代酒店管理；竹藤业；药用植物；污染防治；广播通讯和数字电视技术；森林法执法和治理。（中国大使馆，内罗毕）②

关于培训，棘手的问题是：在一个非常短暂的时期内，个体所能学到的如何应用到个体、院校甚至社会层面？ 例如，这个问题就值得探讨：来自同一个国家的人（大概 25～30 人）参加一门课程的效果，是不是比一门课程是不同国家的人员构成的效果要好？ 同样，中国，包括日本和德国，耗巨资（此外还包括极高的交易成本）用于短期培训的主要动机是什么？ 但对中国就公共关系这一方面而言，一些受训者的反应是极其美好的：

---

① 一位在国家层面负责这些课程的官员评论道，"尽管中国的培训项目规模庞大，覆盖范围极广，但几乎不为世界所知。这其中部分的原因是，传统的中国政策并没有把对外宣传作为优先考虑的事项。老实讲，我从不认为这是一种谦虚；这是我们对外援助时需要提升的地方"（一位在非洲的商务参赞处官员对肯尼思·金说道，2011 年 5 月）。前田美津子（Maeda Mitsuko）口中的日本与此相似，"援助人员的文化教养与日本普通大众并无二致。因此，在开展援助工作时，他们常被发展中国家的人民所敬仰，因为他们在援助中展现出助人为乐的品质、低调和无威胁的方式，而没有显露出他们控制了财权的事实"（前田对肯尼思·金说道，2012 年 5 月）。

② 每个国家的培训课程并不一样。在南非，2012 年它有两门课程（所有的参与者来自南非），一门是安保，另一门是针灸。将来还会开一门，是纺织制造。

在来中国之前，对中国的印象是：人们生活在一个政治封闭的社会中，政府不关心人们不同的政治观点，在一个高度控制的经济体系里追求利润，没有兴趣与其他国家和人民建立合作伙伴关系。所有这些谬论，似乎只有在那些不努力理解中国或没有亲自来华掌握第一手材料的人眼中是可信的。这些课程能帮助人们用一种正确的视角看待中国。（2010 年肯尼亚学生反馈表）

与长期在华的留学生的反映一样（我们将在第 3 章分析），那些接受短期培训的非洲专业人士对中国人的遵守纪律和勤劳的精神由衷感到钦佩。一位参与者就用一种极其羡慕的笔调写道，"中国人民非常正直，并且自我克制。例如，我没有看到有人喝得酩酊大醉、游手好闲。我没有发现任何一个懒汉"（2010 年肯尼亚学生反馈表）。我们将在第 6 章思考这些课程软实力的一面。

就知识转移（knowledge transfer）而言，个人可以通过多种形式实现知识转移。这里有一个明显的问题：在肯尼亚，鼓励转移知识政策变成学习知识政策的机制，即使有的话，也极少。那些与中国在非洲的工程直接相关的课程，更具知识转移的潜力。这其中的一项工程就包括"中国在英语非洲国家援助的农业管理技术展示中心"。

然而，这样的课程只是少数。绝大多数课程直接聚焦于中国的成功实践与经验。他们没有分析非洲的落后状况；相反，参与者可以作出自己的推论和结论。因此，从这个意义上讲，他们强调的是莫德斯雷（Mawdsley）这样的分析家们所认为的南南合作特征：主办国直接的、最近的成功发展经验。但其中的一些课程中某些方面似乎还不太正式，只是鼓励人们多多接触，即便存在语言障碍。

我们不能认为，尽管这一大规模的项目（包括发展机构）相对不为人熟知，就没有值得批判之处。不可避免地，由于这些课程的参与者在中国享受到优待，其中的一些人还设法第二次、第三次前往中国接受培训。中国大使馆当然想确保这种劳动密集型的任务能够有效地开展，但有时难免会有疏漏。①

---

① "我们的援助经费源于中国的纳税者，而且中国自身是一个发展中国家，因此这项工作需要勤奋和一丝不苟的态度。从与当地政府的年度规划会议，到一年到头的与各个部门的小型会议，从数以万计的电子邮件，到我们办公室与提名人员、政府部门往返的数吨纸质工作，从与提名者进行面试，到每年的评估调查，每一个程序都需要格外注意和巨大努力。"（一位官员与肯尼斯·金教授访谈，2011 年 5 月 17 日）

中国所提供的这个庞大项目与日本的重大差异之一是：日本国际协力机构(JICA)有一整个系列的研究中心，许多受训人员可以前往这些中心，而中国在很大程度上需要依赖于各个部门(例如教育部)来提供培训，并以一系列大学作为援助的基地。印度作为另外一个中等收入的非DAC捐助国，它所提供的短期课程，也主要依赖于高等教育机构。①

当问及为什么从事极度费时的援助活动，尤其要用法语进行集中培训时，大学权威领导承认，背后几乎没有什么经济激励因素(这与英国不同，他们所提供的短期课程能从赞助者或受训者身上赚来可观的手续费收入)。相反，正是与提供资金的部门(例如商务部)或特殊的部门维持良好的工作关系，大学才被确认为援助基地。

长期奖学金存在另一个差异：非洲国家向中国提供的奖学金数量极少，包括埃及；同样，非洲向中国提供的短期专业培训，与中国向非洲提供的培训不具可比性。

最后就研究方面，以下问题具有探讨价值：当大部分DAC捐助国放弃了这种大规模短期培训的模式后，印度、德国和日本仍然维持这一模式，其背后的根本原因是什么？是否不同于两个最大的非DAC合作伙伴(印度和中国)？② 我们将会在以下章节中看到，维持这些课程是基于强有力的软实力。

2.3.5 在中国的非洲研究和专业培训

在专门阐述孔子学院作为一种援助方式之前，最后的一个问题是非洲研究在中国的进一步发展。它是刚刚提到的其他项目的逻辑结果。中国要想与非洲成为真正的合作伙伴，尤其是专业培训、资助非洲学生来华留学领域，需要中国在非洲研究方面建立自身的能力。中国已超过10所大学有专门的非洲研究机构，而且这一数字还在继续增加(China，MOE，2005：65)。

随着中国与非洲大学之间建立了越来越多的交流项目，自20世纪80年代以来，来自双方的学者都在就合作项目定期互动。日益增多的学术活动将进一步促进非洲研究在中国和非洲的发展和繁荣(China，2003：105)。

2007年浙江师范大学非洲研究院的建立，就是一个极具典型的例子。但值得注

---

① 参考印度科技与经济合作部(ITEC)的课程宣传手册：http://itec.mea.gov.in/。印度大概有250所高等院校提供短期和长期培训，每年约为6000名学生提供奖学金(Grover，2011)。

② 长久以来，荷兰有大量针对发展中国家的国际培训项目，但目前由于预算缩减，这一项目受到影响。

意的是，其他的非洲研究中心和机构正在中国扩张或成立，通常利用已经与非洲大学建立好的联系，例如以孔子学院作为联结点。南非的罗德斯大学（Rhodes University）就与暨南大学建立了伙伴关系，合作从事非洲研究。其他更早的伙伴关系在云南、上海师范大学和北京大学的非洲研究中心得到了加强。非洲研究还出现在外交学院、天津职业技术师范大学以及湘潭大学等院校，不一而足。

在中国，关于非洲研究的博士论文的早期传统基本上是案头研究。最近几年，这一状况才开始改变。在一些部门的资助下，例如教育部，中国在非洲实施了雄心勃勃的田野考察项目。①

值得注意的是，虽然中国建立了非洲研究中心，但非洲国家并没有在中国建立研究非洲的中心；同样，也没有在中国成立非洲文化中心。博多莫（Bodomo，2009）认为，鉴于中非文化外交方面的不平衡，非洲一些经济实力较强的国家可以通过在中国成立泛非洲文化机构来纠正这一现象。这些机构的名称应该用"非洲—中国"，而不是经常见到的"中国—非洲"。

在中国，加强非洲研究的进一步的举措是，凭借第四届中非合作论坛启动中非联合研究交流项目。2010 年，"中非联合研究交流计划"正式确立，并在北京举行启动仪式。此外，在浙江师范大学非洲研究院和中非商学院的赞助下，中非智库论坛于2011 年 10 月 27—28 日在杭州和金华召开。中非之间的这些官方合作，用一种不同于西方国际学术会议的方式，把中非的学者和专家聚拢在一起。中非智库论坛结束语中这样说道：

> 联系非洲和中国的智库机构，以及世界上其他关心中非关系的学者，就非洲政经形势、中非关系及相关领域的议题进行对话、交流和探讨，以增进了解，扩大共识，巩固友谊，建言献策，更好地发挥中非智库在促进双方全面合作中的作用。（http://www.focac.org/eng/xsjl/zflhyjjljh/）

2.3.6　高层交流和学生交换

在中国体系下，高层访问和代表在履行上述协议，以及同意非洲学生和专业人士来华中扮演了关键的角色。教育部声称，自 20 世纪 50 年代以来和中非教育合作开

---

① 一个好的例子是，已经提到过的浙江师范大学正在开展的非洲 16 国高等教育研究。

始起，中方有不下 100 名教育代表前往非洲，非洲有超过 90 名代表前往中国（China，2003：7）。不太清楚的是，中国是只支付了中方代表的费用，还是也承担了一些前往中国的非洲代表的费用。例如，2011 年 10 月 24—25 日举行的高层 UNESCO—中国—非洲大学校长会议，就把参与"20＋20"合作项目的 40 名大学校长带到巴黎，而这个会议基本上由中国赞助。同样，2010 年上海世博会巨大的非洲联合馆（除了几个较大的非洲国家如埃及、南非、安哥拉和尼日利亚等有自己的展馆外），其主体结构基本上是由中国出资建造的，并且给予每个非洲国家 65 万美元以支持他们参展，以及在主馆内建立自己的小展馆（King，2010e）。

同样，在学生交换方面，教育部声称，1952—2002 年间，他们接收了 15333 人次的非洲学生，其中 80% 的学生享受中国政府奖学金。然而，虽然使用的是交换这个术语，但有多少名中国学生持政府奖学金前往非洲则无从所知。我们确切所知的是，在穆巴拉克（Mubarak）在位时期，埃及向中国提供了 20 个政府奖学金，而中国向埃及提供了 50 个，但非洲大陆其他国家提供给中国的奖学金数量极少。例如，肯尼亚只提供了一个（King，2010d）。因而，就学生交换这一维度而言，中非之间所提供的奖学金数量是极不平衡的。有关非洲学生在中国的所有问题将在下一章进行探讨。

2.4 孔子学院的特殊性和显著性①

讨论孔子学院创设的特殊性，也许会有利于总结中国高等教育援助方式。孔子学院如今是一种全球现象，体现了中国与非洲人力资源开发合作的许多方面。然而，正如上文所提，孔子学院在 2003 年并没有被教育部认为是中非教育合作的七大方式之一，因为 2004 年 11 月才开设了世界上首家孔子学院。但是在概念上，它可以视为把汉语教师派遣到国外（包括非洲）的延续，只是规模更大而已。

首先，最关键的是，孔子学院并不打算成为基于供给方的援助方式，即被中国政府的雄心所驱动。不像诸如法语联盟（Alliance Francaise）、英国文化委员会（British Council）、塞万提斯学院（Cervantes Institutes）和歌德学院（Goethe Institutes）等类似的语言和文化机构，由各自的政府决定举办的数量和选址，官方言辞是，孔子学院是

---

① 其他的金砖国家，如印度、巴西或俄罗斯，并没有像中国那样，致力于提升其主要的国家语言。日本在其经济腾飞时，也没有采取一些行动以提升日语。或许一个重要的原因是，20 世纪 30 年代日本在东南亚和太平洋军事扩张时，所采用的语言政策并不太成功。

按需开办的。① 换言之，它们的数量从最高层面上反映了大学对孔子学院的需求。无疑，这能解释为什么最多数量的孔子学院出现在美国（超过 70 所）。相比之下，到 2013 年，在 26 个不同非洲国家只有 33 所孔子学院。②

孔子学院不同于欧洲语言和文化机构（见上文）之处还在于，它不设在首都的繁华街道。相反，它坐落于主办国的大学里面③，而且一般是由非洲某个特定的高等教育机构与中国的合作伙伴（通常是开办大学）共同经营。在北京的汉办看来，孔子学院的创建，明显是对世界各地许多大学请求的回应。这非常不同于中非合作论坛议程中的其他承诺，因为很重要且很合适的是，在中非合作论坛的行动计划中，针对孔子学院的扩张，并没有像长期和短期培训那样，有一个为期三年的目标。

其次，孔子学院日益成为中非交流与文化合作的另一个中心。通过设在北京的汉办总部，非洲的学习者可以获得多种长短期的奖学金来华留学。2010 年，光是非洲的孔子学院，就提供了大量的长期奖学金的机会，这使得孔子学院奖学金成为国家留学基金委的一个重要补充。孔子学院的这些奖学金没有反映在中非合作论坛三年一期的目标中。此外，这些学位和为期一年的奖学金，并不是孔子学院提供给学生去中国的最大机会，孔子学院资助的各种短期的考察团和夏令营的数量更大。因此，2009 年，内罗毕大学的孔子学院有 26 名学生到中国进行短期访学；2011 年，肯尼亚的第二所孔子学院——设在肯雅塔大学（Kenyatta University）——有 16 名学生到中国进行短期访学。相比之下，2011 年，南非罗德斯大学（Rhodes University）的孔子学院有 19 名学生前往中国进行短期培训，斯坦陵布什大学（Stellenbosch University）的孔子学院派遣了 16 名学生到中国进行短期访学。换言之，在一年时间内，光是这四所孔子学院就有 75 名学生到中国进行短期语言和文化体验。

因此，对于单个国家而言，例如肯尼亚，如果把孔子学院提供的长期和短期奖学金加在一起，孔子学院作为一个窗口，另外提供了大量前往中国的机会。在任何一年，肯雅塔和内罗毕孔子学院可以在国家留学基金委员会所提供的固定奖学金名额之外，增加 40 多个长期培训名额，再加上 198 名短期名额。通过这三种渠道前往中

---

① 尽管绝大部分孔子学院的举办事实上是基于需求，但似乎在一些场合（如中国高层领导的访问）中，可能促进了新的孔子学院的创建。

② 一些非洲国家有不止一个孔子学院：南非有四个，肯尼亚有三个，尼亚利亚和赞比亚各有两个。根据协议，莫桑比克和肯尼亚各自将新建一所孔子学院。

③ 以我以前工作的大学为例：在内罗毕大学，孔子学院设在主校区，其联系伙伴是天津师范大学；在爱丁堡大学，孔子学院设在一座古老但完好的建筑内，其联系伙伴是上海的复旦大学。

国的肯尼亚人超过300人。此外，每年这两所大学的副校长以及孔子学院的中方和肯方院长，都将到北京参加巨型的孔子学院年度大会。①

第三，至于把孔子学院定位为一种特殊的合作方式——政府开发援助（Official Development Assistance，ODA）的一种形式，显然是成问题的。因为中国对孔子学院的资助，大概有50％流向所谓的发达国家，例如澳大利亚、法国、日本、英国和美国。不过，它无法改变这一事实：就非洲的孔子学院而言，它或许可以视为政府开发援助。但是，所有的孔子学院，包括经合组织国家，目前每年都接受来自汉办的慷慨资助，这还不包括接收语言教师和志愿者，以及上文提到的短期和长期奖学金。② 此外，孔子学院还有可能成为拓展大学之间合作的机制。目前，孔子学院的培训项目主要集中在语言，将来有可能包含中国研究和文化。未来看到下面这一变化，会是很有意思：在某个非洲大学内部，例如内罗毕和罗德斯大学，孔子学院也许能发展成为更大的中国研究中心。

在斯坦陵布什大学，已经有一个中国研究中心；孔子学院非常活跃的存在，及其与该校现代外语系和周边城镇不下13个卫星院校的联结，意味着斯坦陵布什大学已经建立了大量的学术研究和汉语教学中心，并扩展到校外的维度。

然而，孔子学院的非洲校方，期望主办大学为孔子学院自身以及来自中国的员工提供场所。此外，非方还期望能够为来访人员提供一些薪水，不论他们及其家人是否会继续返回中国。因此，在资助孔子学院方面，双方存在一定程度的平衡，包括现金和善意。

第四，在总体上我们对南南合作、互惠以及与传统捐助国差异更为关注，孔子学院模式由于植根于大学的内部，从而可以区别于其他语言和文化提升机构。这导致媒体对孔子学院潜在的影响力（好的和坏的）产生了更为浓厚的兴趣。相比之下，5万名非洲职业人士通过短期培训项目（前面讨论过）前往中国这一几乎隐形的运动所引起的关注度就要小得多。就我们论述的中非高等教育合作的七种方式而言，这种语言提升方式迄今遭到最为广泛的争议和讨论。孔子学院会成为宣传、激烈争论、提升特殊版本普通话的工具吗？一些时候，尽管有关创办孔子学院的协议备忘录已签

① 孔子学院大会把各个参与大学的校长或副校长以及孔子学院的中方与外方院长带至北京，无论是南方国家还是北方国家。大会有超过1000名代表，来自全球390所孔子学院。

② 事实上，所有的孔子学院，无论它们设在南方国家还是北方国家，都接受这一补助。这使得孔子学院成为一个非常特别的机构。补助随着时间的变化有所不同，但许多孔子学院每年的补助达10万美元，在非洲这一数字更高。

订多年，媒体关注仍有效地阻碍了孔子学院的开办，就像开普敦大学（University of Cape Town）那样。不过，随着越来越多的世界领军大学热烈欢迎孔子学院（2010 年已包括斯坦福、芝加哥和哥伦比亚大学），以及那些举办孔子学院已有一些年头的大学，发现中国并没有干预一些关键性研讨课项目，媒体关注就变得沉默起来了。①

孔子学院在大学内部的制度化至少有两种不同的路径。其一，在那些没有汉语教学传统的大学，例如内罗毕大学或开普敦大学，孔子学院直接负责汉语教学，并把它作为一门授予学位课程。其二，如果大学已经有中文系，例如在南非的斯坦陵布什大学，孔子学院扮演了一个补充和支持的角色，提供了另外学习中文的机会，并与特别的研讨课和活动联系在一起。尤其重要的是，孔子学院提供了学生日益增多的前往中国的机会。第三条路径体现在埃塞—中国职业技术学院里面。在该校，所有的学生把汉语作为一门必修课来对待，但人事部门限制其仅为基础课程。

不从严格意义上说，孔子学院运动，或许可归类为一种软实力，或者文化外交。但同样，对于中国 150 所大学而言，作为海外孔子学院的中方合作伙伴，它是进一步国际化的非常有力的机制。一些著名的大学在全世界拥有不少于 10 所孔子学院。厦门大学——南非斯坦陵布什大学的合作伙伴，拥有 15 所孔子学院。这一维度的国际化受到中国教育部部长袁贵仁的极力赞扬，他在 2010 年 11 月称，孔子学院的全球扩张是提升"软实力"和吸引海外学生来华的有效手段。袁部长认为，正是中国文化与历史、经济发展和日益增长的国际影响力，才吸引越来越多的外国学生："中国，随着经济迅速增长，将不仅给外国学生提供学习的平台，而且还包括就业的机会"（Chen，2010a）。

但是，"软实力"和"国际化"等术语对于孔子学院的需求方而言，并不对等。孔子学院并没有很大的促进汉语学习的需求，而是更愿意对日益广泛的职业（和专业）兴趣进行回应，因为许多国家需要对汉语有一定程度了解的人才。当然，这种对汉语的兴趣与中国企业、工业和商业在许多不同国家的兴盛，以及新的中国社区的成立紧密联系在一起，尤其是在非洲。②

因此，孔子学院现象强调并揭示出大量我们在本章所分析的问题。从根本上讲，它是一种大学合作机制，双方都作出了大量的贡献。孔子学院并不狭隘地关注语言

---

① 一些关注仍在：孔子学院对繁体汉字的影响（Churchman，2011）。日本就孔子学院的举办一直犹豫不决，除了私立大学有孔子学院之外（Zhe，2010）。同样需注意的是，在整个印度只有一所孔子学院。我们将在第 6 章进一步讨论这个话题。

② 请参考金的进一步阐述（King，2010d）。

的提升，还涵盖了其他一些中国元素，包括艺术、文化、历史、诗歌，甚至是技术①和政治。就中方的合作大学而言，他们与新的海外中心的联系越来越多。因而，孔子学院远远不只是一个教育项目，因为作为一个非常重要的联结点，它维持了教育部门以外的一些重要活动。

最后，就南南合作而言，应注意到，在一些特定大学的孔子学院，例如内罗毕大学，肯尼亚的员工会到其合作伙伴——天津师范大学去教授斯瓦希里语（Swahili）。尽管可能不是直接通过设在尼日利亚的两所孔子学院，中国的学生同样也会到尼日利亚的巴耶罗大学（Bayero University）学习豪萨语（Hausa）。然而，关于孔子学院的性质，我们已经讲得够多，也足够清楚，即孔子学院现象远远不是南南团结一致的运动，也不仅是从事语言和文化提升活动。事实上，考虑到孔子学院在美国和欧洲的数量，如果中国是南方国家，那么可以说，孔子学院运动既是南南合作，又是南北合作。因此，举办孔子学院是一种全球创举，而不仅仅是南南合作的表达。但我们将在第6章回到孔子学院这个话题身上，并消除一些人对孔子学院及其软实力的担忧。

2.5 中非合作论坛框架下的人力资源开发目标和中非高等教育合作的加强（2003—2015）

在结束本章之前，我们应注意到：2003年，教育部所列举的大部分援助方式，在中非合作论坛过程中也受到多方面的资助——这一点我们在前面已经提到，许多正式的援助方式实际上在中非合作论坛之前就已经使用。但首先还是谈谈中非合作论坛自身的特殊性。

我们回顾一下这一事实：2000年，联合国及其多边和双边机构在"达喀尔全民教育世界论坛"（Dakar World Forum on Education for All）确定了六个全民教育目标（EFA）；同年9月，联合国计划开发署召开了千年峰会（Millennium Summit），并确定了千年发展目标（MDGs）；同年10月，中国与非洲启动了独特的泛非洲合作论坛。尽管中国与非洲的合作将会继续保持一种高度密集的双边活动，如2000年以来中国高层领导每年都会访问非洲国家，但建立这种泛非洲联盟组织，对中国的外交也极富价值。

在所有的捐助国中，中国是最为独特的，因为它有中非合作论坛这一机制，可处

---

① 在汉办总部，展览区有专门区块介绍历史上中非之间技术的交流。

理几乎整个非洲的合作事务。① 不像许多传统的捐助国（如法国和英国），中国没有仅仅与其有历史、语言、地理或经济联系的国家（如英联邦）进行合作。毋宁说，它是与整个非洲国家（除了四个仍与中国台湾地区"建交"的国家之外）进行合作。同样，中国极力避免使得中非合作论坛的协议看起来像援助或者发展资助。相反，它们看起来像两个合作伙伴的共同协议，"表现为政治平等与互信、经济双赢合作和文化交流"（FOCAC，2009：1.2）。像日本一样，中国认为它与非洲的合作基本上属于一种回应的模式，就如我们在上文所提到的。

因此，借用《巴黎宣言》（Paris Declaration）的术语，评判中非合作论坛承诺下的非洲"国家所有权"（country ownership）时，显然，五个大型的中非合作论坛会议的宣言和行动计划充满了"双方同意……"这样的表述——前面已经提到过。尽管有关中国与50个独立的非洲国家之间不同协议实际达成情况的细节还需要进一步了解，但双方都声称享受到合作所带来的成果。自2003年中非合作论坛启动以来，都会涉及不少的量化目标。但能否达成这些目标往往充满风险，因而达成这些目标成为合作的焦点。在此情况下，中非更为广泛的人力资源合作（我们在探讨中非高等教育合作中已探讨过）的重要性降低了。

因而，一个重要的事实是：与"教育千年发展目标"（Education MDGs）不同，"教育"并没有被中非合作论坛确认为一个单独的目标。胡锦涛在2006年11月举行的第三届中非合作论坛峰会上的演讲中，只把教育置于一个更为广泛的文化、科学、卫生和旅游议程中：

> 第三，扩大相互借鉴的文化交流。加强人文对话，增进双方人民特别是青年一代的相互了解和友谊，加强教育、科技、文化、卫生、体育、旅游等领域的交流合作，为中非合作提供精神动力和文化支持。（Hu，2006）

这与"教育千年发展目标"所强调的普及基础教育或实现教育中的性别平等，或者"达喀尔全民教育"的六个目标，完全是两个世界。根据胡锦涛的阐述，教育似乎只是文化合作、相互理解和友谊这一宏大目标当中的一个元素。记住这一总体目标很

---

① 可以说，日本引领了融合泛非洲和双边合作的这条道路。但是日本和中国与非洲都有大量的国家层面上的双边协议及其后来的援助项目，而且中日各自有大陆层面的协议，分别为东京非洲发展国际会议（Tokyo International Conference on African Development，TICAD）和中非合作论坛。

重要，因为这一目标又是深化"平等互信的政治关系"基本目标的一部分。这些取得共识的"目标化"以及它们向量化目标的转化，往往意味着总体目标和合作的最终驱动力消失了。①

这揭示出，当我们审视不同的"教育"活动或方式时，我们应该认识到它们并不单纯是"教育目标"。事实上，即便在互信和团结一致转化成可量化的人力资源目标的过程中，教育并没有被挑选出来单独对待；相反，教育只是更广泛的人力资源议程中的一部分。这一议程涵盖所有的专业领域，包括农业、卫生和志愿者活动——可以从2006年北京峰会的第 8 个承诺中看得出。奖学金和学校建设是更广泛的人力资源开发承诺的一部分，正如我们在第 1 章所提到的一样：

> 今后三年内为非洲培训培养 15000 名各类人才；向非洲派遣 100 名高级农业技术专家；在非洲建立 10 个有特色的农业技术示范中心；为非洲援助 30 所医院，并提供 3 亿元人民币无偿援款帮助非洲防治疟疾，用于提供青蒿素药品及设立 30 个抗疟中心；向非洲派遣 300 名青年志愿者；为非洲援助 100 所农村学校；在 2009 年之前，向非洲留学生提供中国政府奖学金名额由目前的每年 2000 人次增加到 4000 人次。（Hu，2006）

2.6 中非人力资源开发合作的焦点：高等教育

2012 年 7 月北京召开了第五届中非合作论坛。六年之后，中非高等教育和人力资源开发合作的维度将包括哪些方面？它们应至少包括如下维度：

特定的人力资源开发和教育的承诺建立在先前中非合作论坛所做出的承诺基础之上。同时，到 2015 年，中国政府奖学金的数量将增加到每年 6000 名，"20＋20"合作计划将持续进行，以进一步加强中非大学之间一对一的合作。在这一模式中，还包括承诺支持非洲大学建立中国研究中心。有趣的是，第五届中非合作论坛不再谈到学校建设，而先前的计划中包含了建设 100 所农村小学（2007—2009 年）和 50 所中非友谊学校（2009—2012 年）。最后，"教育"这一块内容包括继续支持孔子学院和课堂的建设与发展，并在师资派遣、人员培训、教材设备等方面予以积极支持。此外，还包括一种新形式的三方合作，届时中方将在联合国教科文组织信托基金框架下，每年提

---

① 在教育中设定目标可能带来潜在的扭曲影响（King and Rose，2005；Jansen，2005）。

供 200 万美元,用于支持非洲教育发展项目,特别是支持非洲的高等教育。在人力资源开发方面(但不是教育),中国承诺将大量增加对非洲职业技术人才的短期培训,尽管这一模式已经很庞大。根据第五届中非合作论坛,今后三年,中国为非洲培训的各类人才数量增加的比例不下 30%,培训人员总数达到 3 万人次(China,2012)。

从这方面讲,在高等教育层面,中国援助非洲的方式(反之亦然)是理解中国与非洲合作逻辑的关键。因此,当第四届中非合作论坛行动计划(第 6.4.1 小节)提到,"注意到民间交流有助于增进双方相互了解,对深化中非友谊发挥着重要作用,双方将继续致力于加强民间往来",它实质上深刻地点出了合作过程的本质(FOCAC,2009)。

从伦理的角度思考中非合作论坛,就会发现其话语非常熟悉,多数还有五六十年的历史。但事实呢? 中非合作论坛及其后续的用于评估目标是否达成的委员会,是否与互利、政治平等这些历史话语相一致呢? 大多数人力资源开发承诺是一种政府开发援助(ODA),属于经合组织(OECD)发展援助委员会(DAC)的范畴。但同样,大多数人力资源开发承诺事实上与援助、奖学金、学校建设等联系在一起,由中国政府在一系列双边对话中决定。这或许与东京非洲发展国际会议(TICAD)履行承诺的方式的差别不太大。但它揭示出,中非合作论坛在真正意义上属于一种泛非联盟,通过它,双方可以就优先需要决策的领域进行持续的商谈。[①]这似乎与印度派代表参与非盟会议,以决定其不同的职业技术学院和专业培训机构的选址的方式不同。印度的这一承诺是在 2008 年新德里召开的印非论坛之后作出的(GOI,2008;ITEC,2011)。[②] 这种差别带来的一个可能后果是,相比印度把决策权留给非盟,中非合作论坛外加双边协议可以带来更快的执行速度。

伊恩·泰勒(Ian Taylor)对过去的四届中非合作论坛会议[③]所达成的协议,作出了简短、实用的总结评论,但相当负面。他认为,"整个中非合作论坛的根基是象征性的、带有作秀的性质。不同层次的工作是做给非洲、全世界以及中国人民看的"(Taylor,2011:103)。在我们能够清楚了解中非合作论坛过程中非洲的共有权(joint ownership)之前,还需要更多地了解非洲驻北京大使的参与情形、非洲外交部的态度,以及非盟的态度。

---

① 这或许部分是泰勒(Taylor)所要表达的意思:通过质疑"中非合作论坛的附加值性质,而非仅仅具有符号意义"(Taylor,2011:103)。

② 经过非盟的决定,印—非教育规划与行政研究院(India-African Institute for Education Planning and Administration, IAIEPA)最终选址在布隆迪大学(University of Burundi)。

③ 2012 年 7 月,第五届中非合作论坛会议召开。

中非高等教育的合作有一个悠久的传统，中非合作论坛则使这一传统正式化。这种正式化被证明是一个有力的工具，通过它，中非可以在一个紧凑的共同框架下展开一系列活动。但是，由"尽其所能"予以援助的历史传统转为先设定目标再援助的做法，有其不利的一面，即目标会控制过程。在第五届中非合作论坛召开之前，人们对于人力资源开发目标的期望，只会增加，不会减少。否则，还有什么好召开的呢？从这个意义上讲，中非合作论坛可能变成了一件穿在中国身上的"约束衣"（strait-jacket）：从"尽其所能"到提出越来越多的目标。可以说，中非合作论坛及其目标化，已远离周恩来 1963—1964 年亚非之行所阐述的原则：

就当时中国对外团结的特性而言，常常用周恩来总理亚非之行所强调的观点："亚非国家在经济上的互相支援，是穷朋友间的同舟共济"。（China，2000）

中国在援非中增加目标和所要达到的方向是值得的，因为迄今中国避免卷入更新全球千年目标的激烈争辩中。目前，2013 年 4 月，这场争辩似乎仍然是经合组织（OECD）援助国、基于北方国家的非政府组织以及智库关注的事务。

2.7 结论：合作、伦理和互惠

我们从互惠互利的视角探讨了中非高等教育合作的方式，并且关于中国与非洲的合作在实际中如何不同于传统的捐助国，我们也得出了一些结论。

首先，中国教育援助中的大部分人力资源开发项目，符合 OECD-DAC 有关政府开发援助的定义，例如中小学和大学建设、长短期培训，甚至是非洲的孔子学院。

其次，对于传统的 DAC 捐助国和许多新兴发展的国家而言，大部分中国援非的方式司空见惯。因此，中国和印度是世界上资助最大规模的短期培训课程的两个国家，只有日本和德国可以在总数上相抗衡（*NORRAG News*（NN），45）。长期奖学金仍然是许多传统捐助国的议程，且常常是诸如巴西、印度、中国以及韩国等新兴发展国家最大、最早的人力资源开发项目之一（NN 45）。与之类似，当谈到校舍建设时，日本国际协力机构（JICA）可能是世界上最大的提供者，包括在非洲的建设。当谈到派遣教师、语言教师和志愿者时，传统的捐助国多年来无疑开展了规模庞大的志愿者项目，而中国只是在 2006 年第三届中非合作论坛之前不久才开始派遣志愿者。在大部分非洲国家独立后的一二十年，法国、英国以及美国派遣了大量的教师前往非洲，既包括中小学层次，又包括大学层次。印度同样派遣了大量中小学以及大学教师，尽管这更大程度上是个人的行为，而没有通过政府机制。

甚至是非洲研究中心的发展，对中国来说也没有什么特别之处。2011年，中国庆祝西亚非研究院成立50周年，而爱丁堡大学2012年6月才庆祝非洲研究中心成立50周年。与传统捐助国唯一不同的是，中国提升语言与文化的机制基本建立在大学合作模式上，而西班牙、法国、美国、德国、英国等主要发达国家则是在一个国家或区域的首都建立独立的研究机构，没有合作的元素。但我们已经讨论过，自2004年以来，中国通过孔子学院提升其语言与文化的行动，不仅是南南合作与交流，很大程度上也是南北合作（如果我们继续接受中国是南方国家这一观点的话）。

跳过合作方式的差异，中国与传统捐助国总体上的差异（如果有的话）似乎集中在"相互性"这一道德话语上——整章我们都在讨论这一点。中国援助背后的原则与他国有什么差异？奖学金或新的高等教育层次网络的差异是因为提供方的背景话语不同吗？或许不是。从全世界成千上万名受益于奖学金的个体的角度而言，并没有因为许多传统捐助国的伦理道德话语（这些话语源于无偿赠予，现在可能集中于减贫和善治）与中国话语（互利、平等和共同发展）的差异，而改变所提供培训的质量。事实上，这些话语政策或许无法改变中国人对来华留学的非洲人的种族态度，我们将在第3章对此探讨。

那么，互利和平等的原则实质上给中国的高等教育合作带来了什么差异？我们已经阐述过，互利和共同利益或共同发展是过去60年中国与非洲合作的外在基础。同样清楚的是，援助背后有一套伦理道德并非中国独有。例如，韩国对那些在朝鲜战争期间帮助过它的国家就流露出一种感恩之情，并通过知识共享项目来体现出它与许多发展中国家的"情感联结"（Kim，2011：12）。

对于中国本身，有分析家承诺这些是中国援助的基本原则，但他们未必会在解释其内涵时采取这一立场。下文的一篇关于最近中国对外援助的文章就是明证：

> 坚持平等互利和共同发展的原则。
> 中非教育发展和合作往往坚持平等互利和共同发展的原则。他们提议通过项目合作、人员和信息交换，以形成有利于双方的多种形式、多层次的合作机制，其目标是提升双方的能力建设和实现共同繁荣。他们频繁地使用代表平等互利的双向合作的措辞，例如合作、沟通、交换、对话、共同发展等，而不是那些单向的援助。（Li et al.，2010）

　　《中国对外援助》也同样用"平等互利和共同发展"原则给予回应（China，2011a：4）。同时，历史学家李安山深刻地指出，尽管中国的对非政策从 20 世纪 50 年代到现在，已经发生了改变，但"从另外一个角度看，维持双方关系的核心原则从未发生变化"（Li，2007：74）。这些原则包括不干预或尊重主权、平等、互利和友谊。虽然李安山身为一名学者，但他断定，"中国将来永远不会改变其对非原则：平等、尊重和相互发展"（Li，2007：87）。我们在非洲研究院院长刘鸿武的著作中也可以注意到这一点。

　　变化的政策与不变的原则之间的协同是一种特殊的学术分析，它描述了不同政治时期教育合作方式的改变，但没有致力于评价核心原则的改变。事实上，自 20 世纪 80 年代末以来，甚至是合作的方式也没有发生多大改变。因此，西方分析家可能从各种与非洲有关的委员会、世界会议、有影响力的世界银行报道，以及非洲自身的行动等重大事件来审视与非洲的教育合作史，而中国分析家则用诸如学生交换、教师派遣、大学合作等关键的合作方式来描画量的变化，并且用五届中非合作论坛会议的框架来审视不同合作方式的量的变化。贺（He，2006）、牛（Niu，2009）、李薇等（Li et al.，2010）就过去 50～60 年的合作作了历史时期的划分，并对不同时期关键援助方式量的变化作了描述。通过主要援助方式的变化来描述中非教育合作的这种模式，在《中非教育合作》备忘录里得以采用（China，2003）。更为详细的《中非教育合作》（China，MOE，2005）也采用了这一模式，此书对不同历史时期的中非教育合作进行了划分，成为许多著作重要的参考依据。

　　但是，他们没有讨论这些原则自身如何构建了一个合作制度——这种制度不是基于传统捐助国的不求回报的捐赠，而是一种基于战略的互惠合作伙伴关系。我们已经讨论过，互惠互利不能仅仅从人力资源开发这一方面来看；如果仅从这一方面来看，就会看到双方存在高度的不平衡，主要是中国付出。相反，应该放眼其他方面中国所获得的东西，例如，中非发展基金会给中国所带来的收获，或者国家层次的其他双边协议。

　　关于互惠和中非教育合作的学术分析，还有一点需要指出。中国有关中非教育论述的特殊性在于高度以中国为中心，其他领域的中非合作也可能存在同样的情况。大部分情况是，非洲学生和受训者前往中国，中国教师和专家前往非洲，中国代表前往非洲（反之亦然），中国与非洲大学进行双边合作，以及最近孔子学院在许多合作大学建立。从这个角度而言，它让人想起英国 20 年前出版的《英国教育援助政策》（*An Education Policy for British Aid*）（ODA，1990）。在此书中，几乎每一页都会提到英国资源和英国提供援助的组织。① 但现在这种情形已经不存在了。

中国的教育合作，像卫生、农业和基础建设领域的合作一样，是基于核心原则的总体框架之上的（我们在本章已经作了讨论）。人们或许可以质疑和评价中国的不同教育援助模式是否违背了这些原则，而且在某种程度上我们已在本章朝此方向作了一些尝试；或者，诸如互利和共同发展的原则可能并没有完全在人力资源开发方面得到体现。相反，如果要完全理解互利的含义，中非人力资源开发的合作需要与中国在非洲的投资和宏观经济的参与放在一起考量。

我们在本章的副标题上加一个问题：相互合作的新方式？总之，我们可能必须承认，这些援助方式事实上揭露出中国已经继承了 60 年的一个声音、价值观和合作伙伴。这些有 60 年之久的原则到底与中国的政策及其实践有什么关系？关于这个问题，我们还需要做很多研究。或许，只有当非洲的学者以及中国的学者，像瑞典学者在其《非洲发展需要新的合作伙伴》（A New Partnership for African Development）所做的那样（Henock, et al., 1997），才能审视原则、政策与实践之间的协同关系。中国也正在朝这方面努力，第一阶段的工作就包括《中非合作》出版完成。此书共 37章，每一章由一个中国学者执笔（Liu and Yang，1999）。这是从中国学者的视角看中非关系，按照逻辑，下一步将会是由非洲学者来考察中非关系②；或者，更好的一种可能是中非学者共同来论述中非关系（Harneit-Sievers, et al.，2010）。

---

① 自 1997 年以来，随着英国援助的分解，这一情形发生了剧烈的改变。

② 事实上，几乎存在同名的书：《中国在非洲：非洲的视角》（*African Perspectives on China in Africa*）（Manji and Marks，2007），但与瑞典人做法不同的是，它没有受到中国的资助和鼓励。

3 非洲学生在中国：变化中的
特征、背景与挑战

对中国来说，非洲学生无疑是一个重要的外交政策问题。事实上，"中非交换学生是最古老的中非合作形式之一"(China, MOE, 2005：12)。

自 20 世纪 50 年代以来，中国在《中国的对外援助》白皮书中就将非洲学生视为其对外援助计划的一部分。截至 2009 年，在中国接受培训的非洲学生总人数达到 70627 人次，其中获得中国奖学金的非洲学生人数为 11185 人次(China, 2011a：14)。

虽然 1964 年周恩来没有将非洲学生列入他在阿克拉(Accra)发布的八项对外援助原则中，但是非洲学生历来是中非教育合作的一部分。因此，在 2003 年中非教育合作论坛发表的材料中，"交换生"占据了中国对非洲七种教育合作形式的最大部分（长达 40 页）。又一次，人们对这种特殊机制的历史特别关心。追根溯源，在现代，1956 年就有第一批非洲学生从埃及来到中国。但是这正如我们第 2 章指出，这种教育合作形式同时也是一种强有力的道德要求，特别是对他们表现的极大关心，尊重他们在中国的文化和习俗以及他们的回国前景：

> 大部分非洲学生学习刻苦，且在功课上取得了很好的成绩。回国后，非
> 洲学生在他们祖国的政治、经济以及文化发展方面都发挥了积极的作用。
> (China, 2003：17)①

据《中国对非政策文件》，中国主要有两种针对非洲的能力建设合作形式(China, 2006)。一种是培训来华进行短期学习的非洲学生。自 21 世纪初以来，这部分学生

---

① 穆拉图·特肖梅(Mulatu Teshome)博士就是一个值得庆贺的好例子。此书出版时，他是埃塞俄比亚联邦议会的发言人，2010 年他是埃塞俄比亚驻土耳其的大使。他花了 9 年时间在北京大学攻读学士、硕士和博士学位(King, 2011a)。

由非洲人力资源发展基金会赞助，他们大部分已经有工作（可参见第 2 章）。另一种是中非之间持续互换交流生（China, 2006：7）。

但是，我们在下文中可以看到，不管是短期的培训还是长期的培训，这两种培训形式都没有充裕的资源。但确实存在少数资源，更关心为非洲学生提供长期奖学金而非短期培训奖学金。我们应该注意到，其中一些资源充满了由中国学生所带来的种族意识问题，非洲学生也意识到了这些态度。此外，在一定程度上确实存在奖学金资金不足的问题。换句话说，他们的关注对以上由中国当局发出的声明是一个挑战。然而，在过去 50 年的不同时期，非洲学生所呈现的种族特征差异十分显著。

另一方面，我们应该看到一些中国资源①（包括政府资源和学术资源）有注重非洲学生和受训者数量的趋势。自 2000 年 10 月中非合作论坛会议召开以来，这一关注点有增加的趋势。特别是在 2003 年亚的斯亚贝巴中非合作论坛和 2006 年北京峰会召开后，非洲学生和受训者成为下一个三年计划中所要达到的量化目标。鼓励双方高等教育机构之间的更多交换和更紧密合作的重要性再一次被提及（中国，2006：12）。然而，北京第三次 FOCAC 会议的核心信息是增加政府奖学金，即从 2006 年的 2000 获奖人次增加到 2009 年的 4000 人次，到 2015 年共达到 6000 人次。对非洲专业人士的短期培训作出的承诺是相似的：相同时期内，即 2006—2015 年，从 10000 人次增加到 30000 人次。

在某种程度上，中国政府针对非洲学生和受训者采取的量化手段缺失了一些信息：这些学生是谁？他们来自何方？他们有什么愿望？为什么他们将中国作为学习的目的地？除了《中非教育合作》这本纪念册中，用色彩斑斓的页面书写非洲交换生享受中国的课堂之外，几乎没有公共媒体关注这些在中国靠奖学金学习了 3 年、4 年甚至更长时间的非洲学生的学习质量。

虽然非洲学生依靠政府奖学金来华学习已经超过了 50 年，但是这种专业培训创举对个人、院校或社会带来了哪些影响，没有任何正式的评估。有趣的是，英联邦奖学金（Commonwealth Scholarship）计划已经执行了 50 多年（始于 1959 年），在这段时期内共有 16000 名学者单独来到英国学习。② 同样在这段时间，三万多名的非洲学生

---

① 被咨询的中国资源已经用英语表达了，例如 FOCAC，但是，可获得的关于中非教育合作的关键文本之一仍然只有中文文本。爱丁堡大学非洲研究中心的张钟文（Zhang Zhongwen）已为作者翻译了这一关键中文文本。

② 截至 2009 年，整个英联邦（例如印度、马来西亚和加拿大等）的奖学金获得人数是 2.6 万人次。

在政府的资助下来中国学习。① 但是，英联邦授予的16000个奖学金名额均有学生的学习经历审查，其主要评估关键发展优先领域的影响(CSCUK，2009)。② 在此方面，中国不是唯一没有对其培训条款的影响作出评估的国家。③ 其他中等收入奖学金提供者，例如巴西和印度，也没有对学生的学习经历进行评估。

据此，本章我们将对中国政府长期的教育援非计划中只见数字而不见其他的现象，增添一些"血肉"。

3.1　变化中的中国学生和非洲学生的态度？

我们应该从一些描述非洲学生对其在中国的接受度和待遇明显表现出消极情绪的材料开始。首先，我们将关注一名加纳学生，约翰·海维(John Hevi)的个人经历。1960年，约翰·海维来到中国，其在名为《一个非洲学生在中国》(An African Student in China)一文中描述了他的学习经历(Hevi，1963)。此外，我们还会讨论两位加纳学者的经验，一位是桑德拉·吉莱斯皮(Sandra Gillespie)，在将近40年之后，即1997年，他在名为《南南迁移：中非交流研究》(South-South Transfer：A Study of Sino-African exchange，2001)一书中调查了非洲学生留学经历；另一位是巴里·沙伯力(Barry Sautman)，1994年，他在《中国季刊》(China Quarterly)上发表了一篇有关"后毛泽东时代反黑人种族主义"的评判性文章。我们也应认可弗兰克·迪克特(Frank Dikotter)对中国刻板印象的长期历史所做的开创性工作，以及19世纪末20世纪初中国知识分子接受的西方对非洲的"科学"种族主义(Dikotter，1992；Wyatt，2010)。

有趣的是，海维和吉莱斯皮在其调查研究中所讨论的非洲学生的数量相似。海维的专著关注了来自非洲11个国家于1961—1962年在北京外国语学院学习的118位学生。其中记录到，来中国后的9个月内，在118位非洲学生中，96位返回了非洲。据称，"不受欢迎的政治教化"、"语言难度"、"欠佳的教育标准"、"社会生活"、"敌意"、

---

① 截至2002年底，来中国的非洲学者人数为12384人次，此后FOCAC的三年许诺为，在2003年、2006年、2009年和2012年分别达到1500人次、4000人次、5500人次和6000人次。

② 在这16000个学者中有6000个学生可以追溯到2009年，这其中2400人参加了调查。61％的被调查者来自英联邦非洲。

③ 如果是短期培训，那么应由商务部(MOFCOM)负责此类评估；如果是获得政府资助的长期留学生，此类分析应最终由下属教育部的国家留学基金委负责。

"间谍活动"和"种族歧视"导致了非洲学生逃离中国(Hevi，1963：117—136；Gillespie，2009：212)。海维将种族歧视列在了"抱怨表的首位"(Hevi，1963：183)。①

1997年,吉莱斯皮的实地调查发现,34年后种族关系紧张仍然是理解非洲学生在中国学习经历的一个关键因素。

沙伯力分析了受过良好教育的中国人对普通非洲人和中国农民的态度。他的调查是在1992年进行的,比吉莱斯皮的调查早五年。调查对象至少有461人,他们大部分是学生和知识分子。② 调查的特别之处在于要求中国调查对象根据十大特征将外国人分成七个组,包括非洲人。此外,根据相同的方法将中国农民、知识分子和企业家分成七个组。十大调查领域包括：文化水平、智力、勤勉、行为、为他人树立的榜样、吸引力、对教育的兴趣、诚实、处理自身政治事件的能力、对经济发展的兴趣(Sautman，1994：429)。

调查对象对非洲人和中国农民都有许多类似的蔑视性评论。必须注意的是,这里询问的调查对象不是要对非洲学生作评价,而是要对整体的非洲人作评价,将非洲人与印度人、西欧人、日本人等一起作比较。然而,对约160个学生评论员中大部分人来说,他们与非洲人仅有的直接接触经验是与非洲学生的接触。

但是,仅仅过了15年左右,也就是2008年,沙伯力和严海蓉(Yan)调查了天津各类学校的300多个非洲学生,他们却发现这些学生对中国和中国人的态度通常都是非常正面的：

> 总体上来看,非洲学生大体上对中国和中国人都有积极的态度,他们的态度与在非洲的非洲学生对中国和中国人的态度没有实质上的差别。③

他们大部分人在中国都有偶尔的街头体验；当他们在街道上行走时,会听到中国人对他们的负面评价,但那不是体制性的种族主义(institutional racism),他们与中国教师和学生确实有十分积极的互动(沙伯力与肯尼斯·金的谈话,2011年10

---

① 斯诺的独家历史叙述《中国遇到非洲》(Snow，1988)引用了海维的专著和评论,即"它以简短的灾难性实验落幕"(Gillespie，2009：199)。斯诺对接下来20年非洲学生在中国的留学经历的分析是非常重要的。

② 也有一些高校的学生、师范大学招收的人民解放军、两个研究所的职员、城市规划处的职员、商人和一位工厂技术和管理人员。

③ Sautman and Yan(2009)对9个非洲国家的2000多个学生和教师进行了研究,调查他们对中国人和中国在非洲的发展的看法。

月 22 日）。①

怎么会这样呢？过去十多年里，政府和大学的对非政策导致了这一剧变吗？西方已经习惯了中国的价值观和取向所发生的快速、急剧的变化。这就是另一个例子吗？在这十年中，有没有任何主要的政策变化？20 世纪 90 年代末以来，中国大学与非洲的联系是否发生了显著变化？现在来中国学习的非洲学生跟十年前来学习的非洲学生是否存在着认知差异？我们将在下文中论述非洲和非洲学生这些变化的态度可能带来的影响。

有趣的是，沙伯力和严海蓉的尼日利亚研究助手不是很确定这项天津调查中的态度变化，"如果让我将非洲学生对中国的态度，总结划分成正面、较正面、中立、较负面和负面，我会说是负面的"（前尼日利亚学生与肯尼斯·金的谈话，2011 年 11 月 9 日）。后面的章节中，我们将继续讨论这一明显矛盾。

值得注意的是，2001 年吉莱斯皮以专著的形式发表她的研究成果时，中非合作论坛才刚成立不久（于 2000 年 10 月）。这对中国为了与非洲接洽而执行的泛非机制是非常宝贵的。一系列的 FOCAC 三年会议刚刚开始，正如我们所言，在这一系列会议上，至少从 2003 年开始，来中国的非洲学生和受训人员的数量成了他们行动计划的常规目标。2003 年中非合作论坛峰会通过非洲人力资源发展基金会，为非洲接下来的三年提供了 10000 个短期培训奖项和 1500 个奖学金名额。

因此，中非合作论坛不是立即大刀阔斧地改变非洲奖学金数量。实际上，2000 年中非合作论坛承诺书中甚至都没有提到奖学金（Taylor，2011：43）。但是，20 世纪 90 年代，非洲学生在中国的总数达到了 5569 人，是 20 世纪 80 年代 2245 人的两倍多（He，2006）。即使到了 2006 年第三次中非合作论坛北京峰会，非洲奖学金的数量也才从 2000 人次计划提高到 2009 年的 4000 人次。必须记住的是，4000 人次是截至 2009 年三年里非洲在中国的奖学金获得者总数，而不是承诺每年 4000 人次；每年新奖学金的实际数量是 1000 人次左右。

换句话说，从 1997 年吉莱斯皮的田野调查，到 2008 年沙伯力和严海蓉的研究，很难说非洲学生获得奖学金的人数极大地增长了。自 1989 年允许自费以来，自费的非洲学生人数确实增长了。自 2003 年中非合作论坛赞助的短期受训学生来到中国开始，自费的非洲学生人数突然增长。截至 2008 年，在过去的五年里，大概有 17000 名非洲专业人才来到中国。他们中的大部分人应该在大学里新建的资源中心接受了

① 进一步参考 Sautman 和 Yan 即将发表的研究成果。

培训。实际上,此类培训非洲专业人才职业教育的资源中心,就设在天津的某所大学里。

截至 2008 年(沙伯力、严海蓉作调查时),中非合作论坛确实已经将非洲放在了中国资助政策的计划上,对国际事务感兴趣的进步学者(progressive academics)可以看到非洲对中国大学带来的明显政策影响:1999 年,云南大学建立了亚非研究中心;2000 年,上海师范大学建立了非洲研究中心;2003 年,浙江师范大学建立了中国第一个非洲教育研究中心;此外,天津职业技术师范大学也建立了资助非洲职业教育的中心(前文已提到)。同时,其他大学,例如,北京外国语大学和北京第二外国语学院也在进行豪萨语、阿拉伯语和斯瓦希里语教学。后来,其他大学也加入了此行列。从下文我们就可以看到,天津师范大学在 21 世纪初期也开始了斯瓦西希里语的教学。此外,中国学者也开始广泛出版有关非洲的书籍(China,2003:106—117)。国家提供了大量有关非洲研究的基金。博士研究生开始进行非洲研究。

正如第 2 章所述,随着中国制度的迅速变迁,浙江师范大学 2003 年建立的小型非洲教育研究中心,到 2007 年 8 月已经发展成一个成熟的非洲研究院。他们雇用了20 位新的职员研究非洲,2008 年开始培养第一批研究非洲的硕士生。几乎是有史以来第一次,职员被派遣到非洲本土进行研究,硕士研究生也有可能在非洲进行实地研究。[①]

但是,对非观念的转变不仅仅是在有非洲研究院或非洲研究中心的大学里。2004 年 11 月,韩国首尔建立第一个孔子学院后,从开普敦到开罗,一系列的非洲大学也随之建立起孔子学院。2005 年,内罗毕大学首次建立孔子学院,它的中国合作大学是天津师范大学。很快,其他 30 所非洲大学(包括开普敦和开罗)也与他们中国的兄弟大学为建立孔子学院密切联系起来。但是远比孔子学院建立中非合作关系更早,为了提供科研实验室,从北京到西安,从中国农业大学到北京外国语大学,25 所中国大学已与各自合作的非洲大学建立了联系。2009 年,中非合作论坛第四次会议公布"20+20"计划后,20 世纪 90 年代中后期开始的许多长期合作关系得以稳固,这次会议将 20 所中国大学与他们各自的非洲合作大学更加紧密地联系起来。

中国大学对非观念的转变不仅仅体现在学院的联系上。自 1998 年南非与中国建立外交关系一年后,南非知名人士如总统纳尔逊·曼德拉(Nelson Mandela)就在

---

① 更多详情请参见第 2 章中关于浙江师范大学的改革。

北京大学发表了大型演讲。① 2003 年,在亚的斯亚贝巴举行的中非合作论坛第二次峰会上,来自非洲的其他国家元首如埃塞俄比亚已故领导人梅莱斯·泽纳维(Meles Zenawi)成为峰会联合主席。2006 年 11 月,北京成了非洲境外举行有关非洲会议的最大地点,当时来自非洲的近 40 位国家元首齐聚北京,参加论坛第三次峰会。北京将自己变成了一个非洲庆祝会会场,在地铁挂置了大量非洲照片,在最知名的商业区放置巨型非洲野生动物复制品。横幅和媒体宣传"魅力非洲",一百多万普通市民自愿做助手,在所有街头担当额外安保(King,2006b)。

2006 年是中国公布《中国对非政策文件》的一年(China,2006)。2006 年被广大中国媒体欢呼为"非洲年"。从新闻和媒体刻意对非洲关注与报道来看,这年的北京非洲峰会为两年后的大事件——2008 年 8 月奥林匹克运动会的召开作了有益的准备。

然而,我们现在的问题是:这些非洲相关的新进展,大部分影响了中国的大学,是否也影响了沙伯力和严海蓉在天津各所大学对非洲学生所作调查的发现结果? 有趣的是,在进行 2008 年调查前的十年里,天津已经有 3 所以上大学与非洲有了实质性合作,这其中包括分别与肯尼亚、埃塞俄比亚和加纳建立联系的天津师范大学、天津职业技术师范大学和天津中医大学。

但是,世界对中国态度的转变更关键的原因是中国地位(作为一种世界力量)从 20 世纪 90 年代到 21 世纪初的剧烈变化,中国的许多大学迫切希望成为世界级大学,特别是在 1998 年 5 月以后。② 许多大学开始自我改革,包括建立了新的非洲研究院的浙江师范大学,在 21 世纪初对图书馆、研究设施和师生宿舍投入了巨资。有意识的国际化也是改革的一部分,非洲元素只是全面重新定位高等教育的大运动中的一小部分(Adamson,et al.,2012;King,2012b)。

许多派遣留学生来中国的国家都明显意识到中国大学的这些变化。因此,从 2004 年年末开始,外国大学通过孔子学院对与中国大学合作产生了广泛兴趣。这种状况的变化也意味着中国大学开始成为许多国家(包括非洲国家)的首选留学国家。例如,就留学奖学金的普及度而言,肯尼亚高等教育部将中国和德国列为首选留学国。这也意味着 21 世纪初来中国的非洲留学生人数要远远大于 20 世纪 90 年代的

---

① 1999 年 4 月,北京大学授予埃及总统斯尼·穆巴拉克(Hosni Mubarak)荣誉博士学位;同年 5 月,曼德拉也被授予荣誉博士学位。

② 人们普遍认为江泽民在北京大学的百年校庆的演讲是中国建设世界级一流大学计划的起点。

人数。中国大学发生了国际性改革，希望留学生能到他们的大学里来。临近 2010 年，非洲留学生可能会改变对中国的态度，同时中国也可能改变对他们的态度。

尽管如此，我们现在没必要继续猜测国际化对在中国的非洲学生产生了什么影响，而应该具体洞察目前在中国学习的非洲学生，以及在中国学习过但现在已经回到非洲的学生。首先，我们将讨论一组在中国学习过但现已回国的肯尼亚学生，然后深入了解自 2010 年开始来中国学习的非洲留学生。

在与肯尼亚学生的大部分交谈中，一个关键问题是：回国后，留学生学到了什么中国的先进知识？通常，肯尼亚学生对中国的工作方式、纪律和工作环境的质量特别感兴趣。

3.2 在中国学习的肯尼亚人

另有说明除外①，与已经在中国或者希望到中国来学习的肯尼亚人的谈话主要是在 2009 年 7 月进行的，他们中绝大部分是最近 25 年在中国大学毕业的学生。但是肯尼亚人在中国学习的历史还更久远。②

我们的确知道，肯尼亚是 20 世纪 50 年代派遣来中国学习的留学生的五个非洲国家之一（He,2006：3），这些国家派遣了一个或更多的学生来到中国。有趣的是，其他四个国家分别是埃及、喀麦隆、乌干达和马拉维（尼亚萨兰）。我们还知道，两个肯尼亚人是海维在《一个非洲学生在中国》描述的 118 位非洲人中的两位，他们也是决定 1962 年提前回国的 96 个学生中的两位（Hevi,1963：116）。此外，我们现在明确知道的是：1964 年在中国有过最早留学经历的一些肯尼亚人被当时肯尼亚的副总统奥金加·奥廷加（Oginga Odinga）亲自聘请到乌干达马凯雷雷大学（Makerere University）工作。他们一共六人，其中四个卢奥人，两个卡伦津人。奥廷加的目的明显是为了向大量受过良好教育的肯尼亚学生证明"共产主义不都是不好的"，甚至也许会比肯雅塔总统倡导的资本主义道路更好。2011 年 11 月，我们采访了这六位留学

---

① 另有说明除外，所有直接引用都来自 2009 年 7 月。

② 尽管 15 世纪中国海军郑和舰队就到达过当今肯尼亚海岸的拉姆岛和蒙巴萨岛，当时船舶失事后，有些中国海员在那里定居了下来，但是直到郑和探险 600 周年庆祝会——2006 年时，肯尼亚—中国培训项目才从早期的探险中发展起来。声称具有中国血统的一位肯尼亚女孩谢里夫（Shariff）拿到了中国政府奖学金，她在南京中医药大学学习了 7 年时间（中华人民共和国文化部，n.d.）。

生中的一位,他为我们提供了肯尼亚人对中国课堂的最早评论之一:

> 总之,穆泰(Mutai)说他对中国政府的人力资本管理印象很深。例如,政府在公平的基础上,根据就业总人数,以相关的制度规定,为每个人提供福利服务。(Kipkorir 与肯尼斯·金的谈话,2011 年 11 月 11 日)①

在适当的时候,多了解一些这些早期评论是有价值的。但是在提到这一留学经历对中国的影响时,穆泰只说了句"我们回来后都忘光了——所有的事都是关于肯尼亚政治的"。

3.2.1 基于比较的角度采访早期的肯尼亚留学生团队

我们最先直接访问了一位现在是肯尼亚高级卫生官员的留学生。他之前希望进内罗毕大学学习医学,但是第一次尝试后未果。他没有再准备一年再试,而是被建议去波兰或者中国学医。有趣的是,他可以选择 20 世纪 80 年代初从中国回国后再去波兰。当时中国为肯尼亚提供了 10 个奖学金名额,他是三个去中国学医的学生之一,去了广州的中山医科大学。

他从中国学到的东西非常清晰——时间管理。如果有人迟到两分钟,工作就要重做。大学的教学大纲非常清楚,明确规定了研究、准备和讨论的内容。评估体系非常透明,如果分数有任何问题,将可能直接反馈到顶层,然后等待处理。医学器材也非常精良。但是,15 年后,当他再次回到中国时,变化非常大,他说"使人大开眼界"。

对于肯尼亚,他的评论非常刻薄:"总之,中国在进步,而我们在落后。我们的纪律不好。我们的顾问医生早上还在医院,但不知何时跑到私人诊所挣外快了。管理很糟糕。说到晋升,也不是基于绩效。甚至还存在腐败。"

这种评论对理解海外奖学金优势的争论非常重要。留学不仅对个人产生影响,更对留学生回国后国家的体制产生影响,而这也是许多奖学金基金组织的兴趣所在。

---

① 本·基普科利尔(Ben Kipkorir)博士提到:六名肯尼亚人(在乌干达是学生)在上海有一次特殊体验。在中国,肯尼亚团队被带到很多地方参观,包括长城。即使有时候观光者已经累得不行了,他们的主人还为他们准备了另一个惊喜——参观上海,在上海他们被邀请与一位手被机器严重损伤但是又被中国的外科医生重新连接好的工人见面。据说,那位中国外科医生是世界上第一个做这种医疗手术的医生,能够完成手术多亏了伟大领袖毛泽东(Kipkorir 与肯尼斯·金的谈话,2011 年 11 月 11 日)。

例如,体制影响表现为:这名特殊的男校友 2000 年从中国回国后成功地管理了整个肯尼亚医生团队。

识别不同的体制影响正是英联邦奖学金 50 年调查所要达到的目标。因此,他们可以宣称"大部分调查者能够将新实践或者创新运用到工作当中"(CSCUK, 2009:18)。

3.2.2 从中国回来后批判肯尼亚

另一位 1996 年去中国并在中国待了十多年的肯尼亚人,回国后以"极度失落"和"缺乏动力"来描述自己的心情。与中国相比,肯尼亚缺乏机会,公共部门设备和设施很差;因此,私立部门很有吸引力,特别是医药行业。他再一次提到了工作和管理文化:

> 这儿的人很懒散;他们不来工作,没有纪律。中国可以带给我们很好的管理体制,规范的学生行为。同学们相互监督、相互照顾。

为了补充国家留学基金委给予的津贴,这位医生在中国也从事过其他工作。但是,对他来说的悖论是:中国的学生不关心政治,这对他回到肯尼亚产生了强有力的影响。"中国大学里没有政治,但是,从中国回国后,你会更加批判肯尼亚的现状。"他对中国人民持十分积极的态度,认为中国人民善良、诚实和憨直。

3.2.3 对中国文化(包括工作文化)的赞赏

另一位在中国省级奖学金而非国家留学基金委奖学金资助下,2003 年去中国的肯尼亚人,非常清楚他从中国学到的东西。他十分注意中国对他的观念态度、职业道德和工作方法的直接影响:

> 最大的影响是了解了更多其他文化,包括中国文化。
> 它有助于我改变看待事物的方法。中国人总是会看到好的一面,他们有一种乐观进取的精神,也非常勤奋。这一点影响了我。周末,所有中国人都会出去做兼职工作。因此,我也会去。① 如果能提高他们的英语,他们会自愿去中学教英语,磨炼他们的实用技能。我也会这样做。

---

① 这一点与吉莱斯皮的调查中学生说不能参加兼职工作的说法相矛盾。

总之,他们对我守时和做正确的事产生了非常积极的影响。他们非常注意时间并且以目标为导向。我学会了提前或者准时做事。不为任何错过的目标找借口。在我的记忆里,从未有中国学生迟到。因此,我回到肯尼亚也有了这些态度。

关于在中国学到了什么的问题非常普遍,我们在其他访谈中也记录了这一问题。许多拿奖学金在中国学习的外国学生达成的共识是:他们在中国的师生身上都发现了强有力的职业道德。在中国和其他几个东亚社会①中,努力对学业成绩是非常重要的——这一信念非常普遍。

3.2.4 对中国语言和文化着迷,希望在肯尼亚教汉语

另一类肯尼亚人,喜欢在中国学习,不是因为中国的工作文化,而是因为热衷于中国非常不同的语言——汉语。例如,一位来自肯尼亚东非大裂谷的学生,就是因为与中国工人一起建造某一教育机构的大楼,受到影响后去中国的。他在埃格顿大学业余学习了八个月的汉语,然后,突然有机会争取到去中国学习的奖学金。值得注意的是,他非常希望回到肯尼亚教汉语,这也许增加了他在 2001 年获得奖学金的机会。

关于中国对他自己工作态度的影响,我们又听到了类似的故事:

他们都是努力工作的人。一天工作 24 个小时! 与肯尼亚非常不同。说到辛勤工作,他们有关于辛勤工作的谚语。② 他们比我们肯尼亚人更注重这些关于辛勤工作能获得成功的谚语。③ 我对他们努力工作的印象很深。他们比我们努力两倍。但是,他们的体育运动也让我深受感触,他们的家庭关系、学习精神都很强大。我记得有一次我被邀请到他们的家里做客三周。

---

① 中国的教师相信,学生通过努力总会达到期望的标准。"勤能补拙"的格言很少受到挑战(Cheng,1990:165)。更多信息参见(King,2007c)。

② 在众多强调努力和决心的至关重要的例子中,最有名的是唐朝诗人李白讲的一位老奶奶铁棒磨成针的故事。老奶奶说她每天都磨,铁棒终究会磨成针。李白想,"她是对的。只要坚持不懈,没有什么完不成的。学习也是一样的"(King,2011b:4)。

③ 肯尼亚中部省也有有关努力的作用的谚语(Marris and Somerset,1971)。

两年后,他回到肯尼亚时,仅在内罗毕教授汉语的公立或私立院校就有 5 所以上,一年后内罗毕大学在城市中心开设了孔子学院。他教汉语的梦想很容易就实现了。不久,他开始为一个有 20 名学生的班级教授汉语。为了教授效果更好,他的长远目标是在内罗毕业余时获得一个学位,然后再到中国获得一个对外汉语的硕士学位。

值得注意的是,有关本章前几节我们提到的中国对非洲人的种族歧视问题,他持一种非常平衡的看法:

> 是的,他们是对非洲人有些刻板的印象,相比其他国家的留学生,也许有些老师不会太关注非洲学生。但是,这只是个人问题。不要忘了,我们肯尼亚人对中国人也有些刻板的印象! 肯尼亚人随口就说中国人吃狗肉、蛇肉和青蛙肉。他们也会说中国人的黑话。

3.2.5　在肯尼亚变化中的有利环境下学习汉语

学习汉语以及去中国留学的兴趣与肯尼亚大环境的鼓励与激励是分不开的。非洲各国的这种环境各不相同;甚至在一个国家内的首都、农村和城镇中,也不尽相同。但是,21 世纪初期开始,肯尼亚可以通过中国电视的国际频道 CCTV-9 接触汉语。此外,1991 年,中国国际广播电台(CRI)建立了第一个国家中心,2006 年建立了一个地区中心 CRI,从 2008 年开始用汉语广播 58 个短期课程。中国的官方新闻机构——新华社,也在内罗毕建立了一个区域总部。截至 2012 年年末,仅在内罗毕办公室就有 70 多位非洲专业人士、50 位中国同事以及遍布非洲大陆的 15 位通讯员(Peter Wakaba 与肯尼斯·金的谈话,2012 年 12 月 3 日)。从 2012 年 12 月 7 日起,在东非的各大报刊亭均可买到《中国日报非洲周刊》(China Daily Africa Weekly)(Wekesa 与肯尼斯·金的谈话,2012 年 12 月 15 日)。

这些资源在鼓励大量年轻人对中国和去中国学习感兴趣产生了重要作用。我们刚刚提到的肯尼亚汉语老师,他的妹妹就是一个很好的例子,大量的这类资源吸引她到中国学习。同时,她也意识到了中国的成功及其在世界上发挥的日益重要的作用:

> 2011 年,我哥哥去了中国。我也经常看 CCTV-9,听 CRI。我钦佩中国,钦佩中国文化。中国给我留下了非常积极的印象。因此,中学毕业后,我抓住了上大学前的空隙时间,跟着埃格顿大学的老师集中学习了汉语。我利

用一年半时间每天学习六个小时。展望未来，我打算获得文学学士学位后到中国学习，寻找在中国教书的机会。对我来说，会中文是关键，我的父母都支持我。

另一个有可能鼓励她学汉语的因素是，作为一个试点项目，肯尼亚西部的基苏木市（Kisumu）的各所小学已经开始教汉语。这也是基苏木东部国会议员沙基尔·沙比尔（Shakeel Shabir）向中国驻内罗毕大使馆提出要求的结果（King，2010b：493）。①

3.2.6　从经济合作与发展组织（OECD）国家转到中国？

肯尼亚不是唯一有学生在美国获得本科学位，但后来决定去中国获得硕士或者博士学位的国家。例如，有一个非洲学生（来自塞内加尔）实际上已经被加拿大商学院（Canadian Business Studies）的某专业录取了，但是出于文化和专业的考虑，他还是决定放弃这一机会，来到上海财经大学学习。② 这并不是说，相比 OECD 国家的大学，中国的大学门槛更低。事实上，中国为肯尼亚提供的奖学金，竞争非常激烈。2009 年 7 月，肯尼亚教育部称，在某人的第一学位中必须获得中上水平才可以考虑奖学金。教育部人员表示，2009 年肯尼亚前三名奖学金提供者分别是德国、中国和印度。正如前文所提及，首选目的国需要教育部作出决定，肯尼亚教育部倾向于选择德国和中国。

对 2008 年将东道国由美国改为中国的肯尼亚医学学生来说，一个决定性的因素是，作为一个准工科学生，做了一些调查后，他发现肯尼亚医院里的大量机器设备都是从中国进口的。另一个问题是，像他这样的学生要记住，当成功竞争到政府奖学金来中国学习时，常常意味着第一年整整一年都要用来学习汉语，以处理科学学位中的

---

① 来自西部省份（Western Province）的肯尼亚博士生韦凯萨（Wekesa）确认余老师（Mr Yu）是第一个去肯尼亚的汉语老师，并且至今还在；此外，还有两位汉语老师也加入到他的行列中来，其他的国会议员也在吵着再来执行一次这种计划。

② 决定去中国有很多个人原因。他很长一段时间都对中国感兴趣，其对中国感兴趣的程度超过了对加拿大的兴趣。他读了很多关于中国文化和新兴经济力量的书。因为他正在学习商贸，他觉得中国已经或者将在世界全球化的过程中起到重要作用。因此，他决定去中国，一边利用学习汉语的机会，一边继续学习关于中国商贸的专业。他打算与将非洲作为商业目标的中国合作伙伴做生意。他的两个来自达喀尔的朋友也已经决定在上海加入他的团队（肯尼斯·金采访学生的父亲，2011 年 11 月 11 日）。

术语。重要的是,中国在应用科学领域也为学生提供了政府奖学金。① 因此,外国学生要获得中国的任何理科学位,则必须先通过汉语水平五级（HSK5）,这成了一个挑战。

选择从西方转到东方的那个学生说,肯尼亚人可以从中国学到更多东西:

> 我们与中国不一样,我们是第三世界。我们接受援助,我们说"让他们来帮助我们"。但是,我们应该更多地靠自己。我们不应该急于求助。不像中国,我们说有些工作太脏,我们不做这样的工作。最重要的是,中国已经发达了。我们需要从这学到东西,然后回到肯尼亚。

一整年沉浸于汉语学习的优点是,它使你有机会成为该国文化的一部分,就像横贯欧共体的伊拉斯莫交换计划（ERASMUS exchanges）的最好经验一样,但是比它还更集中。结果这位特殊的肯尼亚学生发现,"……我大部分时间与中国学生在一起,他们告诉我,我是他们中的一员"。当然,这与吉莱斯皮早期调查的结果形成鲜明对照。

3.2.8 自费在中国用英语学习的肯尼亚人

值得一提的是,除了国家留学基金委资助留学生外——他们的学位是汉语,且与中国学生一起学习。其他一些组织,例如:中国信息和文化交流委员会（CICC）——2006 年开始在肯尼亚运营,开始招收越来越多的肯尼亚学生。CICC 还打算在乌干达和赞比亚开分支。两年内,它已经向 8 所以上的中国知名大学输送了 40 个留学生。它无法保证去中国留学自费学生的数量,但是 2008 年去中国学习的费用只需2750 美元,这其中包括了学费、住宿和保险费,医学专业亦是如此,其他学位目的国家几乎没有同等竞争力。

例如,在重庆医科大学（CMU）,有 20 多个一二年级的肯尼亚留学生。其中有 2个学生,在他们留学的第三年也就是 2009 年,成了女医生。他们已经确认 CMU 是WHO 认证的学校,肯尼亚也认可这所学校。他们发现,当年的国际生不下 200 人。但是,与国家留学基金委学生最大的不同之处是,他们在没有中国学生的班级里学习。实际上,这是专门由留学生组成的单独班级。但是,这是否就意味着他们没有其

---

① 2009 年,优先的学科是:医学、外科、航空学、航空宇宙学、系统工程、计算机研究、电信和机电一体化。

他肯尼亚人提到的对自己影响最大的职业道德？当然不是。中国教师"一直在鼓励我们"，并且会说"努力学习，种瓜得瓜"。[①] 此外，课程是必修的，通过中国媒体，他们了解到，中国学生也在很努力地进行与他们一样的医学学习。

最后一位肯尼亚学生（2010年去中国前，他已经在一家媒体工作）讲到，目前他在中国获得的专业和学习经历在竞争媒体业中被看成是一种优势：

> 我做的第一件事情就是观看中国传媒大学网站提供的课程项目和信息，它符合我的要求——媒体素养、传播理论和传播学研究方法等等。这些都是我想学的课程。我认为中国现在已经成了一种国际力量，因此媒体研究应该彻底——我不会错误地担心那些抨击中国的言论，因为政府文件已经告诉我中国经济急速增长带来的积极影响。此外，鉴于已经有许多肯尼亚人在西方学习，我越来越相信东方的观点很重要——我觉得存在一种竞争优势。我递交了申请，其他的都是历史了。（Wekesa与肯尼斯·金的谈话，2012年9月24日）

当讨论商务部（MOFCOM）资助的硕士课程时，我们将回到整个非洲学生和专业人士与同类中国学生分开上课的问题上。但现在，我们将过去25年或45年前（包括最早被奥廷加招聘的），在不同时代到过中国的肯尼亚学生和受训人员的线索收集起来也许是有用的。

首先，对这些正在中国（或者正计划来中国）的非洲学生来说，本章第1节讨论的种族歧视并没有作为一个重要的问题出现。有一名非洲学生谈到，10年前，他们在北京遇到的一些孩子从来没有见过黑人；他们想摸一下黑人的皮肤只是为了知道黑皮肤是不是会掉色。在另一个案例中，在一个省会大学城市中，孩子们只是想知道肯尼亚人的皮肤是不是被肯尼亚的太阳晒黑的。另外两个学生已经承认，有些中国人对肯尼亚人有些刻板印象，但他们同时也承认，肯尼亚人对中国人也有类似的刻板印象。几乎没有证据证明，这群肯尼亚人很难融入中国人当中。事实上，正好相反，融合大大帮助了他们掌握汉语。有一两个肯尼亚人回国后还与他们的中国朋友保持着联系。

第二，中国已经成了肯尼亚学生选择的留学目的地。据2010年肯尼亚驻北京的

---

① 如上所述，东亚教师的普遍信念是大多数学生通过努力都会取得成功（Cheng，1990；King，2007c）。

大使看来,由于中国表示愿意传播他们的知识和技术,中国已取代印度,成为留学的第二大目的国。这不是说许多肯尼亚人还是比较喜欢伦敦或者美国,他们已经改变了,例如,一些肯尼亚人决定从美国转到中国。据肯尼亚驻北京大使馆估计,大概有500位肯尼亚学生在中国长期学习。由此可见,中国越来越受肯尼亚学生的欢迎。自20世纪90年代起,通过与肯尼亚埃格顿大学的联结,南京拥有一支庞大的肯尼亚团体;通过孔子学院与肯尼亚合作的天津也有大量肯尼亚学生。尽管这样,但是中国目前还没有肯尼亚学生协会,虽然他们计划组建一个。但显然,已经有一个由以前的毕业生回国后组建的肯尼亚校友会(Kenya Alumni Association)(China,MOE,2005:21)。

第三,2006年北京峰会召开后,国家留学基金委每年分配给肯尼亚的奖学金数额为40名,大概每五年就会产生200多个中央政府奖学金获得者。我们注意到,也有一些省级奖学金获得者;从第2章对孔子学院的讨论中我们知道,还有很多通过各种各样的语言和文化奖项来中国的肯尼亚人;此外,还有一些通过商务部硕士计划来中国的肯尼亚学生。但是总体上,这大概意味着以奖学金来中国的肯尼亚学生与自费的肯尼亚学生人数相等。

最后,贯穿了中国留学的肯尼亚学生的一条主线是,他们接触到一种强劲有力的职业道德和学习精神。这个看法也与驻北京的肯尼亚大使馆的观点遥相呼应。也许是被中国社会相对缓慢的自由化步伐强化了,在这里,课堂之外没有丰富多彩的活动,比如民间团体、教堂等。据肯尼亚学生说,中国学生几乎不花时间讨论政治,而在肯尼亚,学生们会讨论政治。与到中国留学的肯尼亚学生数量形成鲜明对照的是,2009年在肯尼亚只有一到两个获得肯尼亚政府奖学金的中国学生。在与一位研究塔博·姆贝基(Thabo Mbeki)政治思想的博士生交谈中,我们发现,内罗毕大学在奖项、住宿、图书馆访问以及院系的经费分配中存在许多问题。

3.3 中国大学的其他非洲学生

除了以肯尼亚学生为例分析非洲学生的中国留学经历外,我们认为,在最近10年或者更长时间内,探讨与非洲有优先联系的中国大学里的非洲学生的观点,也是非常有价值的。在第2章,我们已经提到了浙江师范大学(ZNU)作为一个省级机构,在一个非常短的时间内已经迅速改变了自身的国际定位,包括对非洲的定位。浙江师范大学与非洲的第一次接触仅仅能追溯到1996年:与喀麦隆的雅温得第二大学国际关系研究所合作①。不久,浙江师范大学迎来了来自喀麦隆的第一位非洲学生。但是仅在 10 年内,浙江师范大学就建立了一个成熟的非洲研究院(如前文所述)。到2011 年,非洲研究院共招收了来自 29 个不同国家的 70 多个非洲学生。不像英国的几个非洲研究中心,这里的学生来自说阿拉伯语的非洲北部、讲法语的非洲中部和西部,以及讲英语的非洲。接下来,我们会详细阐述一位来自加纳的学生、一位来自尼日利亚的学生和两位来自埃及的学生,还有几个来自加纳、喀麦隆、南非和尼日利亚②的学生。

2010 年 8 月,在采访浙江师范大学的非洲学生时,我们发现其中一些问题与之前访问肯尼亚留学生的问题类似。在这里,我们将更加关注大学间的关系以及非洲学生会的作用。学生们在一些问题上存在争议,如:非洲人对中国的看法是积极的还是消极的? 非洲学生在华留学的教学质量如何? 当然,这些有关教学质量的争论不限于浙江师范大学的非洲学生。《自然》(Nature)杂志曾对中国所授予的科学学位的质量提出了质疑,特别是因为它宣称:这些非洲学生尚在学习汉语时,就参加这些用中文讲授的课程。③ 当然这并不是真的。另一方面,确实有许多获得国家留学基金委奖学金的非洲学生在第一年完成汉语培训后,继续正式地学习汉语。

3.3.1　从教法语变成教汉语

在讨论肯尼亚留学生时,我们说到了学生从 OECD 国家转到中国学习的例子。在我们浙江师范大学的第一批留学生中,有一个学生原本打算去法国攻读硕士学位,然后在加纳做一名法语老师。但是,她后来听说了中国奖学金,以及加纳的某所重点大学有可能开设孔子学院。实际上,在中国决定开设孔子学院前,这名学生所在的大学就已经在教授汉语课程,这也表明有利的环境在传播汉语中起到的关键作用。④后来,她凭着国家留学基金委奖学金到了浙江师范大学,这对她以后在加纳讲授汉语

---

① 更多信息参见关于"关系"的文献(Nordtveit,2010a:102)。

② 除非另外说明,所有对浙江师范大学学生的采访都是在 2010 年 8 月进行的。

③ 其他研究者认为,中国的努力并不总是适合非洲的需求的。例如,中国已经为非洲学生赞助长期培训项目。这些学生在中国待上几年,在参加语言课程的同时,学习科学(用中文讲授)。学生视这种经历为一种良好的职业促进,但一旦他们回到非洲,"这些科学家的素质非常低",纳米比亚大学的分子生物学家钦森布(Chinsembu)说。他发现,学生努力吸收用外国语言表达的科学概念,"但大部分无法通过当地非洲大学的考试"(Cyranowski,2010:477)。

④ 据报道,北京中文委员会与加纳大学已就 2008—2009 学年中文教学和文化学术年签署了一个协议。http://www.modernghana.com/news/160374/1/legon-teaches-chinese.html。

能带来很大提升。出人意料的是，在第一年留学生活中，她未能分到对外汉语硕士班，而是在第二年才分入。抛开这个不说，浙江师范大学的设施（包括计算机设备）非常好，住宿和饮食也很好。很快，浙江师范大学就有了为留学生准备的全新宿舍，但又一次，留学生宿舍与中国学生宿舍是分开的。

除了汉语专业发展外，她也积极加入了非洲教师的研讨会和讲习班，这些非洲教师来到浙江师范大学的援外基地进行短期教育课程培训。她已经与非洲研究院的一位职员进行了一项有关浙江师范大学其他非洲学生的研究。此外，她打算与一名中国博士生合写一篇关于中国对非洲资助的论文。她开始考虑中国—加纳合作，甚至更广阔的中非合作。她得出的初步结论是，中国的资助不同于其他资助，这是一种双赢的经济合作，而不是殖民地化。另一方面，她发现中国人很清楚他们想要什么，但是，她却不清楚非洲人到底想从与中国的关系中得到什么。

3.3.2　国家联合会和奖学金支持在华非洲留学生

也许是因为浙江师范大学建立了非洲研究院，一些学生开始意识到非洲学生会的地位。

例如，当在华非洲学生被分在明显不适宜的课程中时，他们就提出：非洲学生国家协会是否可以处理这类异常情况。然而，在中国有留学生的非洲国家中，很少有这种协会。像喀麦隆、塞拉利昂和加纳拥有学生协会的国家，并没有覆盖到在中国留学的每一个学生。因此，加纳学生全国联合会（National Union of Ghanaian Students，NUGS）中国分会现任会长说，中国分会已有 1000 名左右会员，尽管每一位在中国的加纳学生，不管是公费还是自费的学生，都自动成为会员，但是真正注册的会员只有250 人，其中只有 122 人是积极会员。① 目前加纳学生联合会中国分会在中国内地的不同城市有 11 个分支，这其中还没有包括香港和澳门地区的分会。分会每年都要召开年会，最近一次是在 2012 年 10 月 24 日。

有趣的是，NUGS 中国分会的现任会长没有发现其他在中国的普通非洲学生联盟（African Students Union，ASU）或者协会。从中可见，ASU 少之又少，几乎不为人所见。NUGS 中国分会的另一位执行人员说：

> 我从来没有听说过 ASU。我不知道它有多强大。如果它在武汉，我老

---

① 参见加纳学生中国总工会活跃而发达的网站：http://nugschina.com/.

早就应该听说了。也许这个协会存在，但不是很活跃，因为中国对协会和聚会的观念仍处在热身阶段。因此，他们有可能保持着一种低姿态。

实际上，到今天为止，中国只有一个为人所知的非洲协会，就是天津非洲学生总联合会（General Union of African Students in Tianjin，GUAST）。① 早先，我们从吉莱斯皮（2001）那儿知道，GUASC 在 1996 年帮助提高了国家留学基金委员会奖学金获得者的生活津贴。此外，我们知道 GUASC 在 1989 年中非南京暴乱中参与了保卫非洲学生。但是，似乎自南京暴乱以后，政府不再鼓励建立非洲联盟或协会。

在中国，有一个非常积极的国家学生协会或者联盟有可能很有价值。正如我们提到的那样，目前，我们已经知道了三个西非联盟，即加纳联盟、喀麦隆联盟和塞拉利昂联盟；此外，中国还有埃及、坦桑尼亚以及乌干达学生协会。或许，考虑到敏感的中尼关系（接下来我们会分析），中国理所当然没有尼日利亚学生联盟。但是也有一个叫青年非洲专业人士和学生（Young African Professionals and Students，YAPS）的协会。② 这个非营利组织 2009 年才建立，但是从它的网站上我们无法知道它的活跃程度以及遍布范围。它最近的网站访问者在 19～105 周之前。

另一个出现的问题是加纳学生在中国的总体构成。据 NUGS 中国现任会长说，在中国 95％的加纳学生是自费的，其中绝大多数是医学学生。只有小部分是拿中国奖学金或加纳奖学金，或者两种奖学金都获得的学生。③ 最后一类学生引出了一个对大多数讲法语的非洲国家来说特别重要的问题，这就是政府政策规定，如果学生获得了中国国家留学基金委的奖项，那么他们自动有资格从本国政府获得同类奖学金。已经采纳这一政策的国家包括加蓬（Gabon）、贝宁（Benin）、乍得（Chad）、塞内加尔（Senegal）和马里（Mali）。当然，这也揭示出中国国家留学基金委奖学金不够支付在中国留学所花的全部费用，尽管中国国家留学基金委给国际学生的奖学金要比本国学生的奖学金高得多。

以喀麦隆为例，在中国国家留学基金委奖学金的基础上追加津贴几乎是强制性的。事实上，拥有大概 200 个成员的中国喀麦隆学生协会（Cameroon Students

---

① 在过去的 12 年里它已经产生了坦桑尼亚会长、喀麦隆会长、加蓬会长、马里会长、尼日利亚会长以及塞拉利昂会长。

② Ferdjani（2012）一篇有趣的文章提到了这一点。

③ 例如，NUGS 中国会长就是中国和加纳政府双向奖学金的获得者。

Association in China，CSAC)的大部分活动都是为了确保喀麦隆政府支付这些津贴。① 在 CSAC 网站上，这个问题显而易见。目前，喀麦隆政府对学生的津贴是每个月 160 美元。这对有额外实验费用的理科研究生来说是非常重要的。

据中国加纳学生总联合会会长说，此类国家联盟或协会面临的最普遍的问题包括：首先，为了更适合的课程，转到其他大学。坚持转学有可能产生 160 美元的罚款或者学生签证的取消。其次，留学生回非洲后从事实际培训工作的重要性，不管是从事医学还是教授汉语。有时候，由于成本问题，或者非洲医院没有与中国医疗机构中相同的设备，这种工作很难安排。第三，持续困扰着国家留学基金委奖学金获得者的问题。尽管许多非洲学生的第二语言、第三语言或者第四语言学得很好，但是，一年的汉语学习对完全以汉语授课的本科或者研究生课程来说真的足够了吗？

3.3.3 埃及人学汉语和中国人学阿拉伯语：是一种更公平的合作关系吗？

与雅温得第二大学从 20 世纪 90 年代末、内罗毕大学从 2005 年、在阿克拉的莱贡大学(University of Legon in Accra)从 2008 年开始教授汉语不同，埃及的艾因·夏姆斯大学(Ain Shams University)在 1958 年就开始教授汉语。2000 年起，其他四所大学也开始教授汉语。目前，仅在艾因·夏姆斯大学就有 1000 多名学汉语的学生(Nordtveit，2010b：62)。② 此外，双方奖学金条款也相对对称：埃及为中国学生提供 20 个奖学金名额，中国为埃及提供 50 个奖学金名额。不知道 2011 年斯尼·穆巴拉克政府陷落后，这一政策是否有所改变。多年来，他一直是中国的一个可靠朋友，来中国访问过十几次，并且于 2009 年在沙姆沙伊赫(Sharm el Shaikh)主持了第四届中非合作论坛峰会。

一位在浙江师范大学攻读对外汉语教学硕士学位的埃及学生说，以前攻读硕士学位可以不用服兵役。现在，这也许也改变了。说到浙江师范大学的学习环境，即使这所大学身处地级城市而非省会城市，它的学习环境却比艾因·夏姆斯大学优越很

---

① 见中国喀麦隆学生协会网站：http://www.camerchine.com/home.php. CSAC 成立于 1996 年，它也有定期的年会。

② 《中非教育合作》有大量的细节探讨了艾因·夏姆斯大学对汉语急速增长的兴趣。2005 年，该校就有汉语系，包括 8 名副教授、18 名讲师以及 6 名助教，他们都是埃及人。但自 1954 年起，中国已派遣 50 名讲师前往艾因·夏姆斯大学(China，MOE，2005：60—62)。

多。目前，包括他自己，有十多个埃及人从埃及的大学来到浙江师范大学攻读相同的硕士学位，还有两个埃及人虽然拿本国的博士学位，但在浙江师范大学攻读。这位埃及学生攻读汉语是为了给工作做准备，因为他已经在埃及的一家中国公司工作了两年，现在他想提高他的语言技能。

相反，第二位已经在艾因·夏姆斯大学学习了四年汉语的埃及学生的学习动机完全不同。他的兴趣就是语言，特别是亚洲语言。我们很容易推断他的外语学习就是全部的职业规划，我们还能清晰地回忆起他关于学习的本质理论：

> 我的兴趣是语言功能——那么神秘。对我来说就像飞蛾扑火——有吸引力。因此，我不确定我是否是来这找工作的。我只是为了兴趣，为了学更多一点汉语。

他理想的状态是，应该花更多的时间学习中国文学、看电影或者读书。但是，他发现他每时每刻都在学习。"中国的信仰是努力学习！"。

另一位喀麦隆学生与他共同分享了这种从中国语言和文化中获得的内在快乐。为了学习中国文学，这位喀麦隆学生特地来到上海华东师范大学攻读他的第二个文学学士学位。一直强调双赢经济的中非合作，常常忽视这个方面。实际上，文化合作和交流也是《中国对非政策文件》中不可分割的一部分。① 这个学生进一步解释了他的个人立场：

> 因为中国非常支持非洲联盟，我觉得多了解一点非洲人正在合作的中国人非常重要。政治家们了解政治，但是中国文化如此深厚，我觉得我可以成为连接中国和非洲的一座桥梁。② 与许多喀麦隆人一样，我也喜欢喀麦隆的中国武术。后来，我研究了历史、世界历史和世界上最古老的中国历史。现在，我专注于中国文学——小说、诗歌、《红楼梦》、鲁迅、巴金，了解上海社会的变革。我知道京剧以及京剧表演所使用的方言。

---

① "中国将履行文化合作协议，相关的实施计划将与非洲国家一同进行，与非洲国家的文化部门定期保持联系，增加与非洲国家的艺术家和运动员的交流。以双边文化交流项目和市场需求为基础，通过多种形式指导和促进中非组织和机构之间的文化交流。"（China，2006：8）

② 他能够履行其作为桥梁的角色。在 2010 年上海世博会上，他担任汉语主持人，将非洲的音乐组合介绍给中国观众。

在他看来，目前中非文化交流和合作非常不平等。中国在向全世界推广它的语言和文化，包括通过孔子学院、文化中心和奖学金向非洲推广。但是有多少中国学生和学者在非洲研究非洲文化的多样性呢？他不相信非洲的文化和历史中没有值得中国人学习的东西。在非洲政府方面，正如我们前些章节提到的，他注意到他们在全中国没有建立一个非洲文化中心。① 他对中非文化交流作出了自己的贡献，参与编写了汉语版的非洲故事和智慧。

这位主攻中国文学、很有想法的喀麦隆学生提到的最后一个问题是，OECD 留学国家和中国之间仍然存在很大差距。在许多 OECD 国家，例如加拿大、美国、瑞典以及其他国家，学生可以留下，工作几年后，可以成为这些国家的公民。然而，这在中国和日本都是不可能的。他说，正因中国所采取的作法，有效地减少了非洲的人才流失。

3.3.4 中国的尼日利亚学生：承诺和挑战

我们访谈的最后一位浙江师范大学非洲学生正好是一位尼日利亚人。在伊巴丹(Ibadan)获得教育学学士学位后，他先是教书，然后进入了由尼日利亚前总统奥巴桑乔(Obasanjo)开办的私立教育机构(设有大学和中学)。他进入这所教育机构的意图是学习中国的高等教育管理。但是，他拿到了对外汉语的奖学金。由于奥巴桑乔控股公司也涉及中国的包装行业和农业合作活动，因此商务汉语本应该是更好的选择。尽管如此，如果孔子学院与他所在的科技大学建立了联系的话，他的语言学位总有用武之地。

他对在中国的第一年的看法是正面的，他觉得他在中国很受欢迎，特别是在浙江师范大学。如果中国人对非洲有什么负面认知的话，他觉得所有的负面认知都是源于对非洲缺乏了解。他发现普通中国人与非洲人往来都没有问题。但是，中国在政策层面上却对尼日利亚人存在严重问题。由于有些尼日利亚人在中国从事犯罪活动，所以这种猜疑有向所有尼日利亚人推广的趋势。因此，甚至在浙江师范大学，他的妻子也是不允许学习汉语的，尽管他有能力交学费。他的妻子不得不频繁地更新护照，更新的次数比其他国家的非洲人及他们家人的次数要频繁得多。②

很矛盾，本来奥巴桑乔的责任是使大量中国生意方便进入尼日利亚，然而在奥

---

① 相反，在非洲的毛里求斯、贝宁和埃及有三个中国文化中心。高丁(Gontin，2009)也说："在中国，非洲文化是缺位的。"

② 尼日利亚移民遭遇的其他问题，参见(Haugen，2012)。

巴桑乔控股公司，与中国雇员一起工作的尼日利亚人，反而发现他们的家人待在中国如此困难。从他个人的小规模研究，以及拜访中国其他大学的经历来看，其他大学不会考虑允许尼日利亚学生入学。这已经成了中尼关系的一个主要问题。一个例子是，他的一位在做有关出国学习生意的中国朋友，去了尼日利亚，想招尼日利亚年轻人去中国留学，然而在尼日利亚待了很长时间后，他连一位申请者都没招到。

就中国和尼日利亚之间的危机，许多博客和论坛正在广泛地讨论，但是讨论反而强化了双方的猜疑。因此，尼日利亚论坛（Nigeria Forum）上的帖子"尼日利亚人在中国的处境"（The Situation of Nigerians in China）所描绘的画面，与2011年中国驻尼日利亚大使在报纸《今日》（*This Day*）上发表的题为"好兄弟、好朋友和好伙伴"①的演讲，以及2011年8月临时大使对即将前往中国的奖学金获得者和其他受训人员发表的演讲②有着巨大的不同。后者是为了庆祝以下一个事实：每年有超过300位官员和技术人员到中国参加短期培训研讨班，以及每次不下100名学者到中国接受长期培训。同样地，他也提到10个中国学生刚刚在卡诺（Kano）的巴耶罗大学（Bayero University）完成了豪撒语的学习，因此强调这是双向合作。

值得注意的是，这位浙江师范大学学生目前回到了尼日利亚，在一家与中国人合资的企业里愉快地工作。他担心的中国人对尼日利亚人的普遍怀疑并没有影响他自己与中国人的工作关系。

3.3.5　在中国和喀麦隆的非洲学生和非洲生意

本节的最后部分参访的也不是浙江师范大学学生，而是一位1998年来中国的喀麦隆人。说到对非洲的种族歧视，他持一种平衡观点；当然，许多非洲学生经历了种族主义，也深受其苦。但是，深究这一点毫无意义。另一方面，非洲学生认识到中国是一个发展的好地方。在中国还可以学到有关努力工作和纪律的重要性这类强大的信息。

毫不惊讶，考虑到回国后缺乏工作机会，许多非洲人选择留在中国，他们也在寻找机会与中国建立联合企业。2005年，这位喀麦隆学生建立了一家咨询公司，专门为非洲人来中国或者中国人去非洲提供咨询服务。此外，2006年中非合作论坛峰会

---

① 2009年，尼日利亚驻中国大使承认，尼日利亚人对发生在中国的90%的犯罪负责。http://ng.china-embassy.org/eng/xw/t794324.htm.

② http://ng.china-embassy.org/eng/xw/t850456.htm.

后，他在促进中非商业发展中找到了自己的定位，他的汉语知识在这类企业里至关重要。

3.3.6 一位在中国的南非学生

尽管大部分非洲学生来自肯尼亚，但是也有一些来自埃塞俄比亚和南非的学生。其中一位南非大学生，从南非斯泰伦博斯大学毕业后，在中国学习了五年半时间。这对他以后的行为产生了极大的影响，尤其是对他自身的工作文化的影响：

> 除了一次迟到之外，我上课从不迟到。那一次我迟到了，我唯一能待的地方就是前排正中间。我在那坐下，教授递给我一支烟，然后为我点上。我偷偷摸摸地抽烟，但是自那以后，我再也没有迟到过。在中国的日子影响了我以后的行为。我一生都不会忘记这段经历。

有一种观点并不认同接受教育和步入中非商界能建立正向的联系。相反，中国大学的社会和教育环境不能真正影响学生。据称，对教育经历的失望阻碍了中国价值观的提升（如前文所述），从而抹杀了中非教育交流软实力。这种对中国教育质量的不满导致了非洲学生在中国从商而不是进行研究（Haugen，2012b）。虽然有这样的例子，但是大部分肯尼亚和其他非洲学生都不认同这一观点。

3.3.7 在中国受资助的英语硕士培训

我们已经提到过，在留学生真正进入学位课程之前，主流的受政府资助的奖学金项目联合中国国家留学基金委员会，都会首先进行为期一年的汉语强化培训。这样强调了学生融入中国的语言和文化，以及与中国学生一起学习的重要性。但是，在许多提供奖学金的其他国家里，没有一个国家提供像中国奖学金一样的捷径。例如，在本章开头，我们通过非洲的孔子学院考察了与汉办相关的一系列奖学金。

在此，我们简单地提一下，2009 年沙姆沙伊赫第四次中非合作论坛峰会后，出现了一种非常不同的援助形式——清华大学和北京大学①提供的公共管理硕士，其主要目的是满足 200 位非洲中高级官员的需求。它的教学语言是英语，因此，不必在开始课程之前要掌握汉语。尽管这个课程的某些部分只有发展中国家的官员参与，但

---

① 北京大学开始公共管理硕士培养的时间似乎要早于第四次 FOCAC 峰会。

显然一些课程是可以跟国际公共管理专业的中国学生一起上的。

同时,在教育管理领域也启动了两个集中的国际教育硕士学位培养项目,一个是在华东师范大学,另一个在东北师范大学。它们都是以全英文授课,来自非洲的学生完全与中国学生分开教学。奇怪的是,华东师大的新硕士学位仅需一年攻读时间,而以前的硕士学位,先要学习一年的汉语,然后再读三年。

华东师范大学的一位津巴布韦籍硕士生发现这种课程如此有影响力,以至于她决定自费回到中国,再多学一点中国文化和语言,因为在她充满压力的一年硕士学习期间,她没有时间学习中国文化。她也不知道中国能从这些他们赞助的学生中获得什么利益,"但是,有一件事情是清楚的:中国正迅速地成为人们想去的地方!"(前津巴布韦学生与肯尼斯·金的谈话,2011 年 11 月 10 日)。

3.4　进一步反思的问题和政策分析

回顾非洲学生在中国的历史以及我们的讨论在中国和肯尼亚引起的一些争论,我们有许多地方需要进一步反思。

3.4.1　有关种族歧视和偏见的认知争议

一方面,我们已经从海维、吉莱斯皮和沙伯力的分析和研究中注意到许多关于中国人和在中国的非洲学生相互之间的强烈批评;另一方面,在沙伯力和严海蓉最近尚未完成的论著中,我们发现了明显转变的迹象。在与单个的非洲学生或者回国的毕业生的访谈中,我们遇到的大量学生对这个问题抱一种成熟态度,他们认为偏见通常是与不了解有关。中国大学的国际化步伐必然会对非洲人的意识产生积极的影响。

3.4.2　在个人和制度层面上,会对态度和价值观产生积极的影响吗?

目前和以往的在华非洲学生恒定不变的主题之一是:他们对中国学生职业道德的钦佩。这种钦佩产生了诸多令人着迷的赞誉,称赞这种特殊的工作文化对个人的影响。这些影响如何转化到回国后的工作环境中,则是另一码事。众所周知,行政部门的习惯很难改变,除非激励和管理制度改变。

英联邦奖学金委员会(Commonwealth Scholarship Commission)正着手评价态度、价值观以及知识的转移给他们所谓的关键优先领域所带来的影响。调查旨在回答以下问题:

- 这种奖励使你的个人知识和技能受益了吗？
- 这种奖励和技能使你的职业选择和就业受益了吗？
- 你能够传授那些技能和知识吗？
- 奖励增强了你的能力吗？对你的工作岗位有影响吗？
- 你还与英国保持联系吗？
- 你能对社会产生更广泛的影响吗？（CSCUK，2009：18）

委员会承认对这些问题的个人评估非常主观，也很难证实；但是，大部分留学归国人员都能针对知识传播和影响，举出一些具体的例证。

为了解决类似问题，中国也可以进行一次案例研究。在中国，有同样长的来华留学生经历，并且在这段时间内政策有所转变。当然，我们感兴趣的是，从中国大学毕业的非洲学生回国后，如何被他们自己的公立或私立部门接受。与英联邦一样，有关个人、制度和社会影响的许多问题对中国的政策和学术界都是非常重要的。奖学金发放部门对此类调查均有广泛兴趣，不管是整个非洲范围内，还是仅限于起初的4～5个国家。

3.4.3　通过在华非洲学生协会或联盟探索影响

尽管我们注意到，在华非洲学生联盟或协会的法律地位不是很明确，但是有几个联盟或协会有醒目的网站，其网页或分支上也有好的数据，甚至一些独立机构也是这样，如在华的塞拉利昂学生联盟（Sierra Leone Union of Students）。这可能意味着，这些机构知道已回国的前联盟或协会成员。从他们的网站上，我们还不能立刻看出是否存在国家层次的非洲学生校友协会。就拿加纳来说，"校友"在首页的分项菜单中，但是这一分页还处于建设中。但是，从我们的学生讨论来看，喀麦隆确实有一个积极针对以前在华学生的校友协会。最容易了解到的协会似乎是喀麦隆、加纳和塞拉利昂。据说，加纳拥有最多的在华会员。我们还记得，2003年4月，以前在华肯尼亚学生也建立了一个校友协会（China，MOE，2005：20）。

此外，也可利用天津非洲学生总联合会（GUAST）进行斡旋，GUAST是一个组织良好的机构，但是只覆盖了一个城市。

也许在今天的社会网络中，校友协会将被其他机构取代。也许在中国，某些大学中的非洲毕业生数量仍然太少，不能以美国和英国名牌大学的方式那样在非洲维持协会。

3.4.4　交换生或占主导地位的单向奖学金流动和目标

历来，中国喜欢使用"交换"学生这一词汇，因为这属于中国的对非政策，而不是为了简单地展现中国是一个奖学金提供者①。实际上，除埃及以外，几乎没有国家用本国奖学金，独立地派学生去中国学习。然而，我们也注意到，在几个国家，特别是在讲法语的国家，他们的国家奖学金似乎也会用于已经获得中国奖学金的申请者。因此，这种国家奖学金变成了某种额外的津贴，补充中国国家留学基金委奖金。

中非合作论坛框架内的长短期奖项的目标加大了对单向流动而非双向交换的重视。对奖学金和培训奖项的特别关注，始于 2003 年亚的斯亚贝巴第二次中非合作论坛会议，但到 2006 年，中非合作论坛北京峰会才引起世界的关注。直至峰会召开前一个月，声明草案的语言是"逐渐增加在华非洲学生的奖学金名额，现在每年达到 1200 名。"几周之内，它就变成了"在 2009 年之前，向非洲留学生提供中国政府奖学金名额由目前的每年 2000 人次增加到 4000 人次"（FOCAC，2006a；2006b：5.4.4）。

简森（Jansen，2005）对国际教育话语中明显的设定目标作出了激烈的批评。我们的感觉是，目标变成或者取代了政策。千年发展目标（MDGs）也面临同样的问题，一整套评估工具也围绕这个目标建立了起来。

我们不应该夸大奖学金作为中非合作论坛关键目标的意义。但是，它确实意味着我们必须拥有一种判断目标达成的机制。中非合作论坛中方后续行动委员会（Chinese Follow-up Committee of FOCAC）的建立意味着这种机制的形成（King，2009a）。可是，并不存在对应的中非合作论坛非洲后续行动委员会，也许是因为非洲有 50 多个不同的国家，很难精确地追溯奖学金数量。无论如何，有人提出中非合作论坛仍然是泛非洲面临的一种双边机制。就奖学金数量而言，短期的培训奖项或者任何其他保证（如医院或学校），都将继续通过双边安排达成协议。

总之，尽管教育目标仍然是一把价值尺度，但在如今关心"等值"、"结果"和"影响"的年代，通过有针对性的研究，教育目标会变得有价值，并能够超越《中国的对外援助》（2011：14）在教育中阐述的量化成果：

----

①　因此，在《中国对非政策文件》（2006）中，"交换"一词在短短的 11 页描述不同种类的双向合作中出现了 18 次以上。而在《中国的对外援助》（2011）中，在长达 18 页的文章中"交换"一词仅被使用了 1 次。

截至 2009 年年底,中国共帮助发展中国家建成 130 多所学校。累计资助来自 119 个发展中国家共计 70627 名留学生来华进行各类专业学习,其中,2009 年向 11185 名留学生提供了奖学金。共派遣近 1 万名援外教师。共为受援国培训校长和教师 1 万余名。

交换生的另一个问题当然是对称问题。中国学生应该拿非洲奖学金去非洲学习,还是自费去非洲,或者接受中国奖学金去非洲学习? 我们从教育部对中非教育合作的评论中了解到,派中国学生去非洲被认为能有效增进中国对非洲的理解。因此,中国在很早的时候就向埃及派遣了第一批学生。我们之前提到过,埃及向中国留学生提供了奖学金。截至 2000 年年底,已有 270 多位中国学生拿中国奖学金去埃及、肯尼亚、摩洛哥、南非、塞内加尔、坦桑尼亚、突尼斯和其他国家学习(China,MOE,2005:21)。

此外,自助到非洲学习的中国学生越来越多。实际上,中国驻南非大使称,南非有 1000 名中国学生(大使与肯尼斯·金的谈话,2012 年 10 月 12 日)。尽管这不是本章的主要焦点,但是我们还需关注艾瑞斯·吴(Iris Wu)的南非之旅,即使这仅仅是一个有进取心的、私人资助的学生:

在三次尝试去美国(失败)后,她发现自己可以去开普半岛科技大学(Cape Peninsula University of Technology)学习半年英语。然后她去了伊丽莎白港大学(University of Port Elizabeth)。但是,她发现那里太安静了,她想将学习和工作融合在一起。因此,她申请去西开普大学(University of Western Cape)。2003 年,她成功入学西开普大学,并在那里获得了优异成绩和硕士学位,现在正攻读博士学位。2007 年,她在这所大学开了一家中餐馆,目前有五个员工,包括非洲人、中国人和白人。同年,她创办了面向任何中国学生的中国学生社团。不久后,她又组织了一次中国教育展览会。2007 年中国的 45 所大学、2009 年中国的 62 所大学都在她的展会上宣传各自的课程,并为南非提供奖学金。最后,也许是为了让自己保持忙碌,她在开普敦附近的开普学院(Cape Academy)成立了第一个孔子课堂。在 2010 年 3 月 2 日的开幕仪式上,中国总领事为它授予了荣誉证书。该孔子课堂 3 月 15 日正式教授汉语。(Iris Wu 与肯尼斯·金的谈话,2010 年 3 月 14 日)

3.4.5 中国奖学金的政治经济学走向或者具有中国特色的奖学金政策

与在华非洲学生的交谈产生了许多特殊问题。

首先，有一种观念认为，中国人是世界上唯一没有种族偏见的人（Snow，1988：204）。本章也提出了歧视问题，因为很明显，在不同时代，这是一个持续的问题。从某种程度上来说，它已经威胁到了中非合作和友谊的大政治话语。

第二，如前文所述，自 2000 年中非合作论坛建立以来，提到奖学金的分配时，中国走的是一条真诚的泛非洲路线。不像关注非洲特殊小团体国家的一些奖学金捐献者，中国向与其有政策关系的 50 个非洲国家都提供奖学金。也不是说对每一个国家提供的奖学金都一样，但是，自中非合作论坛第四次峰会后，大概每年都有 1500 个新奖学金名额。每个国家每年大概有 30 个奖学金名额。但是，了解更多的分布过程是非常有价值的。例如，在浙江师范大学，非洲学生团体中的学生就来自 29 个不同的国家，他们其中有一半是拿国家留学基金委或者孔子学院奖学金的。

第三，有证据显示，20 世纪 90 年代末非洲学生人数才开始增加。我们将在第 6 章再次探讨这一问题。

第四，从本章开始，我们讨论了教育部关于非洲在华学生的强烈的伦理诉求。即使现实的政策是奖学金变成了中非合作论坛的目标，且几乎没有任何证据证明中非学生交流存在对等性，即并无数据表明大量中国学生去非洲学习，人际交流、互利、友谊仍是中国对与其他发展中国家合作的核心话语。然而，可以说，这些基本原则不取决于精确的对等性。双赢的经济、文化和教育合作不是取决于教育部门精确、平等的活动，而是取决一种另一方是平等的感谢和分享，以及跨越经济和社会合作的互惠。

最后，有一个最基本的问题：在中国和非洲，提供的奖学金和汉语培训是否构成了软实力？"软实力"这一词强调"一个人想通过拉拢和吸引力"（Jian，2009）获得自己想要的东西，这听上去与之前提及的基本原则非常矛盾。的确，乍一看，软实力这一概念好像处在莫兹利提倡的南南合作的"象征共同体"（symbolic universe）之外，他提倡的南南合作是基于团结、直接的发展专业知识、对共享经历的共情以及互惠互利的优点的（Mawdsley，2011；2012）。但就这一点，我们将在第 6 章再次探讨软实力。

另一方面，不管是来自中国、印度、巴西还是韩国的奖学金，的确给至今仍然非常贫穷的国家的学生以直接接触这些新兴国家的发展经验。这也是一种团结的形式，因为他们不会像英国和澳大利亚那样，向主办大学提供高额的手续费。实际上，我们之前谈到，一些非洲国家有意给中国奖学金提供相应的配套。我们也知道，对于互惠互利，不存在精确的对称；实际上，"交换生"更多的是一种单向交流而非双向交流。

文化交流也一样，特别是在 2004 年孔子学院建立以后。

但是，2006—2012 年间，从中国回到非洲的中国国家留学基金委校友共有 12000 名左右。作为奖学金获得者，他们已经掌握了普通话，正如我们案例研究中的一些学生，他们有的在公立和私立部门教汉语，有的加入了中非合资企业。

从中国的角度来评估互惠互利是非常复杂的。中国国家留学基金委员会网站上所明确提出的目标非常简短。显然，它适用于所有的留学生，而不是仅仅为非洲学生制定的。该目标是这样表述的：

> 为增进中国人民与世界各国人民的相互了解和友谊，发展中国与世界各国在政治、经济、文化、教育、经贸等领域的交流与合作。(CSC)①

如何将这个理想转变成实际行动，这不是任何一个中国部门的责任。但显然，如果回国后存在强大而活跃的中国市场，那么学生使用他们在中国获得的技能（包括语言）的可能性则会大大提升。一些回国的开拓者们，像最早的肯尼亚人，也许把汉语都忘光了。但是，有些非洲国家的毕业生回国后却随处可以使用汉语，正如一位尼日利亚男校友说的那样，中国人在他的国家的"每一个犄角旮旯"里。因此，如果毕业生回到的是一成不变甚至毫无起色的经济环境，而不是回到有机会使用汉语的环境（比如作为翻译员、口译员、导游或者教师），那么，海外学习对个人、机构和社会影响的常规评估将会非常不同。因此，越来越多的中国移民的存在会直接影响在海外获得的语言技能的使用，更不用说其他技术和知识了。

据我们所知，以英联邦专业网络的形式，故意伪造非洲毕业生和中国之间的联系的事情还未曾发生。当大量学者或专业受训人员前往中国时，驻非中国大使馆常常会组织一些特别的功能机构。② 但是，似乎除喀麦隆外，其他国家的回国毕业生并未建立积极的网络。

就像 2009 年英联邦学生的调查一样，我们对持中国奖学金的非洲学生的调查做一个简洁的总结显然也很有意义。但是，需要知道，20 多年前，非洲学生便可以申请自助来华留学。因此，无论我们可以从每年的 30～40 个持国家留学基金委奖学金去中国的加纳学生中得出什么结论，很明显，在华的加纳学生仍有 1000 个左右（如前文所述）。他们当中 95% 都是自费生，大部分是学医的。这对建立加纳和中国在资助学

---

① http://en.csc.edu.cn/Laihua/dd6ed814b3074388b197734f041a42bb.shtml.

② 范例见 http://en.csc.edu.cn/Laihua/dd6ed814b3074388b197734f041a42bb.shtml.

生数量上的互惠是一个截然不同的挑战。同样,想要探讨在华的学习对加纳卫生部门所带来的影响,更加需要关注那些自费在中国接受医学培训的加纳学生。

时间追溯到 1989 年,南非的漫画家扎皮罗(Zapiro)作了他那幅著名的漫画,漫画中富布莱特(Fulbright)学者们带着他们的美国国旗艰苦跋涉地回国了。那时中国没有自费的加纳学生[①],奈(Nye,1990)还没有使用“软实力”这一词汇。如今,美国高等教育中 80% 的国际本科留学生都是自费的,类似的情况也发生在中国的加纳留学生身上(Belyavina,2011:67)。

50 多年前,《一个非洲学生在中国》的加纳学者约翰·海维,带着厌恶,跟随 118 位去北京外国语学院求学学生中的 96 位逃离中国。现在,加纳学生又回到了中国,其国家学生协会遍布中国的八个城市。与海维那时不一样,现在大部分学生都是自费的。更普遍的是,2011 年 20744 个非洲学生中有不下 14428 个学生是自费的,只有 6316 个学生获得了政府奖学金(Gu,2012)。

---

① 　1989 年,中国首次允许自费生来中国(China,MOE,2005:15)。

4 中国在非洲的企业和培训
——双赢合作的舞台?

关于西方在非洲的援助和能力建设的诸多研究认为,援助和贸易之间并未存在密切的联系。曾经非常普遍的援助和贸易条款之间所存在的紧密联系在英国被打破了,譬如 1997 年的发展白皮书(DFID,1997)。① 相反,日本仍然期望在官方发展援助(ODA)和贸易之间建立密切联系。譬如,日本官方发展援助宪章(ODA Charter)在2003 年明确指出:

> 日本将努力确保对接受国发展产生重大影响的官方发展援助、贸易和
> 投资能够在密切协调下得以实施,以使它们能够在推动发展中国家的增长
> 方面产生全面影响。(Japan,2003:3)

经修订后,在以《提高文明的国家利益》(Enhancing Enlightened National Interest)(Japan,2010a)为显著标题的日本官方发展援助宪章中,很大一部分内容都提到了与私营部门的合作,包括"由日本当地公司和小型企业推动参与到官方发展援助的项目中去"(Japan,2010:15)。实际上,"私营"这个表述在仅有 21 页的宪章中共使用了 24 次之多。②

中国的情况又如何呢? 在其海外援助的公开声明中,企业是如何被提及的呢? 在政府首次对"对外援助"所作的历史性的说明中,我们发现有几个段落明确表示,援

---

① 将捐助国的援助与捐助国的私营部门的利益有意联系起来(援助和贸易),应该与为了贸易而进行援助的举措区分开来。后者是一种通过捐助国的援助来鼓励受助国的贸易发展的设计。

② 日本并非是将援助与私营企业建立合作的唯一一个国家。前加拿大国际发展署(CIDA)一直间接地通过加拿大对非政府组织来支持加拿大矿业公司的社会责任活动。参阅 http://www. cbc.ca/the current/episode/2012/01/26.cida-partnerships/.

助改革中的一个关键部分是将私营部门纳入进来。譬如,于1993年设立的合资企业和合作项目对外援助基金"主要用于支持中国中小企业与接受国在生产和运营层面建立合资企业或者开展合作"(China,2011a:2)。

我们也应该记得,贯穿于由周恩来1964年1月在阿卡拉提出的《中国政府对外援助八项原则》的其中一个主要思路就是经济方面。周恩来在其非洲十国的访问中不断提及的并非是对慈善援助的需求,而是"经济互助"。此外,对于中国伙伴国家,八项准则适用于"经济援助"和"独立经济发展"。

几乎在50年之后,《中国对非政策文件》(2006年1月)也使用了相似的方针。"在仅11页之长的全文中,贸易被提及九次,'援助'仅使用了一次,而且也只是在人道主义援助的语境中才得到使用。'经济合作援助'和'经济双赢合作'作为中非关系能够持续发展的关键而得到强调。"正如我们在之前的章节中所指出的,经济合作并非是由中国向非洲所提供的某种东西,而是被称为是互利的,对共同发展或者达到共同繁荣具有至关重要作用的某种方式(China,2006)。但是,我们应该意识到,构建围绕共同发展而展开的梦寐以求的对话,也许要依赖于"经济增长即发展"这样一个过分简单化的观点(Mawdsley,2012:158—159)。

尽管中国的援助和对非洲的政策充斥着"双方"和"互惠"的话语,但是,中国在非洲的存在很少有比经营、劳动标准和劳动实践更加敏感的领域了。我们会在稍后再看看这当中的一些事例。[①] 但是,本章我们主要关注的是,中国在非洲置身于如此众多的领域中,包括农业、建筑、开矿、制造业和基础设施建设等领域在内,它们对非洲的培训和技能开发所产生的影响。这些行为中的某些因素是与由中国企业实施的、来自中国的官方发展援助相联系的;其他许多因素则是中国公司在国际竞标中赢得的合同工作。

但是,中国在非洲的经营和劳工实践具有一个独特的方面。而这个独特的方面需要我们经常记忆在脑海之中。这使得中国与其他在非洲背井离乡的承包商们产生了区别。这就是,在过往的10~20年间从中国移居到非洲来的移民的绝对数量。有关这个数量的确切数字我们并不知道,但是帕克(Park)估计,中国移民的总数至少有一百万人。[②] 这当中的许多人是诸如国际知名的华为、中兴通讯(ZTE)等公司或者中国路桥总公司等中资企业在非洲的常规雇员;其他的则是那些得到中国保护的大型

[①] 要了解与OECD/DAC关于援助的定义相关的涉及中国援助的重要说明,参阅(Brautigam,2011)。

[②] Yoon Park与肯尼斯·金的谈话,2012年1月8日。也请参阅(Park,2009)。

建筑工程的合同工人;还有的人则是个体的、独立的、大大小小的企业家,他们起家于首都城市、数量巨大的中国商城或者出口销售区。但是,还有规模很小的店主、贸易商和农夫存在。我们也不应该忘记,涉及中医的人数也正不断扩大。

因此,这绝对不是一个同质的群体,不仅在就业类型(包括正规的、非正规的和私营的)方面具有差异,而且在技能水平上也存在差异。关于这一点,人们认为,来自中国的临时移民绝大多数都是技术有限的(Park,2009:6)。这种说法在更早时候的移民浪潮中也许是对的,不管是津巴布韦①还是南非都是如此。但是,我们必须记住,来到中国东部沿海地区的、数量有几百万之多的临时年轻移民,他们的主体都来自于中国更加贫困的西部地区。他们接受过九年制义务教育,许多人还具有大约三年左右高中阶段的职业教育。关于那些临时到非洲的移民是否具有不同程度的教育和培训,肯定需要进一步研究,但是,这种差异似乎不太可能是真的。

对于中国公司在中国和非洲的培训实践,我们可以作一个相似的比较。在中国,根据世界银行所做的投资环境调查,在中国十家公司中有八家公司所进行的培训,要么是通过自身的培训能力进行,要么是从市场购买培训服务而进行培训。② 当公司扩展到越南、柬埔寨或者非洲时,如果其行为出现巨大差异,将是让人感到惊奇的。但是,公司行为在海外是否具有相似性,一个决定性因素可能是存在着对当地非洲劳动力进行适当教育的现象。除南非之外,在东南亚和非洲撒哈拉沙漠以南的大部分地区(SSA),公司行为明显存在巨大差异。在非洲撒哈拉沙漠以南地区,中学适龄儿童接受初级中学教育的比例相对较少,更别说接受高级中学教育了。在中国,几乎有一半接受过高级中学教育的人员都能够接受职业教育。而与之有别的是,在撒哈拉沙漠以南地区的许多国家,年龄相似的人员接受职业教育和培训的比例不到5%。③

中国工人与非洲东道国人员之间的互动差异很大,这与政府的移民政策以及中国定居点的不同历史传统有关;但是,出于社会的、经济的、文化的和语言的原因,在中国移民社区,普遍存在与他人保留隔离的趋势(Park,2009:10)。这种现象并非像非洲白人定居点内曾经出现的、因为歧视性的殖民立法针对印度社区而出现的强制执行现象,而是由自愿的选择所致。显然,这种现象在他们的移居国内会影响他们互动的特性。

---

① 联合国开发计划(UNDP)的 Aeneas Chuma 与肯尼斯·金的谈话,2009 年 7 月。

② 我要感谢 Van Adams,是他引起我对此事的关注(Adams 与肯尼斯·金的谈话)。

③ 要详细了解各国的情况,参阅(UNESCO,2012)。

然而，就他们与非洲人的工作关系而言，我们发现仍然具有某些相同的影响模式。当然，他们之间仍然存在某些技能、技术和知识的转让现象，这种转让有的发生在提供低成本消费品的"中国商店"，有的发生在建筑工地、饭店或者正规工厂的环境之中。但是，还存在一种态度和价值观影响的现象，譬如中国人的职业道德影响。这种职业道德会使人一周工作 6.5～7 天，每天工作 10～12 小时。这不仅仅是勤勉工作的职业道德，而是对待体力劳动的一种态度。在这种态度之中，经理自己清理办公室，或者与他人一起清理自己的办公室都是毫无问题的，与雇员使用相似的交通工具和住处也是毫无问题的。在埃塞俄比亚有一位来自中国的农业专家提到，他在国内大学的某个农业学院的院长告诉他，"不要仅仅将你的知识传播给你的学生，还要告诉他们你的工作态度，好比随时准备去背容器，等等"（彭大军（音）与肯尼斯·金的谈话，2009 年 2 月 10 日）。在埃塞—中国职业技术学院，来自中国学院的院长指出，正如我们在第 2 章中所指出的那样，老师们要能够参与学院场地的日常清理工作。

我们要强调的一点是，在微型企业，这些技能、技术和态度的转让根本不是任何培训工程的一个组成部分。譬如，在肯尼亚，其非正规部门当今所使用的大量的技术和生产方式，都是在 20 世纪三十至五十年代从印度小型企业中非正式地转让过来的。非洲雇员刻苦地学习焊接、焊补、金属切割和包括木匠、锻造和汽车修理在内的许多技术（King, 1977; 1995），但是，这根本不是什么"培训工程"，这是在工作过程中获得的非正规的影响。在农业领域没有类似的转让现象。在如肯尼亚和南罗德西亚等好几个有白人定居的国家里，印度人被阻止拥有自己的土地。因此，在殖民地时代，几乎不存在印非农业技术转让的现象。相反地，在现在的肯尼亚，所有在印度烹饪中所使用的普通蔬菜、草本植物和品种都是由小型的肯尼亚农场主日常提供的。印度烹调也是如此，就像印度飞饼等在非洲数千之多的小吃场所得到广泛传播。

无疑，与中国的移民类似，在适当的时候会从现有的中国人在埃塞俄比亚农场种植中国蔬菜，转为埃塞俄比亚人向中国人和其他社区提供中国蔬菜。其模式会受到文化和背景的影响。因此，在肯尼亚，最先受到印度移民最大影响的是基库尤人，因为他们在工作文化和企业道德方面具有相似性。他们跟中国方面也有类似的发展，在中国和非洲都会受到文化和背景的影响。因此，现在中国特定的省份，如浙江、广东和福建，与非洲的某些特定的国家或者国家的某些特定的地区存在长期的联系。中国的医疗队也同样如此，中国的特定省份与非洲特定的国家之间的历史联系可以追溯到毛泽东时代，这种联系依然牢固（Snow, 1988）。

中国工商企业在非洲的存在,就其纯粹的规模和多样性而言,意味着中国企业在非洲大陆设立的厂里,对非洲人进行正规和非正规的工作现场培训的数量大大地超过了非洲人在中国接受培训的人数,包括在中国长期学习的学生和接受短期培训的人员。如果培训是中国软实力的一个主要因素,那么,通过中国在非洲的直接投资而对成千上万的非洲人进行培训一事就必须保留在我们的脑海中。

但是,我们也看到了非洲学生在中国的事例。对于这个学习经历的本质,人们仍然存在一定程度的争议和不同看法(详见第3章)。而对于中国工商企业在非洲的存在,人们存在更多的争议。在本章,我们会触及一些争议,主要包括如下观点:中国的工商企业藐视当地劳动法;中国的工商企业并没有按照国际劳工组织的工作议程进行运作;中国的工商企业宁愿使用来自中国的囚犯作为劳动力,也不愿意雇佣非洲人;没有技能的中国劳工充斥于非洲,却不去培训和雇佣非洲人;等等。

这样的说法难以去除。譬如使用中国囚犯劳工的某些谣言得到广泛传播,无疑源于中国工人与非洲对应人员的隔离之故。中国工人极长的工作时间、倾向于穿着几乎一模一样的衣服——在30~40年之前尤其如此——以及对中国承包商在非洲赢得如此众多的基础设施和建筑项目而产生的嫉妒,都是造成这些谣言的原因。我们听到的这些谣言来自于驻非洲的大使、非政府组织,也来自于高级学者和高级政策制定者。严肃的学者(Sautman and Yan,2010)、记者(Michel and Beuret,2010)和位于斯泰伦博斯的中国研究中心(2006)都毫不含糊地拒绝相信这些批判,这个事实也许不会很快产生影响,犹如人们寻求对在非洲的中国工商企业极其成功的经营作出解释也不会很快产生影响一样。我们采访过的一位大使承认,他对自己提出的这个观点无法提供证据,除非他将整个中国都看作为一个"监狱"。

我们在写作进展中会对人们就中国在非洲的劳动力实践而作出的评论进行回顾。但是,重要的是,我们首先要在前3章对所涉及的不同种类的正规教育、培训与中国在非洲的工商企业的作用之间建立一种至关重要的联系。

4.1 中国对长短期培训的支持以及中国在非洲的工商企业的作用

我们在前面已经提到,中国在大多数非洲国家所存在的大大小小的工商企业是我们对中国与非洲合作进行评估的一个独特因素。我们并非是要宣称,中国工商企业的存在,从某种角度讲是中国对外援助政策不可或缺的一个部分,即便它有可能指出援助和贸易之间的清晰关系。相反地，我们认为，本书前几章中所讨论过的所有主要的培训倡议都非常直接地受到数量众多的、存在于非洲各地的中国工商企业的影响。

因此，如果没有中国工商企业的存在，人们对去孔子学院以及众多私营语言培训中心学习中文的兴趣就会完全不同。这并非是说所有孔子学院的学生都受到了职业教育主义的驱动，正如下面所提出的，有些人学习汉语具有更多的内在原因：

> 当位于内罗毕的孔子学院一个初级班的语言学生被问及他们决定学习汉语的主要理由的时候，我们发现，中国文化和学习的吸引力与他们对在肯尼亚和中国相关的经商和就业机会所作出的反应频率几乎一样高。有些人发现，在理解文化和历史与揭示中国发展道路秘密之间存在联系。有人是用这样不同的方式提出看法的："中国文化是非常多元的——就像一个硬硬的坚果，你必须得把它破裂开来！"也有人说："我发现，中国文化是独特的和有趣的。他们的文化非常丰富，我非常乐意学习。"（内罗毕大学孔子学院二年级学生，2009 年 8 月 5 日）（King，2010：492）

即便在位于欧洲或者北美的孔子学院中，大多数学生也并不真的具有明确的职业教育取向。但是，在通常只有 5%～7% 的劳动力才具有正规部门的工作的非洲撒哈拉沙漠以南的国家中（Johanson and Adams，2004），最近 10 年间中国公司在这些地方的持续存在已经成为正规部门劳动力市场出现的许多巨大变化之一。因此，肯尼亚教育政策制定者假定孔子学院与周边的中国商业社区存在一种联系，这应该不会让人感到惊讶。确实，正是因为位于肯尼亚裂谷的埃格顿大学周边缺少这样一个社区，使得肯尼亚教育部的常务副部长宣布，在那个地方建立一所孔子学院是不合适的。社区现象被肯尼亚人视为唯一重要的标准，因此，即便自 1994 年起南京的多所大学已经与埃格顿大学建立起高等教育的伙伴关系，但是他们的看法依然如此。[①]有趣的是，正如我们在第 2 章中所指出的，自此之后，有人就做出了在埃格顿开设一所农业孔子学院的决定，并与南京农业大学联系起来。

类似的强烈意愿和抱负也存在于那些在最近几年里寻求中国奖学金的成千上万

---

① 常务副部长与肯尼斯·金的谈话，2009 年 7 月。

的学生中。如果中国在肯尼亚的道路变化、公共建筑物的提供、在印度洋建立新的码头和在该国铺设贯穿大部分地区的管道等的其他基础设施的开发等方面没有做出如此引人注目的成果的话，那么，在肯尼亚的奖学金申请人眼中，如若中国也成为像德国那样有吸引力的学习目的地是会让人感到怀疑的。肯尼亚贸易商开始大量地涌到中国，以及肯尼亚航空公司开始开通到中国的航线的意识本应加强这种现象，正如中国旅游业和宾馆建设在非洲的迅速上升也会加强这种现象一样。就这个意义而言，中国的奖学金援助由于中国贸易和旅游业的存在而更具吸引力。我们会在本章的后面就中国在内罗毕街头的存在而出现的争议进行讨论。

某些同样的估计本应应用于对即将于2010—2012年到中国接受短期专业培训的20000名非洲专业人员的思考之中。中国大使馆经商处在与肯尼亚政府的商谈中，也本应优先考虑与用于基础设施、农业和小规模企业等的特定投资相联系的课程。即便课程不能完全被冠以与中国的投资密切联系的"与项目相关的培训"，但是，从接受培训的人员的评估中，我们可以看到，某些参与者显然是这样看待自己的。① 人们对中国为南非设计的水产养殖短期课程产生兴趣，也属类似情况，其根源在于自由州（Free State）的嘉瑞普大坝的中国水产养殖项目。位于亚的斯亚贝巴城外的埃塞—中国职业技术学院（ECPC）的学生对培训和工作的渴望，与在中国工商企业的经历有着更为直接的紧密联系。接受采访的好几位学生早已在埃塞俄比亚的工厂或者小型企业中与技术熟练的中国人一起工作了。因此，在埃塞—中国职业技术学院选择深造是一种深思熟虑的职业教育步骤。

尽管在中国政府对培训予以正式支持与中国的工商企业的存在之间具有多样化的联系和相互强化现象，但是，我们并没有认为，这种联系和相互强化现象构成了通过中非合作论坛（FOCAC）对这些教育合作形式作出规划的中国援助政策界协调一致的、清晰的战略。诚然，会出现这种现象，即在许多国家，人们还没有试图将这些主要的培训倡议与各类由中国支持的发展项目结合起来的想法，更别说产生要与中国的工商企业的作用联系起来的想法了。事实上，在一个西非国家，在作为一个方面的培训政策与作为另外一个方面的多个中国项目之间存在分离的现象极其明显：

事实上，自20世纪60年代起，人们已经看到数以百计的喀麦隆年轻人在中国学习的场景。这其中的许多人已经带着医学、工程、技术、农业、管理

① 中国大使馆经商处为我提供了培训课程的评估，对此我深表感谢（大使馆与肯尼斯·金的谈话，2011年5月17日）。

和对汉语的完好掌握回到了自己的国家。不幸的是，这些本应在中国和喀麦隆的语言和文化鸿沟之间架起桥梁的、毕业于中国的学生，却很少在中国援助的项目中见到他们的身影。（A. Mahamat 与肯尼斯·金的谈话，2012年1月7日）

2011年，北京大学非洲研究中心和联合国开发计划联合决定，对中国政府针对非洲实施的正式奖学金计划和计划的发展结果展开分析。显然，这又进一步证实了中国在培训政策倡议与其他发展政策之间缺少这类联合思考的现象。这个项目提出的问题是"这种奖学金政策的实施在多大程度上通过显性的和隐性的影响达到了政策的目的"和"输送国通过这个奖学金计划达到了何种发展影响或者减贫影响"。①

我们会回过来谈论第5章中有关援助或者合作政策的不同要素之间的一致性问题。但是，在发展社区方面，中国在其合作的不同要素之间拥有某种不同程度的碎片性现象似乎并非异常。同样地，在许多其他发展署中，也很少见到在人力资源开发（HRD）、倡议和海外经营社区之间存在很多明晰的互动。但是，我们的观点是不同的：非洲学生团体显然意识到，在中国提供人力资源开发与中国工商企业在非洲国家存在的现实之间肯定存在着某种关系。各类中国工商企业名副其实的存在对于奖学金、培训课程和汉语课程的提供而言，赋予了一种全新的含义。

4.2　中国工商企业在非洲人力资源开发的规模

各类中国公司名副其实的存在对增加与职业教育相关的许多培训的自由选择直接发生了作用，除此明显的观点之外，我们主要关注的是，我们要对中国的工商企业在非洲以各种各样的方式所发挥的技术转让和能力建设的作用进行评论，如果这些公司确实这样做了的话。我们开始的假设是，如果这种转让确实发生了，那么，这种转让可能是正规培训，也可能是非正规培训。而且，我们必须记住，培训本身在许多经营文化之中是很少得到人们优先考虑的。恰恰相反，它是达到目的的一种手段，一种确保产生持续收入的方式。

我们的案例研究试图探寻的是，技术转让和技能发展是如何被置于由中国在非洲设立的不同种类的经营环境的。我们的兴趣并非主要关注非洲工人是否在这样的

---

① 　但是，我们应该可以从第1章中回忆起，与西方援助相比，减贫很少是中国援助的一个目标。

公司中组成工会,或者是否与公司签署了永久性的合同,或者是否接受了最低的工资等方面,因为已经有人对这些问题做过有益的考察,包括非洲劳动研究网络对此的考察,更包括巴阿和耀科(Baah and Jauch,2009)对涉及一系列大多数以英语为母语的国家针对劳工代表所做的十个案例研究。

4.3 中国电信业的跨国公司

即便是跨国公司,对中国电信业进行详细说明也许依然是重要的,因为它们当中的一些跨国公司,尤其是食品业和饮料业,对于精心培训、方案解决和能力开发远没有那么多的需求。产品的质量或许是由得到高度控制的制造程序得以保障的。公司所需要的仅仅是不多的几位专门的技术人员,其他员工则是做账、市场营销和销售。但是,当一个国家的整个电信网络被跨国公司安装上之后,或者说当中国电信业供应商在跟其他国际品牌进行竞争时,这种形势就明显地发生了巨大变化。

当原先基于中国的公司走向国际的时候,尤其是当这些公司在发展中国家的环境中开始运营的时候,技能开发和技术转让问题到底会引发什么问题? 涉及公司产品本质的培训和非常具体的能力建设就成为人们主要考虑的内容了。有趣的是,在位于埃塞俄比亚的中兴通讯股份有限公司的事例中,该公司在获取埃塞俄比亚整个国家电信业最初合同时所发布的一个通告就是,来自埃塞俄比亚电信公司(ETC)的具有代表性的 1000 名工程师将接受中兴公司的培训。这些雇员当然不是从零开始接受培训的,而是接受再培训以了解中兴通讯股份有限公司的技术的。在中国,公司对于新进员工的知识基础是了解的,尽管他们仍然需要接受公司的具体培训。但是,在埃塞俄比亚的挑战则是不同的。中兴通讯股份有限公司在其网站上罗列出了具体的解决办法:

> 考虑到埃塞俄比亚电信公司接受培训的巨大要求以及薄弱的知识背景,中兴通讯股份有限公司提供了先进的培训服务,从基础理论到产品知识、使用设备实践和实地实践,到主要的技术人员,以最终来改善受培训人员的综合能力。[①]

---

① 2012 年 1 月 12 日访问网站：www. en. zte. com. cn/en/cases/services/knowledge_services/201002/t20100203_180117. html.

除了安装能够驱动整个国家体系的设备以外，他们还以 1000 万美元的代价建立了一个使用最先进技术的培训中心。但是，并非所有的培训都是在埃塞俄比亚进行的。在中国的深圳有一所中兴通讯股份有限公司大学，每年大约有 100 名左右的埃塞俄比亚人到那里接受更高级的培训。即便当时中兴通讯股份有限公司在埃塞俄比亚有两个人力资源部，分别为中国员工和埃塞俄比亚员工提供管理工作，但是，该公司对埃塞俄比亚的技术转让的最终目标是明确的，"我们的目标是为埃塞俄比亚培训更多技术人员，让埃塞俄比亚的工程师通过我们的知识转让来接管整个网络"（中兴通讯股份有限公司郭敬源（音）与肯尼斯·金的谈话，2012 年 1 月 12 日）。

就埃塞俄比亚电信公司所涉员工而言，他们意识到，中国的这家公司通过比埃塞俄比亚供应商更具竞争力的投标而赢得了这个合同。如果他们在诺基亚或者爱立信工作的话，他们的薪水可能会更高。但是，用埃塞俄比亚人力资源经理的话来说，"在这里工作的积极意义在于，这是个非常好的学习的地方，基本上都是在岗培训，还有可能参加虚拟培训"（Henok Woldemagene 与肯尼斯·金的谈话，2010 年 4 月 8 日）。

中兴通讯股份有限公司在中国的运作与它在埃塞俄比亚的运作的另外一个差异是，他们认识到需要在不同的文化背景之间架起一座桥梁。因此，中方的员工从历史的角度接受了非洲的情况介绍，尤其是关于埃塞俄比亚的情况介绍。其中一个非常特别的文化差异涉及中国人和埃塞俄比亚人的职业道德问题。对于某些中国员工而言，他们到埃塞俄比亚的目的只是工作，"我们除了吃、睡和工作之外，无事可干，加班也没有加班费"（中兴通讯股份有限公司员工与肯尼斯·金的谈话，2010 年 4 月 9 日）。这不可避免地与埃塞俄比亚员工之间存在一种反差。埃塞俄比亚的员工有家庭和社会责任，他们无法接受在 17:30 之后继续工作而无加班费，或者在周末加班而无加班费。

更大规模合作的另外一个特点则是，他们确实参与到公司的社会责任（CSR）中去；因此，中兴通讯股份有限公司已经开始为来自高校的学生访问培训实验室提供服务，听到这点我们是不会感到惊讶的。这让人想起肯尼亚相似的现象。在肯尼亚，中兴通讯股份有限公司在非洲多个国家的一大竞争对手华为技术有限公司，已经决定为肯尼亚大学工程学生开放其设立在内罗毕的培训中心了。这种开放也适用于内罗毕大学和位于内罗毕郊外的约莫·肯雅塔农业与技术大学。肯尼亚的这个场所是华为技术有限公司设立在非洲的不少于六个的地区培训中心之一。这个培训中心有望被升格为一个研发中心，以使这样的学生能够在当地开发和测试他们自己的电信发明。① 学生使用所有的设施都无须支付费用。②

培训当然可以成为一把双刃剑，因为电信部门竞争极为激烈。显然，在四家领先的公司里存在严重的盗取现象。因此，高质量的培训必须与公司的忠诚度教育同时进行。

但是，正如中兴通讯股份有限公司一样，也许出于相似的原因，华为技术有限公司也发现，那里确实存在两套人马的问题。在肯尼亚人看来，中国员工具有一种更加封闭的生活，而且他们总是在一起工作；他们自己设立目标，工作时间更长；他们真的非常自信，也寻求达成自己的目标；他们待在一起，抱团工作；他们经常在周末工作，也没有加班费。

在华为技术有限公司的培训中心，大多数的培训是从非洲人到非洲人，这是人们愿意看到的一种模式。因此，非洲人对华为技术有限公司的中方员工的看法与他们对中兴通讯股份有限公司的看法相似。但是，来自肯尼亚人力资源高层的总体观点是，中肯之间存在着一种"很好的对称、礼仪、自由和责任"，"我们都变得目标驱动了"（Peter Thuo 与肯尼斯·金的谈话，2009 年 7 月）。

4.4 公司的社会责任(CSR)与中国在非洲的公司

公司的社会责任(CSR)对于要参与进来的跨国公司而言当然不是异乎寻常的。值得指出的是，有关公司的社会责任确有其他明白无误的例子将它跟我们的培训和技术转让的主题联系起来。譬如，赢得建设从内罗毕穿过大裂谷到埃尔多雷特的第二条石油管线这个项目的中国石油天然气集团公司③正在规划帮助埃格顿大学(正好在管线途中)建设一个现代化的焊接设备实验室(已被运送到肯尼亚)。一位参与埃格顿大学与南京的高校之间合作项目大约 14 年的中国教授是这个项目的正式中间人。与此同时，在邻国的乌干达，中兴通讯股份有限公司已经启动了给 300 名教师配置移动手机的一个试点项目，鼓励他们与其他老师之间建立低成本的思想网络联

---

① 在公众面前变得更有知名度也许是华为公司的一项决定，参阅(Garside, 2012)。http://www.techmtaa.com/2011/06/02/huawei-to-open-its-nairobi-training-centre-tokenyan-engineering-students/.

② 有关中国和公司的社会责任(CSR)，人们所做的更为悲观的一种解释参阅(Knorringa, 2009)。

③ 即中国石油工程建设公司。

系，也同时为他们提供访问因特网的机会。①

内罗毕大学由于受到来自中国对医学、地理学奖学金的进一步支持，也因为受到中国最大医药公司之一、深度参与基于草药的疟疾药物开发的霍利科泰公司（Holley Cotec）对孔子学院的支持而得益良多。相似地，在肯尼亚，中国路桥总公司（CRBC）也已经参与到赠送计算机行动中，并且通过肯尼亚妇女非政府组织参与到其他项目之中。

4.5　关键基础设施公司中的培训和发展哲学

中国路桥总公司（CRBC）对于东非而言绝非一个新手，它最早的一个工程是20世纪70年代在索马里启动的。即便在海尔·塞拉西一世（Haile Selassie）皇帝时期，它也参与了中国在埃塞俄比亚建设的首个公路工程。现在它是个跨国公司，在不少于23个非洲国家进行路桥建设，在包括巴基斯坦和缅甸在内的全球范围35个国家进行路桥建设。为了发展而建设道路的需求是绝对的，而这种需求又因为东非地区某些国家非常低的国内生产总值（GDP）而导致对工程实施产生真实挑战。对此，该公司肯尼亚分公司董事总经理进行了反思。他认为，国家发展需要遵循这样一个路径：公路领先，然后铁路跟进，把港口连接起来。此外，关于劳动力实践，尽管原则上讲，在中国人和非洲人之间几乎没有什么差异，但是，在实践中，某些时候中国人的成就可以达到100％以上——也许这种结果还是因为我们在上述间接提及的某些原因之故吧（杜飞（音）与肯尼斯·金的谈话，2009年7月）。

作为经济和财富增长的一条路径，基础设施建设尤其是道路的建设应该作为发展的中心。"要想富，先修路"这句中国古老格言获得了内罗毕大学学者 Musambayi Katamunga 的高度赞同。他非常赞赏中国似乎在肯尼亚、也在更广范围的非洲所发挥的独特作用。他在提及中国在贝拉（Beira）走廊、刚果、赞比亚、安哥拉、坦桑尼亚、尼日利亚、埃塞俄比亚和肯尼亚等国家与地区进行的道路和铁路建设之后，将这种作用置于历史的语境之中：

中国是一个随时准备到具有相对优势的偏远地区的参与者。它在人们需要的地方提供基础设施。如果没有基础设施，什么事情都不可能发生。

---

① 参阅（Tumushabe，2012）。我在此感谢 Richard Webber 为我提供这个参考。

道路和铁路是最为基本的基础设施,同样地,交通也是如此。如果你看看这个,中国人现在的影响也许与一百年前肯尼亚乌干达铁路曾经产生的影响一样大。(Katumanga 与肯尼斯·金的谈话,2009 年 7 月)

不仅如此,他在谈及相似的中国路桥总公司的时候提出,鉴于某些东非国家无力开发极为重要的基础设施的事实,中国这样做,实际上是在致力于强化非洲国家的能力:

> 这就是我们为什么说基础设施是至关重要的。所有这些非洲国家都很弱,因此,他们的能力是由基础设施创建起来的。中国人民正是通过基础设施建设,实际上在非洲国家的发展中发挥着作用。因此,非洲领导力和中国的目标产生了有趣的汇聚现象。(Katumanga 与肯尼斯·金的谈话,2009 年 7 月)

关于建筑项目的劳动力培训问题,关键在于它无法推广普及。在全球范围内,建筑具有使用非常低劣的标准、使用大量转承包工人的不良声誉,而主要的承包商又可以不承担任何责任。在很大程度上,它依赖于某个国家政府的总体政策以及特定公司的传统。

因此,根据 2006 年中非合作论坛承诺,以建设医院的形式为埃塞俄比亚援建的一项援助项目,正通过中国江西国际和合作公司这个承包商在进行建设。该公司在埃塞俄比亚有一系列的项目,有些项目是援助项目,有些项目则是纯商业性项目。根据中国人的管理学,这 26 名中国人和 120 名埃塞俄比亚人的职业文化反映了我们早已评论过的这种差异:

> 中国人工作勤勉,但是埃塞俄比亚人和中国人相互尊重。对于埃塞俄比亚劳工而言,培训仅仅持续一个月——是半熟练的。我们的人员更替数量很大,原因是只要他们学好了,就可以到别的地方去。因此,每天都有新面孔出现。(晓辛(音)与肯尼斯·金的谈话,2010 年 4 月)

对比之下,还是在埃塞俄比亚,一位名字叫梅塞勒·海勒(Messele Haile)的当地企业家,通过日本奖学金援助在东京工业学院接受了教育。他开发了一个大规模的现代乡村俱乐部居住工程,这个工程在各个方面都体现出了现代性。他与埃塞俄比亚政府达成一个协议，在各个主要行业，由他从中国引进65～100名技术工人。这些工人要有自己的住房、自己的食物，可以自己种植蔬菜，不存在移民问题，春节期间也可以回国过年。但是，协议的关键问题是它直接与培训相关：对于每个中国技术工人而言，要培训10个埃塞俄比亚工人。这是一个巨大的挑战，因为这项培训针对的是农民，而其中的一些农民一直以来所耕耘的地方就是这个新居所要建设的地方。在梅塞勒看来，这并非一个孤立的计划，他们还有一个更大范围的计划，把它与上海建筑公司联系起来。这家公司的50名员工以相似的为移民而培训的目的被允许参与到这个计划中来（Messele Haile与肯尼斯·金的谈话，2009年2月）。

我们在案例研究中发现，四个非洲国家在建筑和基础设施部门最为重要的政府政策，来自于斯泰伦博什中国研究中心对国家事务的评论。政府的不同政策对结果产生了巨大影响。因此，就坦桑尼亚案例而言，中国公司支付的工资确实很低，但是并没有低于最低工资。涉及这些项目的中国工程师薪酬也只有他们西方同伴薪酬的10%左右。人们制作的常规报告是以该公司一周七天工作日运营的。有时，如果工期紧张，则以一天二十四小时运营。但是，劳动力的主力军是坦桑尼亚人，有证据表明，他们也参与了一些管理工作：

> 与当地某些建筑公司许多工人相比，中国工人一般组织良好，纪律严明。在坦桑尼亚的大部分中国公司报告说，他们的公司中有将近80%的工人是当地的。其中有一家公司报告说他们的劳力中有95%都是当地人。相当多的公司报告说，他们雇佣当地人担任经理职位；也有一部分公司雇佣当地人担任高级管理职位。（CCS，2005：58）

通过对于中国发展途径而言具有至关重要作用的建筑和基础设施的问题的探讨，我们也许可以认为，中国的承包商犹如意大利人在埃塞俄比亚的境况那样①，在这么一个至关重要的经济领域内，也许存在着可观的技能和技术转让现象。大部分的技能转让将在工作中进行。但是，转让是否在工作中进行，还是在诸如埃塞—中国职业技术学院（ECPC）等高校进行，一个关键因素也许是在态度方面，即人们是否随时准备着承担起手工技能和基于技术和知识的技能，并避免产生这样的诱惑性看法，

---

① 年长的埃塞俄比亚人经常将意大利指为卓越技术技能的来源地。在海尔·塞拉西一世皇帝期间以及之后，两国之间存在着巨大差距，埃塞俄比亚在二十多年的时间里，在技能上几乎没有发展或者根本没有发展。

即技术知识水平愈高，愈不需要涉及技能因素。用埃塞—中国职业技术学院副院长的话来讲就是：

> 在埃塞俄比亚和中国之间存在着巨大差异。我们中国人随时准备着去做任何一件事情，体力劳动或者智力劳动都可以。真实的现象是，作为工程师，埃塞俄比亚人是坐在车里，穿着西装，而中国人则是乘着货运汽车，或者干脆有什么交通工具就坐什么交通工具。埃塞俄比亚人对于工作和知识的态度根植于他们的文化，难以改变。但是，在这个学院里，大多数的管理人员来自中国，因此，一步一步地影响他们是有可能的。我们的一个使命——也是主要的使命——就是进行培训。因此，作为管理人员，我们的习惯、想法、工作和思考的方式可以起到榜样的作用。我们希望，我们的规章制度能够改变当地的文化。（陈晓熙（音）与肯尼斯·金的谈话，2010 年 4 月）

4.6 中国小微公司的培训挑战

在中国人已经进入市场的许多领域，存在着非常强大的竞争。这显然适用于我们已经触及的通讯领域。同样地，也适用于包括位于东非的肯尼亚印度承包商在内的建筑业。但是，在许多其他产品行业里，中国在诸如摩托车等已经树立起良好声誉的行业里带来了惊人的更低成本的版本。有些时候，中国的版本在价格上比日本的同类产品要整整便宜三分之一。

在肯尼亚运营的一条中国摩托车装配线案例，例证了成功的经营中，培训本身作为一个独立的因素所受到的一些限制。培训确实依然发挥着重要的作用。此外，还存在着使培训得以实现（或者不能实现）的环境问题。有关这个问题，我们会在本章的后面进行探讨。

许多这类小微企业的企业主的一大特点是，他们早已是经营网络的一个组成部分了。这种经营网络关系不仅在中国存在，某些情况下在非洲也存在。在某个特定的企业家事例中，这位企业家早已在中国的西部进行过石油勘察，在中国销售过重型卡车，然后决定查实一下为设立在尼日利亚的一家中国香港公司工作过十四年的自家兄弟的经验。2000 年，他去尼日利亚调研，发现尼日利亚类似麦克尔（Michel）和伯雷（Beuret）在他们撰写的书的第 2 章中所描述的"中国人是如何发现他们的西部并将之称为尼日利亚的"（Michel and Beuret, 2010：29—40）。他以家庭生活为由，决定不去尼日利亚。几年后，他生活圈子中的另外一位朋友提到了肯尼亚。于是，他在

2005 年来到肯尼亚进行调研，发现确实可以在肯尼亚开店，进行销售，而无须投入更多资金去从事批发业。

作为一家小规模的摩托车装配师，他对培训立场的主要关注强调的是肯尼亚人的教育和技能水平与中国的年轻人相比的确存在差异。有关这点，我们在上面已经谈到了。对比之下，在肯尼亚，只有很少量的年轻人在自己基础教育的首个八年里接触过实用的技能培训；在 2002 年莫伊总统执政的最后时期，这个技能培训部分也被人们从教学大纲中剔除了。

如果用我们装配师傅的话来讲，现场培训并非容易：

> 为什么？你会告诉他们工具的使用，但是他们还是会出差错。如果摁下连续性的数字，他们经常会在数字上出现一两个错误。拧紧螺丝，他们会一个拧得紧一点，另外一个松一点。或者，他们会对着螺纹硬拧上去。直到现在，他们还是不断地出差错。办公室的人员要容易得多。但是，对于技术性的细节，却是困难的。只有 2～3 人是合格的。（装配师傅与肯尼斯·金的谈话，2009 年 7 月）

其他问题也会存在，诸如从房屋里盗窃东西和偷窃工具等。另外一方面，尽管在职业道德、守时①和加班等方法上中国人和肯尼亚人之间存在着差异，但是，依然有两位肯尼亚人受托管理上百万肯尼亚先令。像这类的中小型企业也面临着无法继续的经营环境。在肯尼亚，削弱投资环境的一个主要问题是腐败的程度，既有小的腐败，也有大规模的腐败。正如我们在许多调查中所指出的，为了许可证等相关证书、证件，与官员的常规接触也可能成为腐败的一个机会（World Bank, 2004; Iarossi, 2009）。在这个装配师傅的事例中，这些问题是普遍存在的，而对于每一个与摩托车相关的项目，也存在一系列的腐败机会，譬如获取车牌号、登记册、记录簿等。

4.7　腐败的两个方面

如果说腐败的一个极为重要的方面是使人无法继续的经营环境，而这种环境又

---

①　但是，守时是个关键的问题——"'我来了'意味着有时你还要几个小时到。但是，如果他们迟到三次，我们就不会接受了。他们必须得准时到"（装配线主与肯尼斯·金的谈话，2009 年 7 月）。

是由遍及各个方面、大小规模腐败都存在的当地文化所形成的，不管是在肯尼亚还是在其他撒哈拉沙漠以南的国家都是如此，那么，腐败的另外一个方面则是中国公司对这种期望的态度了。在对技能转让的分析中，我们并没有对这个方面进行研究。但是，我们应该承认，至少有一位非洲高级管理人员宣称，战略性地使用腐败实践本身就是从中国人身上转让过来的一种技能：

> 既然你我之间的这种沟通是真正为了学习，而且那些可以享用学习的人们应该了解这点，那么，让我这么说吧：是的，我们大多数的工程师了解我们的产品，在某种程度上存在着技能的转让。但是，我想知道的是，我们公司中的中国人是否真的具有我们可以学习的良好的职业道德。也许，我带有偏见。但是，相信我，我负责所有当地的人力资源事务。我了解办公室中发生的每一件事。因此，我会说，我们从来没有从他们身上学到过积极的职业道德。恰恰相反，他们通过向我们展示如何向顾客行贿、使之签署合同，而最终损害了我们原本善良的一面。即便是我自己，也参加过项目经理的培训，学习所谓的公司行贿理论，如何向顾客行贿——台面之上和台面之下——就是，在台面上放上要签署的合同，而将回扣放在台面之下。因此，绝不是我们在向他们学习良好的职业道德，而是因为每件事都是腐败的，所以相反的是我们所有的人都在丧失我们良好的民族德行。因此，我对我用这么激烈的言辞来答复你而感到歉意。（经理与肯尼斯·金的谈话，2010年4月）

4.8　通过不同的经营模式开展培训

中非商务安排中显然存在着多种不同的类型。这些不同安排的特点使得培训和能力建设的作用产生了差异。将非洲人参加中国人开设在非洲大陆的"在公司中学习"的经历与《第三世界的技术能力》(Fransman and King，1984)联系起来可能是很重要的。但是，我们只能够在这里谈一些非常基本的观点。

4.8.1　全资中国企业

正如我们刚刚探讨过的，一家全资中国企业会根据自己的意见雇佣和培训劳动力。尽管几十年来在肯尼亚一直存在着有效的税款赠予机制以鼓励培训，但是，很少有小规模的企业会参与培训，这是因为对于小规模的部门而言，填报表格的要求太过苛刻了。从历史上讲,也很少有印度人拥有的公司去参与这个计划,只有在他们的公司变得很大时才会参与培训。

4.8.2 中非合资企业

中非合资企业在很大程度上依赖于股本的比例。但是,如果非洲人的股本高的话(45%和45%以上),那么,管理层就会同时存在非洲人和中国人。这种现象会对人力资源政策产生什么差异吗? 并非必然。但是,在某些情况下,正如我们在尼日利亚所进行的一个案例调查那样,有一些尼日利亚人员参与管理的一家合资企业也许意味着当地的经理会对所有的劳动事务负起责任,几乎就像一个分包商。"作为一家贸易商行,中国人处理管理和销售,我们则管理财务、经营位置、当地中层干部和底层员工的招聘,以及其他一些中国人无法轻易处理的问题"(尼日利亚合资企业经理与肯尼斯·金的谈话,2012 年 1 月 13 日)。

4.8.3 在非洲的全承包安装和运营

另外一方面,当中国人提供和安装机械的时候,他们当然会要么在尼日利亚,要么在中国为客户人员提供培训。在我们进行案例研究的一家波纹卡通厂里,有两批人员在中国接受了培训。但是,任何的纠纷调停必须由来自中国的技师来解决,其产生的费用都由尼日利亚方面承担。随着愈来愈多的中国机械送到非洲,这种重要的维护培训形式或者可持续的培训会变得更加重要。同样的挑战也摆在华为和中兴面前,因为他们在非洲国家销售和安装整个系统。这也就是为什么华为在整个非洲大陆建立了不少于六个区域培训中心的缘故。对于埃塞—中国理工学院而言,由于它拥有的所有不同行业的所有器械都来自中国,因此这种挑战也没有太大的差别。在 2013 年初,埃塞—中国理工学院还有四位中国讲师。但是,将管理完全属地化的转型将是一个很大的挑战,一旦所有的中国讲师都开始本土化后更是如此。

4.8.4 与政府机构合作的专业化全承包项目

当人们碰到这一类的中国项目时,还是会发现差异的。一个著名的例子就是中国援助的尼日利亚国家航空署项目。有关这个项目,协议都强制性地阐述了非常特别的培训条件。正如一位主要的信息人士所指出的,"很多年轻的技师被政府送到中国,去学习空间技术,现在,这批年轻的工程师们在国家航空中心组成了一个非常强大的知识基础"(尼日利亚合资企业经理与肯尼斯·金的谈话,2012 年 1 月 11 日)。

但是,即便是中国援助的项目,不管是在基础设施建设方面还是在医院和学校的建造等方面,他们对当地人的培训会根据项目的紧迫性以及工人在承担新的工作中所出现的自由度的不同而出现巨大的差异。因此,在中国江西国际和技术合作公司建造埃塞俄比亚的医院时,每天都可以见到不同的面孔,因为一些工人在获得有保障的基本培训之后往往会离开,去寻找新的环境。

4.9 与非洲非正式经济相关的中国商人和中国商店

在非洲设立的最底层的中国经营活动,不管他们的经营规模是如何之小,依然存在着大量的中国人,他们涌向非洲去寻找商机。对这样的移民,要预测其程度也是困难的。但是,在非洲存在商机这样的意识在传统的中国移民省内的不同层面以及正在寻找新机会的成千上万的中国工人之间散布开来。在这些省份,人们鼓励移民,将之作为成长的一个组成部分。① 这里我们可以提及两例反差很大的看待非洲人的评论。一方面,在尼日利亚早已站住脚跟的中国商人将非洲视为一个独特的机遇：

> "非洲对我们而言只是一个在恰当的时候而来临的巨大机会。"张说。
> 雅各布伍德(Jacob Wood)(也是中国人)甚至说："我得对您诚实。中国正在利用非洲达到美国目前达到的一切,并且要超过它。为了达到这个目的,做什么都是可以的。即便没有希望赚钱也要去建尼日利亚铁路,向轨道发射尼日利亚卫星。"(Michel and Beuret,2010：39)

另外一方面,在中国一个非洲研究所工作的一位教授告诉本书作者,他有时会突然接到来自即将做季节工的人员的电话,问"在非洲真的能够得到土地进行耕种吗？"但是,不管他们的动机是什么,也不管推动移民的网络和联系是什么,每个个体都在非洲的首都、城镇和市场中出现,开设自己的商店。对于移民和对于谁被允许做生意,政府的政策自然是有差异的。因此,在埃塞俄比亚,小规模的外国商人也许不能在亚的斯亚贝巴的梅尔卡托(Mercato)(一个商业中心)设立摊位。但是,在达累斯萨拉姆,在被人们称为卡里亚库(Kariakoo)的主要商业中心(仅次于法国一战之后的家乐福),本书作者和一位中国同行跟中国商人进行了交谈,获悉他们刚刚抵达那里,但早已经在那里从事小规模的经营了。在德班,许多中国商人也相似地在中国商城开

---

① 在海外至少要待上一段时间,对于村里的男人而言这已成为人生的一件大事(对于妇女也是如此)。由于社会压力,来自这些地区的年轻人都需要到外面闯荡,最后衣锦还乡(Park,2009：5)。

始经营,其中有些人才到几周或者几个月。

在小型企业的层面上,意图在商业中心设立一个摊位,或者开设一家"中国商店",不仅要受到政府移民政策的影响,也要受到当地非正规部门的活跃度和竞争程度的影响。因此,在肯尼亚,尤其是在内罗毕,非正规(jua kali)部门纯粹的活力和活动如此之大,以至于外来者会发现他们难以在那里立足。但是,中国人在微型企业层面上的挑战被证明确实是严重的。一些非正规企业会因为竞争而被打败,但是,其他的企业似乎从中国人那里学到了什么,犹如几十年前从印度人那里学到点什么一样。① 但是,非正规部门与中国商人之间激烈的竞争突然爆发为2012年8月的抗议活动。"中国人滚出去"的横幅被送到了总理的办公室。尽管这次抗议只维持了一天,也不清楚非正规部门到底是在哪个层面支持抗议活动,但是,在人们看来,似乎部分原因是销售中国商品的肯尼亚进口商正受到来自中国在肯尼亚的进口商的削弱。② 这个看法受到当地一位分析人士的肯定:

> 人们担心的与其说是制造业的非正规部门,还不如说是那些销售廉价中国货的小型商人们(事实上是微型商人),诸如沿街小贩和小型摊贩等。他们担心,中国人正在渗入那个部门,并使用他们与中国供应商之间的关系来削弱他们的经营,以使得当地商人无法与之竞争。人们认为,这些抗议是由更大规模的商人们精心策划的。这些商人是摊贩的供应商,他们突然发现,来自中国的供应商正在当地与他们展开竞争。(Wakaba与肯尼斯·金的谈话,2012年12月5日)③

纳米比亚、赞比亚或者博茨瓦纳也许并非如此。在那些地方,富有活力的当地非正规部门明显要少得多。但是,人们期望加纳、尼日利亚和其他西非国家的环境是一样的。在那些国家,非正规经济量大而具有活力,培训和见习期也早已确立了模式。

---

① 在Gadzala看来,"正在出现两种趋势:1)当地的一些商业冒险正在发生;2)非正规企业正在使自己的战略多样化,并学习如何磨炼自己的相对竞争优势,使得自己能够在市场上维持下去"(Gadzala与肯尼斯·金的谈话,2012年4月30日)。也请参阅(Gadzala,2009)。

② http://www.bdlive.co.za/world/africa/2012/08/23/kenyan-businessmens-protests-raisetension-with-chinese.

③ 尽管存在明显的例外(King,1995),但是Wakaba却正确地指出,事实上在制造业层面几乎不存在竞争:肯尼亚的家庭小工业至多仍然在早期阶段,几乎没有要相应增加和适合任何种类技术的迹象(同上)。

但是,有趣的是,在喀麦隆的杜阿拉(Douala),有大量的证据证明,在中国街有销售烤鱼和甜甜圈的人,而且都很受欢迎。① 他们在街上销售蔬菜和早餐。一个名叫 Liu du Camer 的中国人甚至办起了一个乐队,演奏当地的音乐。② 在达卡,开设有中国商店的主要大街因为巨大变化而被人们非正式地称为"毛大街"并成为城市地标(Gaye,2008:129)。

在同样存在富有活力的非正规经营社区的埃塞俄比亚,似乎在最小微的企业之上出现了"向中国学习"的现象。哥达扎拉(Gadzala)特别关注中国人和埃塞俄比亚人之间在皮革业展开的竞争,他得出如下结论:

> 因此,中国公司存在一个间接培训的特点。简言之,面临着中国人竞争的埃塞俄比亚(我相信这个现象可以更笼统地推断为更多的非洲人)的公司正被抛入到一无所知的无助境地,他们必须尽快学会如何游泳。学会游泳的,漂浮起来;没有学会的,沉下去。中国公司以一种奇特和间接的方式给当地企业上了市场资本主义这一课。(哥达扎拉与肯尼斯·金的谈话,2012年4月30日)

但是,同样是在存有庞大当地经营社区的埃及,会出现这样一种现象,即中国商人早已成功立足,甚至正在市场上销售当地的传统食品:

> 中国企业怎么样? 对于两个群体即我们都需要他们来投资的大型中资企业和希望到埃及来经营的中国摊贩,当涉及工作许可时,我们都非常宽容。因此,中国摊贩来的时候都带着高级必需品和低级必需品。他们甚至到乡村去。在埃及公司,有中国摊贩坐在三轮车上销售臭豆腐的剪贴画。许多非洲国家中,这些中国企业家们是在"真空"中做事。但是,在埃及,市场空间早已经饱和,包含了形形色色的商人。因此,空间已经很少。(埃及大使馆的 Hany Selim 先生在北京与肯尼斯·金的谈话,2009年5月)

我们对中国工商企业在培训和人力资源的不同方面进行了简单回顾。一方面,在诸如中国援助项目或者华为的地区培训中心,对于当地员工存在着非常正规的培

---

① Eliane Nugent 与肯尼斯·金的谈话,2012年1月15日。
② Adam Mahamat 与肯尼斯·金的谈话,2012年1月15日。

训；而另外一方面，尤其是在小型或者微型企业中，甚至根本就没有什么培训存在，如果有的话也至多是现场培训，跟在有技术的中国人后面一边工作一边学习。在肯尼亚，印度人就是这样将技能和技术转让给当地的小规模工商企业的。这种情况在中国人那里也许还会再次发生。

在南非，相似的事情在犹太人那里也在发生着。犹太人在南非以最低价格进行交易，也在卡鲁(Karoo)开设小型商店。一百多年来，非洲人一直在犹太人开设的大大小小的商店里工作，也学得了技术。现在，这些犹太人商店转过来面临着来自中国商人的直接竞争，正是中国商人开设的商店取代了由犹太人在卡鲁开设的商店。①

但是，在21世纪，中国商人的作用，与20世纪20至40年代印度手工艺人在整个肯尼亚的各个城镇上所从事工作的作用相比，具有很大的区别，不管在开罗、达卡、布隆方丹(Bloemfontein)还是在达累斯萨拉姆，都是如此。当时，印度手工艺人事实上是在组装烧烤炉、茶壶、器皿、小的台灯、切割和弯曲铁具来制作一系列的家用商品。而现在，中国商店和中国商城的商人大多数并没有自己去组装制作，他们是在大量进口各类现成的产品。在某些国家，譬如尼日利亚，那里有由尼日利亚人经营的"中国商店"，产品与中国人经营的商店一模一样。② 非洲皇家协会的里查德·道登(Richard Dowden)于2006年在乌干达西部的一个小村落里清晰地指出：

> 酒店的桌布是中国制造的，灯罩、盘子、杯子和刀具等都是如此，甚至每个台子上的塑料花束也是如此。即便是他们吃的米饭也是来自中国。街上的小车来自韩国和日本。事实上，几乎每件我能够看到的东西都是由亚洲制造的。(Dowden,2009：484)

在我们从这个案例研究转到更广的、涉及中国在非洲的经营及其对培训和能力建设的文献研究之前，我们应该承认，非洲的政界持有这样的观点，即中国在非洲投资的这种局面存在着巨大机会。譬如，2009年7月，时任肯尼亚教育部部长绝对清

---

① 位于Bloemfontein镇的一家知名的犹太人商店给作者看了一张于1911年在他们商店购买的罗列有八个项目的收据，其中包括两套总值5英镑的衣服在内。在中国商城隔壁的一家门店，现在销售的衣服则是以犹太人商店销售价格的几分之一在出售(82岁高龄的店主Rabinowitz与肯尼斯·金的谈话，2012年11月10日)。

② 另外一个有趣的发现是，许多尼日利亚人，尤其是那些无法找到正式工作的和那些由于厂家关闭而待业在家的人都转向中国商店的零售运营中去了。

楚,与中国人进行更大范围的技术转让的时机成熟了:

> 向中国人学习？我们现在正面临着饥饿。我们需要使用他们的技术来
> 开发成百上千的大坝。这正是我们马上要做的事。技术转让是关键。不相
> 信或者不参与技术转让的国家不是一个国家。(Sam Ongeri 与肯尼斯·金
> 的谈话,2009 年 7 月)

他也非常清楚,全球范围内都存在着从中国外包的机会,当然也包括肯尼亚人在内。但是,同样重要的是,从教育部的角度来看,向存在于非洲的中国经营者学习具有独特的机会,"中国人与肯尼亚人之间互动的主要特点是：1) 他们对工作的态度是完美的；2) 他们达到自己目的的能力,达到目标的速度；3) 他们达到这个目的没有造成社会动荡"(Sam Ongeri 与肯尼斯·金的谈话,2009 年 7 月)。

来自部长办公室的这种乐观看法也许需要与现实以及在各个建筑工地、餐馆或者中国商店的技能和技术转让的局限性进行对比。毕竟,正如派驻肯尼亚的时任中国大使所强调的,"譬如中国公司,利润是关键,为了获得竞标,他们会砍价,但是,我们需要注意规则,进行干预以确保中国工商企业的行为规范"(中国大使与肯尼斯·金的谈话,2009 年 8 月)。

但是,像类似肯尼亚部长和中国大使这样独特的政策取向也需要转化成全面的政府政策。当中国移民商人大量涌入各个国家时,要达到这个目的就极为困难。对于移民商人和工商企业人士而言也是如此,甚至还有学术企业家。在 2012 年 10 月的早期,其中一个学术企业家代表团抵达约翰内斯堡,向作者宣称他们正在调查到底在哪里设立孔子学院更好。但是,在约翰内斯堡离中国城不远的玛西亚(Marcia)街 23 号,早就有一家可以被称为非正规的孔子学院存在了,甚至在它的门上还有中国汉办的标识。北京汉办或者中国驻比勒陀利亚的大使馆对这样一类创新举措的控制正变得愈加困难。我们现在再来看,带有中国外观的人力资源开发(HRD)在不同的 HRD 政策制度内是怎么样一种情况。

4.10 人力资源战略中的东方快车、推土机和机车

有流言将中国看作为"无赖捐助国"。为了寻找驱散这种流言的方法,布劳提根对中国公司的观念进行了讨论,并将中国公司视为向非洲转让"专家群"的一辆"东方快车"。她承认,与其他国家相比,中国确实更多地将自己的人员作为员工和技师予

以使用（Brautigam,2009：154）。但是,她提出,有关中国只用自己的专家而不培训当地人员的想法是完全错误的。她指着已有的、清晰的五个步骤说,只要在援助项目中涉及能力建设问题,中国专家必定会在实施所有项目的过程中遵循这些步骤。这五个步骤指南的确切来源尚不清楚,但是,它们与由周恩来1964年1月在西非提出的《中国政府对外援助八项原则》产生了共鸣：

> 首先,当中国专家要离开时,要尽可能早地将时间通知给接受国的员工,以使他们能够做好准备。其次,中国专家应该渐渐转到第二线,让接受国的员工能够独立地工作和实践,独立解决问题。第三,教会接受国员工对主要设备的修理和维护保养,以及常规的注意事项。第四,帮助员工组织有关天然气管道等的蓝图和制图技巧,以及设备的操作说明。第五,准备各类标准部件及其分类的手册,绘制非标准部件的简单图画,以使这些部件在需要的时候能够订购。（石琳(音),引自Brautigam,2009：345—346）

我们会在本章后面回到布劳提根撰写的内容。但是,东方快车这个交通工具的比喻说法继续被人们使用。关于中国在安哥拉和DRC展开的能力建设方法,唐晓阳(音)撰写了一篇涉及推土机和机车的文章,很有吸引力。文中他就继续引用了东方快车的比喻说法。推土机的角度暗示了一种完胜,中方输送的项目完全是及时的、达到目的的：

> 第一种方法是带来了一大批中国技师,强调速度和成本效率。在这个模式中,似乎整个中国公司都被搬到了非洲。正像一台强大的推土机一样,它有效地清除着地面,但是与其他人没有发生必不可少的互动,它的影响只限于它所完成的工作。（Tang,2010：13）

这个模式尤其在后冲突背景下得到证实。在这种背景下,技术手艺人、技师和经理人严重短缺。当政客们看到,在下一届选举前如果能够高质量地按时完成道路、桥梁、体育馆或者大坝建设,而产生两三个很有影响力的优势,他们会批准中国项目。此时,推土机的方法也许就有特别的吸引力(Tang,2010)。这样的项目没有长期培训法那种好处,比如在中国获得学位或毕业证书的培训。这种方法之所以有吸引力,是因为当地大量缺少有才华的经理人员,或者是因为当地有这样的经理人员,他们会索求比中国同事高得多的薪水。其他能够推动这类短期行为的原因可能包括,拥有较高技能的中国工人不愿意签署第二期或者第三期的合同。正如我们早先说过的,在快速提供必不可少的基础设施的时候，中国的比较优势在非洲国家的形成过程中具有至关重要的作用：

> 其他模式着重于在中国人和当地人之间建立密切联系，以使中国公司能够融入当地社区。公司通过与非洲人一起创立协和作用的增长方式来追求长期利润。这个模式使用诸如资本、技术、效率等的中国强项，就像一组机车一样，能够促成包括培训、间接就业和市场繁荣等在内的当地更大规模的发展。(Tang，2010：13—14)

唐提出的第二种机车模式，是建立在中国比较优势的不同方面的：从长远看，中国移民会在非洲长期存在。① 根据我们早先曾经引用过的 Katumanga 的看法，儒家的哲学——奉献、勤勉和长期目标，不只是为了当下——强烈存在于许多中国移民当中。帕克也引用了中国大使相同的观点：

> 一位派驻在非洲一个大国的中国大使认为，大多数来到非洲的中国移民都拥有一个梦想：回家后能够盖一栋三层楼的房子或者"纪念碑"来彰显他们在海外的成功。对于他们而言，在非洲的艰难生活是值得的，也是能够克服的，因为这些对他们而言都是暂时的。他解释道，中国的文化中有这样一个价值观，即：受苦是为了长期的目标，不劳者无获。(Park，2009：9)

这样的个人哲学观当然表明，确实存在着将推土机转化成机车的强大力量。但是，有关在非洲可持续性的这一研究的探讨在本质上存在着一些矛盾现象。鉴于中国公司的成功是基于低成本、高质量地准时输送复杂的项目，那么短期而言，要将技术和管理干部实现本土化的措施是有问题的。尤其是因为，在大多数非洲国家，这些干部严重短缺，也因此会提出超过他们的实际生产率的高薪水要求。正如 2010 年《全球监测报告》(GMR)所提出的，对于大多数撒哈拉沙漠以南的非洲国家，令人满意的技能发展的未来，依赖于有比现在高得多的比例的年龄群体进入到一般基础教育和职业基础教育领域(King，2011；UNESCO，2010)。这可能会减轻许多中国公司

---

① 第三种观点认为，在中国国有企业的管理中存在着急功近利的现象。Haglund(2009)支持这个观点。

所面临的可持续的挑战问题。

中国人在非洲的能力建设并不简单。对于援助项目，如我们所提到的，其中有许多项目在政治上是高度重要的。这些项目因政治承诺去高速输送，而在确保能力开发方面存在固有的困难。这也许就是布劳提根为何说出如下话语的一个原因："中国像其他捐助国一样，还没有弄明白如何去进行能力建设，或者如何去转让他们的技能"(Brautigam,2009：161)。

但是，就大多数非援助的中国项目而言，跟现在比，很关键的一点是非洲国家应该继续培养更多接受良好教育和培训的年轻干部。这当然也是其他外国直接投资面临的一种客观现象。

4.11　中国在安哥拉：建筑部门的技能事例

在我们继续审视中国工商企业技能环境的其他特点之前，我们也许值得审视一下直接与安哥拉这个与上述推土机和机车分析相关联的一项研究。科尔金(Corkin)对建筑的研究非同寻常，也很有价值，原因在于她严肃地看待技能问题，但是她所选择的、我们也已经指出过的部门在培训投资方面在全球却是臭名昭著的(Corkin,2011)。她提出了大量观点，强调语境和技能文化的极端重要性，而不是一家公司是否在非洲进行了培训或者没有进行培训等这样的贸易指控。她的第一个观点是，安哥拉在历史上对大多数人口缺乏教育投资和技能培训。这个国家甚至缺乏向全民教育全球监测报告进行汇报的中等教育和技术中等教育比率的数据(UNESCO,2010年)。但是，整个撒哈拉沙漠以南的国家作为一个整体只有1%～2%适龄儿童接受过技术中等教育，整个非洲大陆作为一个整体与东亚的2200万人相比只有200万人接受过技术培训，我们可以发现，要在安哥拉找到接受过教育、技术娴熟的劳工将会是困难的。

事实上，当地大量缺乏熟练工人和经理，而在政治上要优先雇佣这些当地人士。这意味着这样一种超过实际的价值是放置在现存的极少数人的身上的。与许多移居国外的干部相比，雇佣这些人成本会更加昂贵。[①] 还有证据显示，在投资少、教育程度低的这样一种历史状况下，接受过基础教育的人们的学业成绩极端低下。鉴于这样一个事实，如果不能稳定初等教育的质量、关注中等教育的数量，就没有快速解决

---

① 科尔金引用了一个例子：某个人在伦敦生活的40年经历中，被雇用的薪水要比安哥拉当地人的薪水低(Corkin,2011：59)。

技能真空的办法："从这些数据中我们可以得出一个很重要的政策结论，那就是：如果政府不能够极大地促使学生向中等学校流动，那么，没有一个国家会在技能发展上获得成功"（UNESCO，2010：81）。

科尔金高度重视中国工人和安哥拉工人之间所存在的不同的职业道德。这种职业道德的差异是贯穿于本章的一条红线。就像接受过中等教育和有技能的手艺人在安哥拉绝对稀缺一样，职业道德的差异肯定不是某种能够很快就可以弄清楚的东西。但是，我们必须得记住，在诸如安哥拉这样的国家里，正规经济中工人的比例是非常低的，可能低于10%。而只有这个群体，而且还不是全部，才能享受社会福利，如休假、病假工资等。

就像我们刚才提及的教育"精英"一样，这个正规部门的"精英"与剩余的90%的劳动大军相比显然享有特权。这些劳动大军的大部分人会在非正规部门工作，有在乡村工作的，也有在城市工作的。然后，这种特权又在劳动力中造成根本性的不平等。也许，非正规部门的职业道德与中国人的职业道德更加接近：他们经常整天工作，包括周末也是如此。他们没有加班的概念，也没有任何社会福利。科尔金记录下来的有关职业道德的许多抱怨与正规部门工人的工作实践相关。对比起来，如果肯尼亚非正规部门可以不放在心上，那么，"中国工人能够'吃苦'或者工作极其努力的能力"也许跟安哥拉非正规经济事实上相似（Corkin，2011：61）。

另外一个值得人们关注的文化问题是，中国将劳动力带到非洲的实践事实上是基于中国自身的实践，即来自一个城市或者省的承包商会将同乡带到具有安全合同的不同省份。换言之，他们愿意选择的是老乡劳动力，而不是中国人。

因此，在安哥拉的背景中，人们期望中国的建筑公司的运营方式与其国内的运营方式具有很大差别，教育与技能层次也与中国的不同。实际上，他们也正在为来自小型正规部门的工人而竞争。或者说，他们也许确实是在通过纯粹的基础设施工程的规模而扩大正规部门工人的数量。其结果并非必然地为拥有所有社会福利的工人增加常规工资和薪水。一些新来的工人，尤其是那些为中国人工作的人或者是安哥拉的建筑转承包商，也许事实上并没有享受常规的福利。他们也许在正规部门经历了一种非正规的就业。

至于在埃塞俄比亚和肯尼亚，诸如中国路桥总公司和中国水利水电建设集团等大型跨国公司确实参与了包括到中国参加海外培训等在内的严格的培训政策。但是，与某些小型的中国承包商和转承包商相比，这类公司的表现差异很大。目前，将奖学金接受者与他们回到安哥拉之后的工作职位联系起来似乎还有些困难（Corkin，2011：67）。我们在本章谈及，来自喀麦隆的中国政府奖学金获得者在回国后存在相似的问题。显然,在中国公司与中国政府资助的海外培训之间需要一些更多的协调与融合,在他们回到本国后需要融合到相关的项目中去。但是,这可能是难以安排的。

4.12　中国工商企业在技能和能力建设上的其他视角

在已经查看了不同部门在能力开发和技能开发方法上的一系列案例研究后,如果我们能够从2～3个机构的角度来考察人们对中国工商企业的态度,然后对最近几年所涌现出来的新的中非文本中人们如何看待中国工商企业的人力资源开发政策进行简单总结,这或许是有用的。

4.12.1　非洲劳工研究网络(ALRN)

非洲劳工研究网络对于中国在非洲的投资采用了劳工(和工会)的视角应该不会让人感到惊讶。人们用国际劳工组织体面的工作标准、对工会的积极态度、社会福利、工资和能力建设和技能转让来衡量中国公司。有关十个案例研究国家报告的特点在实施总结中引起了人们的关注:

> 尽管在非洲的中国公司的工作条件在不同的国家、不同的部门存在差异,但是,它们之间还是存在某些共同的趋势,诸如紧张的劳工关系、中国雇员对工会的敌视态度、违反工人的权利、工作条件以及不公正的劳动实践等。事实上由于缺少就业合同,中国雇主单边决定工资和福利。非洲工人经常被作为"临时工"而聘用,他们本应该享有的合法权益被剥夺了。(Baah and Jauch,2009:13)

就技能转让和能力建设所涉及的内容而言,依赖于进口劳动力的许多中国公司被人们说成是逐渐削弱了"创立工作、技能转让和人力资源开发的可能性"(Guliwe,2009:24)。在由巴阿(Baah)和耀科(Jauch)编撰的十个国家的某些案例中,只有一些引文传达了一种意识,即人们是如何消极地看待中国公司的培训和技能转让的。因此,人们认为,在位于谦比希(Chambishi)的中国矿山,培训正变得愈来愈不重要了,他们宁愿雇佣外国人,也不愿意雇用赞比亚人(Baah and Jauch,2009:181)。[①] 在纳

---

① 下面的五个引文来自于 Baah and Jauch(2009)编撰的国家报告中的不同案例研究。

米比亚,故事很相似,"我们在现场调查中所搜集的证据表明,中国投资人并不强调开发纳米比亚雇员的技能问题"(Baah and Jauch,2009:213)。而在津巴布韦,故事完全一样,"研究表明,受雇于中国公司的大多数工人要么没有技能,要么是半熟练工"(Baah and Jauch,2009:257)。"大多数公司对于工人的技能开发和能力建设根本没有政策、没有项目或者规划",南非是这样宣称的(Baah and Jauch,2009:330)。在尼日利亚:"中国公司在许多主要工业项目中因为依赖廉价的中国劳动力而变得臭名昭著,也因此没有发现向当地人转让技能的需求了"(Baah and Jauch,2009:346)。

关于中国在非洲的雇员以及他们对培训方法的接二连三的抱怨,他们说,在传统的中国公司里,人们希望雇员们已经接受良好的教育和技能培训,并通过夜校等途径继续自我投资学习,而雇主则提供非常实用的有关工作的学习经历,除此之外,并没有其他现成的反应。① 正如我们在上面所讲述过的,在中国的中方雇主可以从一群年轻人中进行选择,他们都已经接受过九年的基础教育,通常还接受过某些中等职业教育。② 从中国将接受过良好教育的年轻人带来,就是简单地将公司在中国的实践运用过来。

非洲劳工研究网络(他们是一家监测中国公司是否违反国际劳工组织体面工作标准的机构)所采用的另外一个方法是将中国的劳工实践与印度在东非的商业团体进行比较。那个团体也基本信奉现场培训。他们跟次大陆巨大的商业团体一样,传统上很少相信正规的技能培训或任职资格(King,2012)。

非洲劳工研究网络的另外一种谴责性方法是,他们认为技能转让不需要正规培训,也不需要到中国或者南非学习专门课程。中国公司中的技能转让模式与在肯尼亚的印度公司中所出现的大量的非正规技能转让相似。通常情况下,这种现象一直没有被认可。人们指出印度公司拒绝参与肯尼亚政府正规的税收赠予计划。但是,事实上当今许多肯尼亚主要的非洲承包商和经营人士是通过在印度公司那非常艰苦、低成本的和勤勉的工作环境中习得这些技能的,而不是在确实提供正规培训的欧洲或者美洲的跨国公司中学到的。在今后适当的时候,那些为中国公司工作的非洲人也会这样从中国人那里习得相关技能。

也完全可能出现这样的情况,我们谈及的肯尼亚、尼日利亚、津巴布韦和赞比亚

---

① 感谢 Sanne van der Lugt 对中国经营文化的评论(van der Lugt 与肯尼斯·金的谈话,2012年1月13日)。

② 中国的环境正在发生变化,因为以前无限制的为移民提供教育的机会正在减少,部分原因是因为独生子女政策所致。

等国家的许多当地公司,在技能转让和能力建设层面的操作方式并没有太多与中国公司有差异的地方。南非在这个方面和其他方面也许是一个例外,因为它是撒哈拉沙漠以南的非洲国家中拥有最强大的工会环境的国家之一。

4.12.2　论中非关系的非洲经济研究联盟(AERC)

非洲经济研究联盟确定 11 个非洲国家范围来研究中非关系中的援助、贸易和投资关系。因此,对于从劳工的角度来分析中国的投资,他们很自然地有不同的感受。这两个研究之中产生差异的一个主要特点是,非洲经济研究联盟更加关注政府的作用。他们正是从这个作用出发,来考察能力建设、技能和技术转让或者人力资源的开发等问题。该联盟的研究主任 Ajakaiye 在一篇概述性的文章中肯定地指出,在中国有新的投资流入到非洲的时候,非洲政府应该抓住这个时机,负责开发自己的人力资源：

> 因此,对非洲国家的挑战是对来自商品的急剧增长而导致的资源流入进行投资,以改善投资环境,开发必要的人力资源来支持新兴工业的投资,建立必要的发展银行为初生的私有投资者提供金融支持。(Ajakaiye,2008：11)

这篇概述性的文章还关注中国在非洲的投资现象,指出确保当地能力建设和技术转让是一大挑战。他们更多关注的不是中国,而是非洲政府是否拥有这个能力,以及拥有从诸多新的投资交易中获取优势的能力(Ajakaiye,2009：9)。当非洲经济研究联盟在国家层面对与中国投资机会相关的能力建设进行分析时,他们对政府的能力是持批判性态度的,对于赞比亚政府尤其如此。在最为基础的方面,他们认为该国由于缺乏相关的专业知识而导致对外国投资和外国顾问无法实施监督的能力：

> 该国也缺乏结果导向的和负责任的法律和制度。迄今没有人对无法履行法律法规承担责任。不管是野生动物、森林、建筑,还是医院等,都缺少可行的制度,缺少实施的能力,也缺少规范的能力。正如一位部长所说的："赞比亚是一个不做任何事情就可以保留饭碗的地方。"(Mwanawina,2008)

当涉及与中国的双边关系时,这个国家需要重新思考协议的条款,尤其在涉及合资和转承包安排时更要如此。原因就是这些方面对于推进技能转让和能力建设存在更加有效的方法(Mwanawina,2008:27)。

其他受到评论的国家并没有像赞比亚那样受到他们严苛的批评,因为赞比亚缺少管理投资机构的能力。当涉及利用输入投资去取得优势时,安哥拉在某种程度上也显然存在相似的地方:"但是,如果用当地的技能开发和技术转让的措辞来讲的话,人们担忧的是,因为缺少体制性的框架、政府缺乏监督能力,也因为政府缺乏鼓励直接投资的能力而引起挑战"(Corkin,2008:26)。正如在上面所讨论的那样,在安哥拉,国家技能基础是如此之低,以致在实施涉及所有权、合资企业、技能和技术转让的话语中确实存在着真正的挑战。与此相对的是,人们断言,在尼日利亚,通过中国公司很少会有技能和技术的转让现象,部分原因在于中国人主要依赖移居国外人士的专业知识。但是,在此我们又可以以此获得教训,国家应该"设计好适当的政策和规章制度,确保这些事情能够得以顺利进行"(Ogunkula,2008:6)。

4.13 中国在非洲工商企业的技能和能力开发——文献的视角

首先是斯诺的经典评论,即在坦赞铁路时代,是穷人帮助穷人。在完成那个惊人的坦赞铁路工程之后,人们很快发现,中国并没有在他们身后留下胜任的坦桑尼亚人,部分原因是设备缺陷之故,但是更多的原因是当地员工缺乏维护保养的智力。"坦桑尼亚和赞比亚的铁路员工没有能够履行至关重要的防护性维修保养工作"(Snow,1988:170)。在1976年工程完工之后的五年内,原本的85台机车只剩下30台还在服役。到1982年赵紫阳访问非洲时,中国人对于培训的重要性有了更加清晰的了解,也清楚了解有必要采取更商业的做法去维系他们与工程项目的关系,以防止破产(Snow,1988:170—183)。当然,坦赞铁路一直没有成为一种经营,而是一项援助工程。然而,同样的问题,即如何去非洲建设某些东西并能够安全地交付出去,会继续成为中国承包商面临的问题,正如我们会从布劳提根描述中国工程以及随着时间的推移这些工程产生的结局中所看到的那样。

在斯诺之后,阿尔登(Alden)成为对中国参与非洲进行简短、犀利而均衡的描述的首个西方学者。重要的是,他的起始点是将大多数非洲领导人带到北京于2006年11月召开的第三届中非合作论坛。他的著作《中国在非洲》(China in Africa)对中国在非洲大至跨国公司、小至小规模贸易等不同层面的经营活动给予了很多关注。该书承认,中国在非洲的经营战略在一定程度上是基于低成本的竞标,所依赖的是熟练和半熟练的中国劳工以及更低的管理成本(Alden,2007:42)。阿尔登指出,西方国家经常对中国在非洲的劳工实践进行批判。他提醒读者,西方国家在中国大量的外国直接投资(foreign direct investment,FDI)由于中国的低工资和相对模糊的劳动标准而得以持续,也因为能够获得十亿之多这样偶像般的消费者数字而得以持续(Alden,2007：131—132)。[①] 阿尔登意识到,使用熟练的中国工人和经理是中国经济具有比较优势的一个关键因素。但是,同样关键的是,这样一种情况在不同的国家结果会是不一样的,要取决于当地人的熟练程度,也取决于政府的政策。

阿尔登还谈到了来自布劳提根(2008 年)的证据,证明网络关系良好的尼日利亚商人(依博人)在内维(Nnewi)向中国台湾的熟人学习如何从进口转向制造业。频繁的商业和互动年代导致内维人学到了"必要的技能和信息,自己到中国去寻求材料来源,进入汽车零部件的制造业领域"(Alden,2007：47—48)。有关这个技能转让的关键点在于,它并非是政府的一项要求,也不是一项正规的人力资源开发的项目。相反地,随着时间的推移,它是在两个非常具有活力的团体内部即尼日利亚人和中国人之间产生的一个非正式的过程。它与我们在上面提及的早些年在印度和肯尼亚之间曾经发生过的技能转让的现象具有直接相似之处。与此相反的是,人们在涉及对中国在非洲工商企业的分析中经常提及的事情是,在富有活力的中国移民团体和很少具有商业头脑的东道主团体之间存在很不对等的互动关系。因此,需要对贸易和技术政策进行思考的不仅仅是非洲的政府;理想的状态是,还需要出现具有接受能力的非洲商务团体。

另外还有一本关于中非主题的早期著作——这个主题将会在未来的几年里转为热点话题——出现在 2008 年:《中国回归非洲：一个崛起的大国和非洲大陆的拥抱》(*China Returns to Africa：A Rising Power and a Continent Embrace*)(Alden 等著)。所有撰稿人(25 人)都强调这样一个事实,即有一大批人正在非洲从事中国问题研究。这个现象已经存在一些年头了。恰当地说,文集的前言是由在 1988 年最早出版中非问题的专著《中国在非洲的遭遇》(*China's Encounter with Africa*)的作者菲利普·斯诺撰写的。就我们本章所关注的中国工商企业和技能转让而言,他所选择并加以强调的一个令人着迷的主题是,自坦赞铁路建成之后的许多著名的中国工程中,"中国的技能在周恩来阐述清楚之后,并没有转让到非洲的接受者手里"(Snow,2008：xix)。结果,他向中国工商企业界扔下一大质问:"在非洲的

[①] 对于西方人在中国的经营实践与西方人对中国在非洲的批评的矛盾现象,阿尔登已经描述到了极致,"诚然,许多外国人对在中国和一般意义上的中国社会的工作所持的'不受清规戒律约束'的方法肯定确定了一个引人注目的标准:公然傲慢、公开堕落,甚至不时地公然腐化。所有这些,在非洲的中国企业仍在明显地渴望获得,但是很少有实现的"(Alden,2007：131—132)。

中国企业能否克服他们勉为其难的态度——显然这种态度广泛存在,并与原先一样受人愤恨——雇佣当地人从事管理岗位,也克服他们的偏好,不再自己去做事情?"

中国工商企业和中国工人与非洲工人同伴的彼此隔亥至少在该文集一篇有关劳工实践的文章中贯穿始终。这篇由孟洁梅(Monson)撰写的文章对大铁路建设期间中国人如何对待非洲劳工进行了描述,也对中国为来自坦桑尼亚和赞比亚成千上万的非洲工人制定的工作标准进行了描述(Monson,2008;2009)。尽管中非工人之间兄弟般的友谊获得了艺术语言的刻画,但是,铁路营地的生活基本上是隔离开来的。跟英国规则的经验相比,与数以千计的中国工人一起工作有某种不同的地方。但是,当中国工人签约受雇、每天工作十四小时,以帮助提前完成这个工程的时候,坦桑尼亚和赞比亚的工人也受到感染,与中国工人做同样的工作了。尽管工期要求很高,任务也难以完成,但是这个独特的经历确实改变了我们可以称之为经济的现代工作意识。这种意识与30年后中国国有企业或者私人公司的工作意识相比当然是不一样的。但是,将这种工作意识在中国人的职业道德面前展示出来是令人难忘的,新技能对个人的影响也是强大的,即便这个工程作为一个整体并不足以创立一个机构性的维修保养文化。①

尽管孟洁梅的文章在整部文集中是唯一一篇叙述中国人和非洲人的劳工关系的延伸性文章,但是,还有其他文章也触及了我们的主题,尤其是布劳提根的文章,有关这个我们在之前已经提及了。我们还是要通过她的主要著作《龙的礼物》而不是她的文章来查看她对人力资源开发的一些看法,也可了解她对技能转让的看法。

我们应该承认所有中国人在非洲存在绝对悬殊的重要性,即便在商业团体内也是如此。陈志云(Stephen Chan)与其说是一位汉学家,还不如说是一位非洲学家。他在就中非问题提出很有价值的一整套告诫中提出,如果不对中国商业团体内部差异极大的特点作出区分,那将是一大错误。他认为,中国商人们所创设的很多问题都是最近才突发起来的。

在阿尔登编著的文集中,尽管有两位作者来自非洲(塞内加尔和南非),两位作者来自中国(包括来自香港地区的斯诺在内),但是大多数的作者都来自西方。当所有作者都来自所谓的地球的南边时(包括中国在内),人们对中国工商企业在非洲的处境就会采用差异非常大的方法来对待,这也许是显而易见的。由格雷罗(Guerrero)

---

① 工人在铁路上的这个案例史经常指向学习新技能和学习新商业(Monson,2008:215—217)。

和曼吉(Manji)编撰的文集(Guerrero and Manji,2008)共有16章,尽管其中没有一章将劳工实践和技能培训作为主题明确给予关注,但是,在组稿时不少文章都是以此作为一条主线来进行选取的。其中一篇最为简洁的文章是由科尔金撰写的。我们在这之前已经就她对建筑的分析进行了评论。我们在此将之前没有提到过的中国建筑公司的一些特点增加上去。首先,在中国人的工地上,通常所有层面的工人都居住在工地,他们之间几乎没有明显的差异。这样一种方式极大地降低了沟通成本。其次,大多数中国工人不仅接受过良好的教育,技能掌握良好,他们通常还是多面手。按照传统,他们不仅参与体力活,还承担一系列熟练手艺人的任务。这样,工作进程的速度得到加快,工地现场对工人数量的要求也大大降低。第三,广泛使用日夜双班制,日班和夜班的工人使用相同的住宿地(和床铺)。第四,与第一点所有工人都居住在工地直接相关,旷工现象非常少见(Corkin,2008：142—143)。

苏特曼和严海蓉也向该文集投稿了。他们在文章中提出两个因素,即中国的发展方法或者发展"模式"以及他们的援助和移民。这两个因素使得中国在非洲别具特色。我们在此简单提一下这些方法对劳动力的含义问题。经合组织国家移居非洲的人员主要是高收入的专业人士和经理。与之不同的是,中国到非洲的临时移民人员庞杂,从个体户,到签署劳务服务合同的手艺人,再到专业人士不等。他们的工资和薪水跟西方人比要少得多,因为中国的公司规划确保的是低得多的边际利润,也因此雇佣低成本的员工(Sautman and Yan,2008：109)。

中国参与非洲事务的另外一个人力资源的显著特色与人才流失的比较分析相关。非洲专业人士大量流向西方的现象是早已经被证实了的。相比之下,由政府、中国公司或者私有资金送出到中国的大多数非洲学生和培训人员,事实上在4~5年学习之后都回到了非洲。

在长达至少10年的时间里,苏特曼和严海蓉因为对西方媒体和学术界对中国人在非洲的作用的普遍断言提出批判性的质疑而引人注目。我们在这之前已经提到他们对一个广泛传播的断言的分析——中国在对非洲基础设施的建设中使用了因犯(Sautman and Yan,2010)。我们也应该指出,他们还对以下观点作出了批判——中国是新帝国主义和新殖民主义。在他们看来,不管是从历史上看,还是从理论上看,这些论断都毫无根据的(Sautman and Yan,2006)。但是,在论及我们的特别主题——中国的经营团体和人力资源开发时,他们对《人权观察》(HRW)关于在赞比亚的中国矿井中出现劳工虐待现象的报告提出了严厉的批评(Human Rights Watch(HRW),2011)。

首先,我们简单谈谈《人权观察》的报告。我们对赞比亚采矿部门的形势进行了分析,没有试图将赞比亚拿工资的员工放置在更广范围的、在经济上非常活跃的人口里面。因此,与在非正规经济体内大量的赞比亚人(也即大约90%的劳动力)相比,我们没有试图去探讨赞比亚劳动力的规模,也没有试图去探讨这其中矿工的处境问题。诚然,正规部门和非正规部门这样的表述并没有在《人权观察》的报告中出现。我们没有考虑采矿部门有小比例的劳动人口与大多数人口相比明显受到善待的可能性。引用一位中国经理的看法时,这一点除外:

> (法律)真的是"太牢固了"——法律体系的标准稍微有点领先于这个时代……几乎50%的人口是失业的,但是,他们还依然要求这么多的住房津贴、教育津贴和交通津贴。同样地,没有正当理由,不能开除雇员。只有在他们的工作记录是差的时候,他们才可以被开除……在发展的早期需要有一些法律,平等被牺牲了。不平等在发展的任何阶段都是一个事实。他们应该学会接受这个事实(HRW,2011:22—23)。

还有,在所谓的正规部门,还存在着大量的非正规雇佣现象。对于这个事实,我们的考虑是不够的。在许多明显正规的行业里,不仅仅在赞比亚,在全球范围都是如此,都存在着永久性的工人和非正式的工人,他们的福利是根本不同的。在赞比亚的矿产业,当然也是如此。非洲的其他地方也是如此。

在苏特曼和严海蓉对《人权观察》报告作出的回应中,他们只关注在赞比亚的中国人,而不是关注在赞比亚的其他国际矿产运作情况,这明显存在偏见。将中国在一个国家的矿产试图设定为目标,然后将之概括、抽象,并宣称这个报告"开始描画出中国在非洲更广范围的作用"。两位作者这样的方式,从方法学上讲同样是非常不可接受的。[1] 同样地,鉴于在许多矿产地永久性工人和合同工人存在巨大差异,因此,报告中对接受访谈者的身份没有给予足够多的关注。如果接受采访的95位赞比亚人中有相当多的人事实上并非永久性工人的话,那么这就很关键了。[2]

围绕着中国人在非洲以及非洲人在中国的研究网络而展开的对《人权观察》报告进行的广泛而深远的探讨再次充分确定,环绕着一家公司的劳工实践问题需要我们

---

[1] 如果有很多关联死亡事故的南非 Marikana 矿山是中国人拥有的,那么考虑一下国际媒体对此可能会有什么样的反应,这将是非常有趣的。

[2] 《人权观察》报告并没有对接受采访的赞比亚矿山的就业状况进行分类分析。

站在企业的文化和语境、它的传统、它所在国家的参照标准以及该国政府的政策和实践的背景下来加以理解。① 国际劳工标准极有价值，但是这些标准只有在被违反而不是被遵从的情况下才会获得人们更多的尊重。

4.13.1 龙送给非洲技能、技术和能力礼物

从 2006 年到 2012 年，针对我们考察的主题论及中非关系的当然还有很多其他文集，也还有单个作者撰写的专著，但是，他们为了不同的国家和不同的部门挑选出某些主线，跟我们在四本专著中快速浏览时所选定的主线是相同的。② 布劳提根撰写的《龙的礼物：中国在非洲的真实故事》(Brautigam，2009)属于不同的类型。粗看一下，也因为该书标题的缘故，这本书在人们看来似乎是关于中国的对外援助的。确实，该书 11 章中有 7 章明确涉及"援助"的某些方面。但是，该书同样也是讲述中国经济参与非洲之特征的一本书。其他 4 章则直接论述了中国在非洲建设工商企业的现象。该书的优势在于它是基于 30 年的奖学金项目，在 21 世纪初期也能够与援助项目或者 15～20 年之前的行业倡议结合起来。从某种方式上讲，该书(Snow，2008：xix)论述行业的一面是对斯诺在 2008 年所提出问题的一种延伸解答："在非洲的中国企业能否克服自身勉为其难的态度——这种态度显然是普遍存在的，并与以往一样受人愤恨——去雇用当地人员从事管理工作？是否能够克服他们自身的偏好，不再自己做事？"

布劳提根所称的"一个机器人神话"是围绕着中国船运大量中国劳工到非洲这个问题而展开的(Brautigam，2009)。对斯诺提出的问题，她的看法是视情况而定，没有非是即非的答案。它依赖于该公司在该国已经有多长时间，依赖于该国政府有关工作许可的政策，最为重要的是，依赖于是否很容易找到当地的熟练工，同时也依赖于该家公司是否是如我们所讨论过的跨国公司、国有企业，或者是中小型以及微型企业。在使用中国劳工方面，当地的灵活性也表现出巨大差异。这取决于这家公司是否在输送一项引人高度关注的工程，及时完工是否会在政治上产生吸引力。

利用真正熟练的当地劳工问题以及不同的中国和非洲职业道德问题出现在她通

---

① 参阅 2011 年 12 月 19 日《人权观察》的 Wells 写给网络的电子邮件；同时参阅 2011 年 12 月 19 日严海蓉的电子邮件和 2012 年 1 月 10 日苏特曼的邮件。

② 其他书目可能包括：Manji and Marks，2007；Rotberg，2008；Van Dijk，2009；Taylor，2009；Cheru and Obi，2010；Cardenal and Araújo，2013。

篇的描述之中。作为相对高成本的正规部门工人，工厂背景下的当地劳工的生产率在某些国家是个关键问题。严厉的劳工规章制度、永久性雇员与合同工或者临时工之间在工资和福利方面的悬殊差别，在决定使用更多或者更少的当地劳工方面都发挥着各自的作用。

布劳提根本身并不关注这类特定中国公司的劳工实践的争议问题，譬如我们在上面提及的中国在赞比亚的采矿公司。她对这些人力资源事务的先入之见是，这些问题是如何与作为问题的一个方面的中国援助项目的可持续性问题以及作为问题的另外一个方面的非洲工业化的可持续问题这类大得多的问题联系起来的。在回顾了日本对包括中国以及其他东南亚邻国所产生的影响这个至关重要的事例后，对她而言，主要问题是外国的经济团体和少数民族的经济团体在工业化转型中应该发挥怎样的作用（Brautigam，2009：192）。进口技术可以获得、新技术发展成当地公司的可能性或者被"毕业"的雇员执行的可能性、转承包的范围以及创新问题等对于即将深嵌于一个全新国家的这个进程而言都是至关重要的。

换言之，技能和可转让技术的享用对于本土化进程是生死攸关的。当然，某些相似的事情可能会伴随着涉及农业机构或者工业机构发展的援助工程而发生。但是，可持续援助项目派生出的副产品所带来的挑战是巨大的，就如斯诺谈及的坦赞铁路和布劳提根谈及的坦桑尼亚 Urafiki 友谊纺织厂，都再清晰不过地证明了这个问题（Brautigam，2009：197—201）。自相矛盾的是，工业关系、严厉的劳工规章制度和国际标准都能够参加到技能和技术转让的通道上来了，当中国（或者印度）公司正在就利润率、生产率和完成的速度展开竞争时，更是如此。基于达到目标或者完成工作而不是计算时间的中国职业道德在这类竞争性中是至关重要的一个因素，通常出现的情况是，正如我们在非洲劳工研究网络（ALRN）研究中所看到的那样，在持续的艰苦工作，尤其是还存在着日常供电供水等问题的环境里仍然需要持续的艰苦工作的时候，与非洲雇员所渴望的标准之间存在着脱节现象。

我们在这一章中所指出的是，与一天十小时、一周七天这种可能在中国驻非洲的许多公司中才可以找得到的工作现象最为接近的正是诸如肯尼亚、尼日利亚、加纳等非洲国家的某些非正规部门的职业道德。东尼日利亚内维（Nnewi）周边的依博人与他们的亚洲客户（日本人和中国人）之间现存的职业道德的协和作用经由布劳提根的描述，例证了从进口到当地生产的学习与技术转让的可能性。但是，在这个成功现象中，主要的因素是依博人富有活力的经营定位，这明显地与布劳提根所提出的许多事例形成对照。布劳提根的事例中，接受方或者中国公司或中国项目的对手方是在不同的波长里面的。就国际而言，在援助文献中，有一个关于对手方地位这样一个长期存在的问题，他们的地位经常是很低的。也许可以理解的是，某些时候他们甚至并没有被指派到工程里去（Brautigam，2009：159）。另外一方面，西方援助项目也同样对不同种类的当地专家负责。他们通常是从各个行业部抽调到捐助项目中的，他们的薪水至少是他们原本政府薪水的 2～3 倍以上。问题是，他们的专长仅仅在西方捐助国的项目周期里才可以获得，也因此无法对长期的可持续性作出贡献。这就是为什么日本国际协力机构（JICA）试图抵制以这样的方式去寻求专家来源的一个理由。

在私有企业或者国有企业中，情况完全不同。理想的情况是，合资企业应该是共同商业利益的汇集之地，正如内维人有关汽车零部件发展的事例那样。但是，太多的情况是，出于政治原因，譬如说要符合国家的配额要求等，当地雇员是作为经理被指派到外国公司的。布劳提根在对毛里求斯和尼日利亚就技能和技术溢出所做的研究中发现，"在两个国家中，向中国人学习的当地人大多数早已经是企业家了"（Brautigam，2009：224）。

中国的存在和外国直接投资是否能够刺激非洲工业？这个问题是难以概括归纳的。诸如布劳提根对内维和毛里求斯所做的这类研究，我们需要更多的细节研究。这种研究需要在正规部门厂家和小微企业层面展开。但是，他们也需要对政府鼓励的更大范围的投资环境以及布劳提根称之为"非洲署"的重要作用进行细致的说明。我们并不希望得到的仅仅是一套中非企业家之间的合资企业的个别案例研究，我们需要知道的是这些特定的说明是如何受到政府援助、贸易和投资政策以及中方相似部门的影响的。

一个非常好的、但是也是非常简洁的事例可以从布劳提根最近对"埃塞俄比亚与中国的伙伴关系"的探讨中发现。它的副标题是"中国将埃塞俄比亚视为机会地带，而非洲国家依然在任何交易的掌管之下"（Brautigam，2011）。这个说明与许多西方媒体对埃塞俄比亚着重于援助、贫穷和饥荒等报道的差别非常之大。相比之下，正如我们可以从乡村俱乐部计划中看到的，中国和埃塞俄比亚的私营投资和培训具有关键的作用。这个计划使培训成为企业联合发展的一个组成部分。

布劳提根对 2006 年在北京召开的中非合作论坛第三届高峰会议中宣布的部分承诺农业展示中心如何为中国在非洲的私营部门的管理探索一条创新作用进行了富有吸引力的描述。而中国私有企业相似的重要作用可以从她那令人着迷的描述中得以查看。人们承诺，这 14 个机构将成为一些解答非洲古老的发展问题的重要例证：援助项目如何能够真正变得可以持续？同样地，这里主要的决定因素将是非洲署的特点。

4.13.2　另外一个角度——来自中国社会科学院的视角

恰当地说,对在非洲的中国公司的人力资源这方面最后一套的评论来自中国社会科学院西亚和非洲研究所前成员刘海方。她在安哥拉、莫桑比克和乌干达对人力资源展开了野外考察,并以自己对文化理解的强项为基础进行了分析。[①] 有趣的是,她的研究灵感是对中国人和所谓的中国人在安哥拉使用囚犯劳工的一系列质疑引起的。

与布劳提根一样,她并不狭隘地将中国公司看作独立的项目,而是将他们置身于中国移民潮的历史背景之中,置身于中国国家和各省政府正式鼓励企业走向全球的历史背景之中。她与众不同地坦言道,非洲被视为中国"淘金者"最后一个没有发掘的领域,被视为一个获取财富的地方,一个能够赚取比中国国内移民多达6～7倍报酬的地方(Liu,2009:312—317)。刘海方的学术背景导致她对文化表示出关注,她对中国公司的社会融合这样更加宽泛的问题也表现出兴趣,包括一些中国企业和当地妇女通婚等现象都成为她研究的对象。但是,在中国公司和非洲劳工层面,她对社会和文化的兴趣导致她指出,由于沟通和方便之故,中国公司倾向于从主要承包商相同的地方吸引劳工(Liu,2009:317)。同样地,这些强大的相同的文化纽带阻碍了非洲工人,使得他们不愿到离家100千米之外的地方去重建本格拉(Benguela)铁路。就这个倾向的人力资源一面而言,由于劳工的流动性原因,必须不断关注能力建设。因此,它对技术和技能转让提出了一大挑战(Liu,2009:318)。

即便中国公司参与公司社会责任(CSR)的困扰也被描绘成中国在传统上不愿意参与市民社会、不愿意对非政府组织的支持这样一种挑战,很少有中国公司宣称参与公司社会责任的事实,并不意味着没有公司支持学校或者技术培训设施的建设。但是,保持低调、保持谦逊的传统使得这些公司不愿宣称他们为周边社区做了很多(Liu,2009:320)。

对于使用和培训非洲雇员这样一个我们关注的关键问题而言,她认为,该问题很大程度上依赖于特定国家的教育、培训的现状和其他关键的政策措施。但是,她无疑再次重复了未来发展的方向:中国公司必须不断地确保他们遵守所谓的国际最佳实践。这个过程是一种趋势,不可逆转(Liu,2009:322)。

---

① 刘海方已经调离中国社会科学院,现在是北京大学非洲研究中心的成员。

4.14 结 语

人力资源和中国在非洲的企业是一幅巨大的风景,我们只对其中的一部分,诸如坦赞铁路历史上对坦桑尼亚在技能和技术上的影响等进行了详细绘制(Snow,1988;Monson,2009)。中国国有企业、私营公司、未来的企业家和小商人在大多数非洲国家出现的纯粹规模和出乎意料性是如此之特别,以至于迄今任何普通研究工作项目都还不能够公正对待这个问题。随着时间的推移,人们会要求对此进行持续分析,以获悉与在中非公司内政策借用和政策学习相关联的人力资源问题的复杂性。就像政策学习一样,技术能力建设并非一个项目,而是一个过程。与其说它是由中国人为非洲人公司单向输送的某种东西,还不如说它是一种互动,一种随着时间的推移而由无数块部件构成的一种互动。

在印度—肯尼亚技能和技术转让案例中,我们可以透过 30 年的时间,在非正规经济层面将它称为非正规转让过程(King,1995)。我们远没有搞清楚的是,在印度公司的另外一个层面上,即在肯尼亚主要城镇的正规行业内发挥了主要作用的那个层面,到底发生了什么事情。因为在这些行业领域没有肯尼亚的非洲公司的存在而变得引人注目。尽管诸如基库尤人(Kikuyu)这类肯尼亚的某些团体对商业表现出强烈的兴趣,但是,在很多人称之为"缺少的中层"的肯尼亚小中型公司中并没有出现一个学习或者转让的过程。

这种现象在涉及中国时会不同吗?这种现象早已经发生变化。与印度政府在独立之后预备使用的方法相比,中国已经使用了更多互动的方式。仅在 2008 年印非高峰论坛之后的最近四年里,有证据明显表明,印度的主要决策对非洲事务产生了影响,许多印非倡议几乎是拷贝了中国早些年使用过的一些措施。① 相比之下,由中国资助的各类措施包括经济加工区、农业技术展示中心等,它们在任何技能和技术转让过程中都将是关键的。

即便在今后的 10 年时间里,对这个非凡的发展进行概括归纳都是不可能的。由于成千上万的小商人、摊贩和街头销售人员早已经进入到非洲许多城市的主要大街,因此要进行概括归纳就更不可能了。但是,布劳提根对于可能出现的结果,还是提出

---

① 但是,印度已经提出了有待非洲联盟分派的一系列泛非培训机构(King and Palmer,2011)。

了她的看法^①：

> 最终，要取决于非洲政府以有益于他们人民的方式塑造这种邂逅。很多人不会抓住这个机会，但是有些人会……他们（中国人）信奉投资、贸易和技术，将它们视为发展的杠杆。他们在参与非洲事务中也在应用这些相同的工具。这并非出于利他主义，而是因为他们在自己的家乡学会了这些方法。（Brautigam，2009：311）

---

① 对于非洲发展署，顾菁（音）持有相似的态度（Gu，2009：585）："从非洲角度来看，在最后的分析中，中国在非洲的私有投资的发展影响能否被人们有效地认识到依赖于非洲政府和更广范围的决策团体，包括市民社会在内。"

而对于中国的发展署，Cardenal 和 Araújo 是这样强有力地进行刻画的：中国得益于一大批令人惊讶的人们。他们拥有无限的自我献身能力，冒险来到世界各地，怀揣着成功的梦想，去征服难以征服的市场。这种市场，西方人想都没有去想过——如果他们想去征服，那肯定会失败（Cardenal and Araújo，2013：5）。

5 中国的援助和传统的捐助国：趋同还是趋异？

据说，人们的大脑受制于它们生存的群落。因此，人们只有从外部进行观察，才能够对以前的社会提出具有真正建设性的看法。我相信，金教授就是这样一位拥有深刻洞察力的、能够从外部对中国进行观察的人士。从定义上讲，他的建议会在帮助我们为中非合作论坛(FOCAC)第五次部长级会议打下坚实的基础方面提供重要价值。如果这位教授能够告诉我们他是如何看待之前论坛的实施情况的，那将会是美妙的。从他的角度来讲，他是如何看待中非合作前景的？中国是否应该在第五次部长级会议上继续系统阐述和宣布一整套全新的八项措施？中国如若应该这样做，那么，这全新的八项措施适当的重要性又是什么？哪些领域又是我们应该给予更多优先考虑的？（引自中国驻非洲经济商务处办公室与肯尼斯·金的谈话，2011年12月20日）

对于中国在非洲作为发展伙伴所起的作用，许多传统的捐助国的观点是"不合群"；中国并不希望成为捐助国俱乐部的一个成员，或者说不想成为巨大的捐助国工作群体中的一员，抑或成为在国家层面上在非洲建立的捐助国特别工作组的一分子。这被看作是因为中国并不希望自己在非洲呈现捐助国的形象。正如我们在先前的几章中所提及的，中国更愿意将自己看作最大的发展中国家，在自己力所能及的范围内去帮助拥有最多发展中国家的非洲大陆。换言之，其由来已久的姿态就是，它参与的是南南合作(SSC)，而非南北合作。

鉴于中国的重点在于双方的共同利益，而非单向地向非洲提供施舍，因此，中国一直以来几乎不在国家层面上参与到其他捐助国或者发展伙伴的队伍中去，这并不让人感到惊讶。在我们所做的国家案例研究中，中国从来都没有参与到教育捐助国协调组（肯尼亚）或者教育技术工作组（埃塞俄比亚）中，也没有在更加笼统的层面上（埃塞俄比亚）参与到发展援助组中去。而发展援助组在埃塞俄比亚的成员不少于26

个。有趣的是,我们发现,土耳其国际合作署和印度大使馆作为非发展援助组的代表参与其中,而中国则没有。① 在埃塞俄比亚,中国作为 10 个国家之一应邀参加技术工作组,也应邀参加 4 个多国捐助项目以及总体的发展援助组,但是,迄今为止中国尚没有接受邀请,几乎可以肯定主要原因是中国极不情愿将自己看作是由国际经合组织捐助国组成的俱乐部中的一分子。但是,仔细考虑一下,问题肯定是因为中国大使馆在两个部门②所表现出来的绝对的匮乏,也即缺少教育、HIV/艾滋病、治理、营养、性别平等方面的专家型特长人才,而这些专家团队只是埃塞俄比亚捐助国团体中 15 个专家团队或项目中的 5 个方面。在这方面,中国与日本非常相似。日本在传统上也主要依赖于通才,这些通才每三年或者四年在各自的使馆或者发展署——日本国际协力机构(JICA)——中进行人员流动。③ 在日本国际协力机构中的这类通才在参加教育类工作组时,会发现自己处于极端被动的状态,因为其他发展合作伙伴的参与者都是专家(King and McGrath,2004)。④ 人们会记得,中国在整个非洲就只有两名教育参赞,而这两名参赞最初受命进行的工作也根本没有与教育援助相关联,而是因为在南非和埃及存有大量的中国留学生。这与在非洲拥有不少于 25 名教育类工作人员的 DFID 构成了对照。

这一章中的问题涉及中国的援助或者发展援助的特色,当然,尤其是在教育和培训领域的特色问题。这些特色与传统的西方捐助国的方法有何真正的差别? 尤其是与西方捐助国几十年前的捐赠方式有何差别? 中国和西方对援助背后所作的假定有何差别? 西方所兴起的援助有效性的讨论,尤其是 2005 年《巴黎宣言》之后,对中国在援助的态度上是否产生了影响?

另外,有无证据表明中国和西方的双边机构和多边机构存在某种不断增加的汇聚点? 中国有无兴趣向西方国家学习? 与此同时,在中国是否也有人期望西方向中国学习?

在本章开头,我们引用了中国商务部驻非洲商务处办公室人士的话语。2011 年 12 月,当我被问及对中非合作论坛的看法以及对即将到来的 2012 年 7 月中非合作论坛部

---

① http://www.dagethiopia.org/index.php? option = com_content&view = article&id = 26&Itemid=9.

② 在许多非洲国家,中国既有大使馆,也有商务处办公室。

③ 要了解中国和日本对外援助更多的相似性,请参阅(King,2007)。

④ 请重点参阅该文献第 7 章:日本对外援助的政策和实践:经验、专家和知识(King and McGrath,2004:130—154)。

长级会议优先考虑的问题的看法时，我感到很惊讶。自此以后，我开始着手研究2006年早期中国对非洲的援助。中国学者、政策制定者和位于北京的发展署的负责人告诉我："要进中国商务部的援外司①，想都别想了。你不会成功的。"

现在，在2011年，突然之间，一切都看似要发生某种变化。2011年4月，中国国务院首次发表了《中国的对外援助》白皮书（China,2011）。有关白皮书我们会在后面进行深入的考察。但是，这些年来，有一系列的合作都涉及双边发展署、多边发展署和中国政府的各个部委，这其中也包括中国商务部。

要了解中国的援助政策和西方捐助国的援助政策之间不断增加的汇聚点，我们在考虑证据之前（如果真有证据存在的话）需要更加清晰地明白，中国的援助和许多西方捐助国的援助之间存在着巨大的差异。我们对于这种差异的关注也将继续表现在中国对非洲的人力资源战略的内涵方面。

5.1　中国对非洲援助的特点和差异

5.1.1　文化传统

在中国的传统里也许深藏着某些与赠予和接受相关的文化特点，而这些特点在谈及发展援助时是值得承认的。譬如，有个可以追溯到公元前几百年的有关"不食嗟来之食"的著名故事。《礼记》中也有相似的不食嗟来之食的故事（Tan,1989）。如果引用那个正在挨饿的男子所讲的话，它强调的是"我不食嗟来之食，我不愿接受你带有羞辱性的怜悯"。宁愿挨饿而保持尊严的这种理念由如下的事实得到解释："在以前艰苦的岁月里，中国人民宁愿更加勤奋地工作也不愿意接受他人的援助或者捐赠，譬如在毛泽东时代。如果你并非朋友，在提供帮助时没有做出适当的尊重，我们是不会接受的。我们宁愿为尊严而死。"②相似的但是更加著名的人力资源管理的谚语"授人以鱼只救一时之急"也能够适用于中国在对外援助方面所表现出来的矛盾现象。③ 比之

---

①　此司在中国商务部的网页上被称为"对外援助司"（Department of Aid to Foreign Countries）。http://yws2.mofcom.gov.cn/。本书中会交替使用。（事实上，中国商务部援外司的英文已经更改为Department of Foreign Assistance。——译者注）

②　我感谢张忠文（音）（Zhang Zhongwen）为我提供有关拒绝施舍的内容（张仲文与肯尼斯·金的谈话，2012年2月29日）。

③　参阅泰勒（Taylor,2007）"'授人以鱼'和对外援助"。我非常感谢袁婷婷（Yuan Tingting,音）为我提供这个引文。

于"授人以渔则可解一生之需"这种可持续的、长期有效的"授人以渔"的方法，"授人以鱼"的方法也可以被认为是将援助看作施舍从而成为受到人们批判的原因。避免慈善和施舍（参阅下面的"单方面的赐予"）以及尊重另外一方的独立性等极为重要的理念，是周恩来于1964年宣布的《中国政府对外援助八项原则》中最为重要的两个原则：

> 1. 中国政府一贯根据平等互利的原则对外提供援助，从来不把这种援助看作是单方面的赐予，而认为援助是相互的。
>
> 2. 在提供对外援助的时候，严格遵守受援国的主权，绝不附带任何条件，绝不要求任何特权。(China,2000)

有关发展援助的方法所依赖的这些文化基础，也许可解释为何中国在公开宣称自己从事支援发展中国家事业时显得内敛。中国也许已经成为世界上第二大经济体，但是根据世界银行的统计，其人均收入在全球范围内依然排世界第99位（Work Bank and China,2012：64）。作为发展中国家，中国也许仍然没有改变其身份，这个至关重要的事实以及在中国的农村和城市里一直存在上百万贫穷人口的现象，可解释为何中国在有关为非洲提供援助的方面缺少丰富的数据。一位学者曾经评论道：

> 事实上，中国的人均GDP比之于许多非洲国家要更低。事实也是，中国的许多农村地区拥有大量的贫穷人口，即便大城市如北京和上海的郊区也是如此。许多中国人并不理解，在中国自己并不富裕的时候，政府为何还要援助其他国家。这也是为何对外援助在中国是一个敏感的话题的缘故。大多数非洲政府更愿意双边援助，而非多边援助，而中国政府则尊重非洲国家的选择。（中国社会科学院学者与肯尼斯·金的谈话，2012年2月1日）。

5.1.2 向中国自身的发展历史学习？

我们在第1章中提出，亚洲国家对他们的发展援助进行解释的一大特点是，学习他们自身成功的发展经验，并渴望传授给他人。这种解释显然适用于日本和韩国，而且这样的主张绝非陈旧的历史。这种解释今天依然可以在韩国海外国际合作署（KOICA）和日本国际协力机构（JICA）相应的网站上找到。韩国海外国际合作署的使命声明中是这样直接表达的：

> 特别是，韩国拥有从世界上最贫穷的国家发展为经济最发达的国家之一的独特的发展经验，其证明是，韩国于 2009 年 11 月 25 日加入了世界经济合作组织发展援助委员会（OECD/DAC）。韩国从这种转型中所获得的技术和经验是无价的，这使得韩国海外国际合作署（KOICA）能够有效地援助伙伴国家，使之进行可持续的社会经济发展，并为他们作出奉献，以期盼更加美好的世界。①

同样地，日本也经常关注它自身自 1868 年开始的明治维新时期以及第二次世界大战之后从其他国家所学习到的内容。② 19 世纪期间日本的现代化以及 1945 年之后复苏等的经验，包括了日本明治维新时期作为对外来专业知识的接受以及二战之后大量接受外部援助的理解等各个方面。最能够将西方的技术与援助和日本的价值观达成最佳平衡的日本原则是和魂洋才（Wakon Yosai）——日本的精神和西方的知识（Sawamura，2002：343）。这些核心价值观包括努力工作、承担义务以及对可优先引入日本的事物的明辨能力。这一系列态度是日本强调所有权和自力更生的核心内容（King and McGrath，2004：158—159）。值得注意的是，日本从自己的历史经验出发，赋予了发展进程中的教育至关重要的地位：

> JICA 相信，教育居于所有发展问题的核心位置。这种看法根植于日本自身的经验，。日本认识到教育作为发展的基础的重要性，通过教育来提高人们的能力进而加速科学、技术和工业的发展，在 19 世纪中叶现代化的进程中尤其如此。通过这个进程，日本借由保证全民接受教育的同等权利，为日本创造了一个公平的社会。基于日本自身的经验，JICA 愿意支持发展中国家加强教育体系和教育机构的建设，开发人类资源，拓展人际网络关系，以推动社会和经济发展。（JICA，2012：2）

然而，中国的解释则是不同的。一方面，它并不相信自己国家已经成功转型，也

---

① http://www.koica.go.kr/english/koica/mission/index.html.
② "日本将支持发展中国家的可持续发展，与之共享战后重建和发展的经验、日本的专业知识、技术和体系。"（JICA，2012：21）

不相信全国人民都已经脱贫。因此，它不断老调重弹中国依然是一个发展中国家。因此，其侧重点并不在于非洲发展中的经济能够向中国学习什么，而是强调中非之间能够互相学习什么，而这一点绝对是中国对非政策的核心要点：

> 相互学习，共谋发展。相互学习借鉴治国理政和发展的经验，加强科教文卫领域的交流合作，支持非洲国家加强能力建设，共同探索可持续发展之路。（China，2006：3）

中国并非以韩国和日本那样的方式，期望发展中国家向中国学习，而是强调中国和非洲面临着共同的挑战，也因此根本谈不上单向的学习过程：

> 中非友谊源远流长，基础坚实。中非有着相似的历史遭遇，在争取民族解放的斗争中始终相互同情、相互支持，结下了深厚的友谊。（China，2006：2）

换言之，中国更加强调中非之间被占领和被入侵的共同经历，而非强调发展中国家直接向中国学习之事。中国国际扶贫中心（IPRCC）也是如此，该中心的使命声明并没有提及从中国学习如何减贫的可能性，而是提出了如何在根除贫穷中进行世界范围的合作。[①] 因此，如果说中国与其他捐助国有何差别的话，那么，中国在这方面不仅与西方捐助国存有差异，也与亚洲的两个 DAC 捐助国存有差异——他们当然强调其他国家从他们的发展经验中可学习的范围。构成对照的是，正如我们在第 1 章中所指出的，中国依然是一个发展中国家，面临许多挑战，其中最突出的是低人均收入和大量的贫困人口（China，2011a：1）。更何况，即便存在非常引人注目的变化，如减贫或者九年制全民义务教育等现象，人们依然对"中国模式"这样的主张表现出极大的疑虑。如果说存在什么看法的话，那就是人们更加愿意认为，中国的进步没有直接照搬其他国家的模式，而是走了一条适合于自己国情的独特的发展道路。

尽管在其他发展中国家如何向中国学习的途径方面存在这类谦逊，但是，显然还有这样的问题，即中国为何在 2013—2015 年间要资助 3 万名非洲人员到中国接受短期培训和进行访问。正如我们在第 2 章中简单提及的，一方面，接受培训的人员会有

---

① 参阅 http://www.iprcc.org。

机会接触众多的专业课程，包括技术教育和培训、职业教育和培训以及大学领导力等课程；此外，也包括各类高产水稻课程、经营微小企业等课程。课程侧重讲解中国如何安排多达几百种的这类专业领域；但是，他们根本没有试图去批判性地分析非洲本身在这些专题领域内的长处和缺点。他们也并不推销"中国模式"。这更多地像是在说："在中国我们是这样做的。来看看可以从中学到什么。"这样的一种方法，即并不销售一种特定的模式，当然是深嵌于中国对外援助的话语表述之中：

> 中国坚持和平共处五项原则，尊重各受援国自主选择发展道路和模式的权利，相信各国能够探索出适合本国国情的发展道路。(China，2011a：3—4)

令人感兴趣的是，有关《中国的对外援助》白皮书中所表述的清晰立场，在中国商务部对外援助司的网站上，根本没有涉及 2011 年《中国的对外援助》白皮书讨论的相对应的东西，不管是中文版还是英文版的网页都是如此。确实，在该网站的英文网页上，除了有关对外援助司功能描述的几行文字外，根本没有其他任何的文字说明，而该网站的中文版网页也仅仅罗列了该司的八项功能。鉴于短期培训课程的重要性和绝对规模，网站上没有公开罗列出提供培训课程的中国高校或者研究机构的所在地，这似乎是令人惊讶的。而在由政府提供大规模课程的印度，正如我们在第 2 章中所提及的，相应的内容则是可以找得到的。

对此，有关方面的解释是，目前，来自哪所高校或者哪个部委的人员去中国参加培训，是由中国驻非洲的经济和商务处办公室与非洲相关政府负责能力建设和职员发展的部门双边决定的。向各个国家公开申请的整个程序会使得遴选任务极大地复杂化。

我们已经对中国援助是否明确地反映了其自身的发展历史进行了考察，也论及了接受中国援助的伙伴如何从中国的经验中进行学习的问题。我们发现，不同于韩国和日本，中国不会公开提及其成功的转型历史，而是采取一种完全不同的方法，强调中国和其他发展中国家如何能够相互学习。[①] 但是，在这里我们需要对一个显而易见的矛盾现象作出解释。如果相互学习确实位于中国发展援助的核心地位，那么，中国为何在最近的十年或者更多的时间里花费那么大的力气将非洲人和其他发展中

①　2011 中国-DAC 研究组(2011 China-DAC Study Group)的报告似乎会与这个构成矛盾。其标题是"经济转型与减贫：中国是如何发生的，如何帮助非洲"，表明要学习中国的发展经验。中国-DAC 研究组不能被看作是这个问题上的中方态度。

国家的专业人士带到中国来？这是不是意味着，学习是一个单向的途径？或者用尼日利亚国际问题研究所所长的话来说，"（中国和非洲之间的）关系对双方来讲确实是战略性的和互利的，还是明显地一边倒的"（Eze,2009：24）。

5.1.3 "中国并不'从事'专业对外援助"[①]

在这几章里，我们经常将中国的对外援助意指为人力资源开发，或者意指教育和培训。而这种讲法会给人这样的印象：在中国有一个专门的机构负责这种援助，正如在英国、瑞典、日本和韩国一样。同样地，人们经常讲，中国的援助以极快的速度和极高的效率发生着、投放着。而这又会给人以这样的印象：存在着一个高效率的行政机构。但是，中国对外援助活动的效率和速度似乎有可能并非依赖于一个中央集权的对外援助机构，而是依赖于一系列某种程度上无组织的责任体。

如此，即便在教育和培训的援助之中，正如在第1章中所简单提及的，中国对非洲的长期奖学金制度是在中国留学基金委（CSC）的指导下，也是在中国驻非洲大使馆的层面上展开的。这些事务也是由这些大使馆的主要政治部门来管理的。形成对照的是，数量要大得多的短期培训奖学金是直属于中国商务部的。但是，成百上千的培训课程的人员招收则被转移到中国驻各个非洲国家的大使馆的经济和经济商务处办公室。到非洲去的中国志愿者也是由经济和经济商务处办公室来管理的。

当以中非合作论坛（FOCAC）为标志，谈及在许多非洲国家建立中非学校的时候，毫无疑问，中国的教育部和商务部会就学校的分布进行协调。但是，建设的合同则是由中国商务部管理的。同样地，一干合格的中国承包商的选择也是由商务部进行遴选的。

中国也偶尔为建设高等教育机构提供援助，诸如位于亚的斯亚贝巴的埃塞—中国职业技术学院。这里，建设和签署合同再次完全由中国商务部管理。但是，当涉及为高校的启动阶段配备员工和进行管理时，中国商务部会求助于中国教育部，而中国教育部则会留意是否有能在中非之间建立合作的高校来承担这个配备员工的挑战。

尽管在职责上有这样的分工，但是，我们不太严谨地认为中国对非人力资源开发援助的这些方面似乎运转得很顺利。也许，人们应该记得，与几个西方捐助国同时存在的，还有这些国家对发展中国家人力资源开发援助责任的一些分裂问题。由此，德

---

① 二级标题来自于（Yuan,2011b：8）。

国绝大部分长期奖学金的援助是由德意志学术交流中心（DAAD）来组织的，而绝大多数的短期培训现在则是由德国国际合作机构（GIZ）援助的。① 英国也有类似的现象。在英国，即便是长期奖学金也是与几个不同的援助机构相结合的。

但是，当袁（音）说"中国并不'从事'专业对外援助"时，她的意思应该不仅指他们没有独立的、专业化的发展署，她还认为，中国与西方的根本差别在于，中国拥有一个有别于西方国家的援助发展项目的资金筹措的途径和评价方法。

由此，上述提及的所有人力资源开发的花费，都是由中国来支付。譬如，在沙姆沙伊赫召开的第四届中非发展论坛上，中方所许诺的 2 万名短期培训奖学金并没有转移到非洲联盟那里，也没有转移到各个接受援助的国家。之前，我们早就提到了印度的实践。2008 年和 2011 年的印非高峰会议之后，印度就将执行权直接移交给了非洲联盟。

至于在第四届中非发展论坛上中国承诺的中非友好学校或者在第三届中非发展论坛中国所许诺的医院建设，援助基金并没有移交给非洲当地的教育部或者卫生部，这被某些西方捐助国称为部门预算援助。但是，用中国驻坦桑尼亚大使的话来说，这个基金依然掌握在中国手里：

> 关于我们的对外援助项目，其优势是我们能够控制整个过程，诸如建设国家体育馆、医院或者学校。坦桑尼亚不需要非得控制这些资金，因此，我们可以很有效地使用这些预算。我们说我们贡献了 1000 万元人民币，但是钱在中国商务部那里。我们有自己的建设工程队，我们提供给坦桑尼亚的是成品。通常情况下，我们的建设速度对于坦桑尼亚人而言是惊人的。另外一方面，与其他西方的工程队相比，我们的劳动成本较低。（摘自刘（大使），转引自（Yuan，2011：12））

人们已经认可这种中国式的完全控制基础设施和建设项目的经费筹措体系，因为这样可以避免这些基金在转换成预算或者转移到当地合同方时产生"渗漏"。由此，在一场关于中国的对外援助经费筹措是如何成功地"绕过腐败"的讨论中，人们认为中国的方法有几个明显的好处：

---

① 参阅（Wagenfeld and Jung，2011）。

但是，北京并没有仅仅输送金钱，而让乌干达官员去把事情办完。它是由中国工人修建的。援助的监管人员称赞其为一种可以打败与其他对外援助输送系统相关联的不胜任和现金——钱包腐败的模式。（Muhumuza，2012）

有趣的是，作为例证的中国捆绑式对外援助的这种方式，原先曾受到人们的批判，而今正获得人们的认可。① 譬如，斯坦陵布什大学（Stellenbosch University）中国研究中心主任斯文·格里姆（Sven Grimm）曾经专门对这种方式作过评论，"中国模式更加有效，这样不会有腐败的倾向"（Muhumuza，2012）。

值得注意的是，涉及所谓的一般预算援助和部门预算援助的新援助方式的一些西方捐助国，因为发现难以向其选民展示有哪些确切的"价值交换金钱"②能够归咎于他们的对外援助，因此，他们也重新承认中国也许做得对。《世界银行和中国2030年》的联合报告颂扬"中国的（援助）政策在某些方面对受援国是有益的"，而且中国经济援助项目为发展中国家提供了现实的利益。在某些方面它是通过一种比世界经济与合作组织成员国的项目要优越的机制而予以提供的（World Bank & China，2012：440，442）。

通过直接提供资金而交付完成的全承包项目，对于在正常的援助工程或者援助项目程序中流到非洲各个接受资助的部委的费用，中国当然是在力图避免进行监测和评估时出现的复杂情况和交易成本。经由双方同意的发放援助基金的"目标"和"启动装置"（系一种新型的条件限制，也可以是高度冲突的）这一整个晦涩难懂的建筑就这样被中国给避免掉了。③ 更加笼统地讲，为了符合"使用国家公共资金管理体系"、"使用国家采购体系"以及旨在"通过避免类似的实施结构来加强能力"等多个目

---

① 这并不是说中国援助的透明度和捆绑式援助的特色没有在非洲遭受批评。由中国提供给非洲联盟（AU）总部的那引人注目的1.24亿美元"赠送给非洲的礼品"吸引了一些反面的评论，"在2012年，作为非洲联盟总部象征的一座大楼由一个外国——这个国家是哪个国家并不重要——来设计、建造和维护，这对非洲联盟而言是一种侮辱，对每个非洲人而言也是如此"（Ezeanya，2012）。

② 要了解发展援助中"价值交换金钱"的成见是如何兴起的，请参阅2012年4月出版的 *NORRAG News* 第47期。2009年，通过预算援助而造成援助经费更加惊人的损失的一个事例在肯尼亚被曝光。人们发现，用于资助普及基础教育的多达8000万英镑的基金因为腐败而失踪（http://www. ugandacorrespondent. com/articles/2011/06/britain-asks-kenya-to-pay-back-80m-'stolen'-upe-money/）。

③ 要了解加纳是如何运作多元捐赠预算支援程序的，请参阅（King，2011d：659）。

标，中国通过为非洲直接提供资金这样一种偏好使得自己能够置身于《巴黎宣言》的世界之外(OECD,2005:19)。

即便人们广泛地认为，中国通过在釜山参加第四届援助有效性高层论坛①而最终加入了援助有效性议程的一般捐助国框架，但是，我们还是应该记住，《釜山有效发展合作伙伴关系》很关键地承认了"适用于南南合作的本质、方法和责任是与适用于南北合作的本质、方法和责任不相同的"(HLF4,2011:1)。况且，尽管 OECD 组织者和东道主韩国有意提出釜山应该将如中国、印度、巴西、南非以及一些石油经济体等非 DAC 捐助国带入到捐助国俱乐部，但是，"结果文件"在其首页小心谨慎地承认，"在釜山的结果文件中所同意的原则、承诺和行动将以自愿为基础成为南南合作伙伴的参照"。

在我们结束有关中国并不从事"专业援助"话题之前，需要回头谈谈（中国商务部）对外援助司的作用。正如我们在第1章所提及的，在该司的英文网站上几乎没有任何材料，而该网站的中文页面当中的一个主要内容仅仅是罗列了该司的八项功能。那里没有人们通常在 JICA、KOICA、DFID 等机构所发现的有关中国对外援助的使命或者愿景等一般表述，也没有与 2011 年《中国的对外援助》白皮书相联系的内容，没有由周恩来在 1964 年宣布的、具有重大历史意义的《中国政府对外援助八项原则》。

除了与该司网站中文网页有限的链接之外，一个普遍存在的现象是，与位于北京的商务部对外援助司的人员进行接触或者访谈是非常困难的。即便是长期从事中非研究的外国学者也承认，他们没有单独与该司人员接触的机会。相似地，最近两年里，有两份撰写中国援助的某些方面的博士论文，这两位博士生本书作者都认识。第一份博士论文论及的是中国对坦桑尼亚的教育援助，而这份论文是在没有与中国商务部对外援助司或者位于达累斯萨拉姆的中国大使馆经济和经济商务处办公室相关人员进行任何采访的情况下就完成了写作。② 2013 年即将有一份更加笼统的、更加理论化的涉及中国对外援助的博士论文完成，这份论文的情况也差不多，作者也根本没有去采访（中国商务部）对外援助司。③ 但是，回忆一下我们早先所作的评论，如果要满足获取更多通道的需求，那么，人员可能会是极为短缺的；同样地，语言技能也相当缺乏。

① 参阅(Birdsall,2011)。

② 参见(Yuan,2011a)。

③ 参见(Varrall,2012)。

当然,与相关的中国学者进行接触是否会容易些,知道这一点将是令人感兴趣的。同样地,如果能够了解 2010—2013 年间是否会产生巨大的变化,那将是很有价值的。我们会在本章的后面讨论这些问题。

5.1.4 一套不同的部门工作重点？

中国在援助上除了在机构组织上与独立的发展署存有不同、在资金筹措的安排上与发展署将资金以各种方式直接转到接受方的政府这种方式存有不同之外,还在部门的工作重点上存在某些巨大的差异。

在 2006 年出版的《中国对非政策文件》只有四个部分,但每部分都涵盖了很广的领域,分别是政治领域、经济领域、教科文卫和社会领域以及和平与安全领域。经济领域涉及不少于十项不同的方面,还有人力资源合作十个不同的方面。文件在介绍合作的四个主要领域时,申明其目的是为了"推进中国和非洲的全面合作"。诚然,"合作"确实是贯穿于这个短小文件的一根红线,强调双方可以在众多领域开展合作。①

《中国的对外援助》白皮书再次挑选出了不同的部门,尽管白皮书的文本适用于所有接受中国援助的发展中国家,而不仅仅是非洲国家,但是,人们有可能获得这样一种印象,即白皮书强调的是不同部门中的合作规模。在这个文件中,涉及讨论的主要部门不少于七个,它们是：农业、工业、经济基础设施、公共设施、教育、医疗和公共卫生以及清洁能源。在这个目录中,更多的是对重点内容作出倾向性的解释,"提高接受国的工业生产率和农业生产率,为他们的经济和社会发展打下扎实的基础"(China,2011a：12)。有趣的是,白皮书不像《中国对非政策文件》,文中确实出现了"贫困"的字眼。但是,这个字眼一度指的是中国自身,指的是全球的减贫,而作为中国援助的工作重点仅仅就这一次,当然还包括农业和农村的发展。当然,这样的特色还远没有西方捐赠机构的许多政策文件那样明显。

尽管这七个部门的许多方面被人们用定量的术语说成是重要的优先内容,但是,值得指出的是,截至 2009 年的一段时间里,不少于 61% 的中国优惠贷款被用于经济基础设施建设,16.1% 用于工业,8.9% 用于能源和资源开发。中国很明显地强调"经济基础设施建设永远是中国援助的一个重要组成部分"(China,2011a：13)。用基础设施建设来鼓励接受援助的国家逐步建立他们"自我发展的能力"这样一种支配性的

---

① 我们从前面的章节中回顾一下,"合作"在仅 11 页的《中国对非政策文件》中就被提及了不少于 78 次。

作用，对于中国而言并不是独特的。或许，与其他双边发展署相比，中国的邻居日本在更大程度上也是将经济和社会基础设施建设看作"发展中国家经济增长和持续减贫的一项不可或缺的条件"（JBIC，2005：6）。

但是，与两个主要的亚洲国家仅仅将基础设施建设作为工作重点这个相似性进行比较的话，它们的趋同性更加接近。自改革开放以来，中国借助于 1978 年起签署的日中长期贸易协定，五个五年贷款协议获得通过。在长达 27 年的时间里，通过 OECF/JBIC，给中国提供了 280 亿美元，覆盖了所有的省份和各个部门。人们判断，根据北野（Kitano）的测算，这个过程对中国在五个方面产生了积极影响，"基础设施的瓶颈问题、区域发展、减贫、提供先进技术和组织框架的转移等都得到缓解"（Kitano，2003：467）。中国最先获得了日本的援助，然后又获得了其他捐助国的援助，因此在经济和社会基础设施发展中投入了大量的资金。中国作为接受国将基础设施作为自身优先发展的领域，然后将这个重点转移到自己的援助政策中，这是很自然的。

尽管我们在本章前面提到，中国并没有参照日本和韩国那样，强调其他发展中国家能够从中国成功的发展经验中学到什么，但是，当我们对基础设施在发展中的作用进行评价的时候，中国就成了一个例外。其进出口银行声称，在 2006 年，他们的行动"由发展中国家通过转让中国在经济发展中获得的经验和技术"而提高了（发展中国家）的"发展成就"（ExIm Bank，2006）。① 确实，布罗蒂格姆（Brautigam，2009：24）就曾辩论道，中国的对外援助和对发展中国家的经济支持异乎寻常地利用了日本早期对中国的商业参与方式："在今日之非洲，中国正在重复其开始转向市场经济时向日本和西方国家学来的许多实践和理念"。

就基础设施而言，在中国自己的对外援助政策上向日本学习被证明是有影响力的，但是，我们还是要简单地指出，中国和日本发展署之间正在协商新的约定。对于其他部门而言，中国和其他捐助国之间存在更多的依然是差异。

譬如，以教育为例，中国强调这样的事实，即"它一直非常重视对发展中国家的教育援助"（China，2011a：14）。当然，这对于许多其他国家的发展署而言也是如此。但是，在这方面已经没有什么相似的了。许多发展署支持教育是与两个教育的千年发展目标（普及基础教育和性别公平）相联系的，但是，很少有国家在教育投资方面超越英国的 DFID：

---

① 要了解详细说明日本与中国之间的相似性以及日本在中国自身的发展中所起的作用，请参阅（King，2007）。

教育是我们所做的一切事务中最为根本的。它是战胜贫穷的根本，也是我们为全球的繁荣和我们世界的未来所做的最大的投资。教育可以改变国家，改变社会。[①]

这并不意味着 DFID 根本不关注经济增长的作用。事实上，就像刚才在论及教育时那样，在与繁荣有关的经济增长方面，它也提出了同样的主张，"经济增长是发展中国家增加收入和减少贫困的最重要的方式"。[②] 但是，中国和英国之间的差异在于，当涉及教育援助时，中国在最大程度上提供自己的资源、专家、志愿者和教师，并将外国学生或被培训者送到中国高校与中国人进行实际接触。温家宝在 2010 年联合国阐明这个目标的重要性时承诺，直到 2015 年这五年间，中国会接收不少于 8 万名培训人员到中国接受培训。换言之，到中国来实际接触是最为重要的。但是，与此同时，那些预期到中国来接受培训的人员的层次在中国与英国的对外援助之间具有根本性的差异。中国的人力资源目标，用温家宝的话来讲，是针对"各类管理和技术人才"和"在职人员硕士学历教育"，旨在逐步汇聚"比黄金更为珍贵的人力资源"（Wen，2010：6）。

DFID 的目标则是，到相同时间段（2015 年），将完全融入发展中国家，但根本没有谈到将培训者带到英国去实地了解接触英国一事。更何况，DFID 所设定的大多数目标（1100 万人次）是在基础教育层面。到 2015 年，我们将：

● 支持 900 万名小学儿童；
● 200 万名初中儿童，其中至少一半是女童；
● 培训教师人数超过 190000 人，改善教育质量和孩子的学习质量。[③]

中国强调的是自己的专家的作用，诸如温家宝所承诺的 3000 名医疗专家、3000 名农业专家，以及至 2009 年已经送到国外的 10000 名中国教师。而这种强调与日本在将技术转化为行动的过程中所倚重的日本的长短期专家的关键作用产生了共鸣（King，2004：155—195）。

---

① http://www.dfid.gov.uk/What-we-do/Key-Issues/Education.
② http://www.dfid.gov.uk/What-we-do/Key-Issues/Economic-growth-and-the-private-sector/.
③ http://www.dfid.gov.uk/What-we-do/Key-Issues/Education/.

人们有时甚至在说，犹如在对外援助史中所表现的那样，跟援助相关的诸如使用自己的人员、大学和公司等的有关当今中国正在从事的对外援助，是其他更加发达的国家几十年前在做的（World Bank and China，2012：397）。某种程度上，这也许是对的。如果我们快速看一下 DFID 的前身，即海外发展管理局（ODA）20 年前所从事的教育领域的事务，就可以联想到中国现今着重关注的在中国的培训和在海外使用自己的人员的情况。ODA 在 20 世纪 90 年代的任何一个时间段里，在英国培训 24000 名海外学生时所花掉的费用不少于 1.27 亿英镑。但是，贯穿于整个英国在海外教育援助上所从事的报告是基于大学、学院和理工学院的"英国资源"的支撑性作用（ODA，1990：24，18）。

然而，有关这个特定的对外援助史也存在一个问题。英国也许极大地改变了对外援助的方向、砍掉了它的培训预算，也停止了自己用于短期培训的 15～20 个专业部门，但是，日本没有这样做，西方捐助国中德国也没有这样做。德国依然每年支援大量的长期培训人员（67000 人），而德国国际合作署（GIZ）的援助也不少于55000 人。[①]

如此，日本和中国都非常强调自己专家的作用，强调大量的海外培训和教育援助的民间特点，将这些看作一个阶段的想法并不必然是合适的。在几十年里，这些方法对于这两个国家而言都是至关重要的，而且也没有迹象表明它们发生了任何变化。

5.2　援助数据和透明度

缺少数据、难以了解结果，这已经成为援助工作遭受人们提出某些严厉批判的领域。我们在前面的一些章节中已经讨论论过，像中国这样自身还拥有成千上万非常贫困人口的国家为何不愿意公布大量数据来说明自己为非洲国家无偿提供支援的一些原因。鉴于中国非常强调双边关系，也许，有关中国向一个国家所提供的内容相对于向另外一个邻国所提供的支援，确实有很多理由不去公布大量的信息。

我们暂时撇开这些原因，发现还是有人对中国援助数据的透明度进行了有价值的探索。格林姆等（Grimm, et al.，2011）所著的《中国对外援助的透明度》一书令人特别感兴趣，当然，有些内容也包括布劳提根所著的《龙的礼物》（Brautigam，2009）的某些段落。[②] 在这两本书中，布劳提根对人们需要更大透明度而存在的挑战以及这

---

①　请进一步参阅（*NORRAG News* 45，2011）。

②　请特别参阅《龙的礼物》（Brantigam，2009）第 165 页。

背后的逻辑依据进行了深刻思考。然而，当捐赠团体依然充斥着基于证据的政策、冲击评估和最为重要的"用金钱交换价值"的讨论这样一个时期之时①，对中国援助的人力资源这个方面我们到底能够了解多少，对此进行简单的评估应该是有效的。我们会相应地看看几个主要的人力资源开发模式的数据状况。

5.2.1　孔子学院(CIs)

我们在第 2 章中提到，对于孔子学院的援助状况打有一个问号，原因是，虽然孔子学院坐落于北美或者欧洲的 OECD 国家的大学里，但是，所有孔子学院都从位于北京的孔子学院总部接受援助。而有关坐落于东道主大学的各个孔子学院，都有很多信息渠道。大多数孔子学院都有自己的网页，或者他们在大学网页内部有一定的身份。

每个孔子学院也在孔子学院总部网页上有相关的内容。这样，非洲的孔子学院以国家分类可进入相关的网站(http://english.hanban.org/node_10971.htm)。在孔子学院总部的网站上，各个孔子学院所提供的最新信息存在巨大差异。但是，有关建院历史，孔子学院参照中国的强烈爱好，通常有孔子学院什么时候举行开幕式、由谁参加剪彩等确切信息。因此，位于内罗毕大学的孔子学院是 2005 年 12 月 19 日由中国和肯尼亚教育部长剪彩启用的。孔子学院联合领导的重要性是由中方院长和该国院长的名字并列得以说明的。诸如课程、活动、文化事件、比赛、中国周等大量细节都可以从网页上获取。

与中国商务部对外援助司相对匮乏的有关工程和项目的人力资源信息相比，孔子学院总部的网站则对这个全球范围项目的各个方面都提供了丰富的信息，如师资、志愿者、资源、奖学金、交流、媒体报道和出版物。自 2009 年 3 月起，还出版了 22 期的《孔子学院》，就有关孔子学院在世界上许多不同的发展状况出版了 100 页的最新报道。这个出版物原先只用中文和英文，现在每期都已有不少于 7 种语言的版本。

除了由孔子学院总部在北京举办的孔子学院年会之外，每年还有地区会议，譬如在非洲地区举行年会。在这些会议上可以提出很多问题，也有很多争议(Kotze，2010)。但是，根据各个孔子学院院长撰写的文章，可以清楚地得出结论，在整个非洲、亚洲或者整个世界就没有单一的孔子学院的模式；更确切地说，"孔子学院应该多

---

① 要了解国际教育与培训中"用金钱换价值"这样深远的评论，请参阅 *NORRAG News* 第 47 特刊。

样化,应该根据当地条件发挥作用"(摘自刘延东在 2010 年讲话,转引自 Vermaak,2010)。就我们所关注的透明度和可以获得的数据表明,相对而言,孔子学院体系的数据是可以获取的,尽管目前尚没有迹象表明网站上公布了监管和评估成分,但是,可以肯定,孔子学院存在我们略微提到过的年度汇报的制度。

5.2.2 在中国的非洲学者

与包括非洲在内的孔子学院传播的丰富数据相比,中国奖学金项目在非洲方面的表现可以公开获得的信息则很少。中国留学基金委(CSC)的年度报告根据来源地区为在中国的学者的细目分类提供了一些细节,报告也提供获得中国奖学金的中国学生在海外的去向信息。从中可以看出,非洲、亚洲和拉丁美洲很少会成为中国奖学金获得者的目的地。但是,接受中国奖学金来华学习的学生中非洲占据了非常大的比例。

我们在第 3 章中早就零碎地提到学术界对非洲奖学金生到中国学习所做的分析。吉莱斯皮 15 年前所做的一个主要贡献,就是 1997 年根据现场调查而得出的结论。当时有一个小小的报告《中国与非洲国家教育合作与交流》(2005 年,中文版,北京大学出版社),其中有一整段的内容涉及非洲留学生在中国学习的情况。①

这 10 页纸是有关中国对非洲奖学金项目唯一可以公开获得的评价。他们公开接受非洲奖学金项目的"双重目标"——"推动中非教育合作与交流和非洲人才的培养"(China,MOE,2005:18)。就对非洲学生的出勤率和满意度所做的评估而言,关于中非文化相互欣赏方面有一个积极评价,对绝大部分非洲学生的学术成就和社会成就也是认可的。第 3 章所讨论的种族困境,评价中根本就没有提到。最后,对于学生回到非洲之后对他们的发展影响所做的评估是积极的。虽然统计数据不足,但是,"中国政府奖学金的有效性和影响力正不断变得明显"(China,MOE,2005:20)。一些前非洲留学生在自己国家随后的职业生涯中被遴选出来或者获得了任命。

也许,正是由于目前缺乏对逐渐增加的奖学金项目的最新分析,促使北京大学非洲研究中心于 2011 年向联合国发展署提议从事一个全新的研究,题目为"中国对非洲留学生援助政策的演变及其有效性评价"。这项研究会对奖学金的遴选过程、政策的变迁、学生学成后的归国比例,以及,更具挑战性的是对奖学金项目在派送国的"发

---

① 我非常感激这本小册子的翻译者张忠文(音)。

展影响"进行调查。我们可以从第 3 章的内容中回忆,英联邦一些学者也试图对这类影响进行评估,并取得某些成功。如果有关中国奖学金项目的这类精细评估能够得以实施,即便是在一小部分国家范围内,那么,它对于我们了解中国人力资源开发援助的关键组成部分会产生重大影响。

5.2.3 中国商务部大规模的短期培训项目

对于温家宝所承诺的 2010—2015 年中国在全球范围内支持 80000 名培训人员一事,我们早已作过评论。在这样一个总数中,非洲的份额当然是相当大的。但是,对于这个庞大的项目是如何运作的,我们又知之多少? 答案是,对于由中国承办机构实施的各门课程,确实存在正式的评估,而这些评估又会作为商务部今后规划的依据。而在派出国的层面,负责该项计划的中国经济与商务处可以自由地和履行培训义务的主办部委进行联系,对个人的影响进行评估。我们可确定的是,这类评估由中国经济与商务处在一个国家(肯尼亚)实施了至少一年。正如我们在第 2 章中所提到的那样,评估结果非常有趣。

至于在中国的非洲学者,我们知道《中非教育合作》(2005 年)是对这个计划唯一作出正式分析的文件。尚在将项目机构化的早期阶段,在中国教育部才确定 14 所高校作为研讨班的资源基地之时,有关提供研讨会的高校、参与的国家,甚至对曾经发生过的事情等都有某种详细的评论。

这种分析是明确的,即目的至少有两个。第一个目的是概念性质的,"更加深刻地了解中国的政治、经济、历史和文化"(China,MOE,2005:14)。第二个目的与文化外交更加接近,"为了让非洲客人能够更多地学习中国悠久而灿烂的历史和文化、中国现代化的伟大成就,这些签署合约的单位还会为学员组织文化考察活动"(China,MOE,2005:19)。但是,访问者还会被安排到中国的贫穷地区参观,以使他们能够"全面了解同样作为发展中国家的中国国情"(China,MOE,2005:19)。

这其中还出现了一个更深的层面,而且显然是整个公报中的一个重要部分。即便在某一个层面,中国人是专家,非洲人是援助接受者,但是书面表达中并非如此描述。恰恰相反,该文强调相互学习和南南合作,"这个培训在帮助中国和非洲的专业人士方面具有非常积极的推动作用,以使进行全方位的交流和沟通,推动非洲当地医药植物的研究,在医疗植物方面促进中非合作"(China,MOE,2005:21)。

然而,总体而言,有关这个宏大的项目,几乎没有或者根本就没有可以公开获取的项目评价。事实上,即便在中国商务部的中文网站上,也无法获取有关对外援助司与各类研讨班和培训项目之间的正式联系的描述。① 其他国家，如印度，同样有相似规模的短期培训项目，可能是因为处理成本和复杂性之故，也没有对这些项目进行评价。但是，在OECD国家，其中拥有巨大的短期培训项目的日本和德国，他们当然是对项目进行评估的(Japan，MOFA，2012)。②

5.2.4　中非友好学校/农村学校

在2006年和2009年的"中非合作论坛"上，(中国)分别承诺(在非洲)建立100所农村学校和50所中非友好学校。③ 我们在回顾有关作出这些教育承诺的"中非合作论坛"的作用时，注意到他们确实有一种机制去审核所有承诺实施的进程。但是，除了"中非合作论坛"进程之外，没有其他可以替代的方式去审核中国建设学校的承诺。我们可以想象，鉴于参加"中非合作论坛"的大多数非洲国家将会从150所承诺的学校中获得至多2～3所学校，因此，学校的选择肯定会与国家教育部协力完成，而且也会由遴选出来的中方合同方在经过经济和商务处办公室和教育部同意的某个地方进行建设。

目前，我们除了知道150所学校当中大多数学校已经建成，对其他信息几乎一无所知。这些学校的建设基本上是中国全承包这样一种捆绑式援助方式。学校完成建设之后，毫无疑问会保留中国援助的身份，因为在这些学校可以看到中国和受援国的国旗一起飘扬。这些学校的建设除了被看作是"中非合作论坛"承诺的组成部分之外，我们根本没法将之看作是独立的工程。对于这一点，我们现在就来谈谈。

5.2.5　"中非合作论坛"的教育承诺以及它们的评价状态

与中国商务部对外援助司形成鲜明对照的是，"中非合作论坛"的网站富有活力和吸引力。网站一边的上方是中国长城，在另外一边的上方则是非洲的九张照片，从狮身人面像、好望角到坦赞铁路的终点站等，这些图片不断更替显示。这个网站的信

---

① 根据来自爱丁堡大学非洲研究中心重要信息人士张忠文(音)的消息，网站 http://yws.mofcom.gov.cn/aarticle/s/200405/20040500218044.html 记录了"在处理这个指示时出现了一个错误"。此外，在中国商务部国际商务官员研修学院(AIBO)的网站上，有一些有关中国商务部对外援助司培训课程的信息。但是，这些信息是以不同讲演稿的形式出现的，也不包含所提供的课程的完整名单(http://pxzx.mofcom.gov.cn/)。

② 对于德国的短期培训有一个非常正面的评价，马上就可以索取到。

③ 这些不应该与希望工程学校混淆起来。这些信息也在中非合作论坛网站上提到：http://www.focac.org/eng/zxxx/t863105.htm。但是，这些是由中国商界资助的私人慈善业。

息也经常更新。例如，最近条款更新时间为 2013 年 3 月 30 日，时间精确到分(www. focac.org/eng/)。尽管这个网站是一个非常有价值的历史活动的信息来源，包括 2000 年 10 月 10—12 日的"中非合作论坛"部长会议及其很多相关的文件、演讲和后续行动等，但是，正如格林姆等(Grimm, et al. , 2011：15)所指出的，"有关实施'中非合作论坛'承诺的情况以及所承诺的工程在哪儿实施的情况，根本没有详细的报告"。

中国后续行动委员会是对所有"中非合作论坛"的承诺进行正式评价的机制。这个机制，正如肯尼斯·金在 2009 年所作的更加详细的探讨那样，包括所有涉及国际开发的行业部长和其他主要机构，总数为 27 个。因此，后续行动委员会完全属于中方。尽管非方没有后续行动委员会来对"中非合作论坛"的目标进行评估，但是，由所有非洲各国驻北京的大使组成的高级官员会议(SOM)与中方建立了外交关系的机制。这个机制的主要目标是针对"中非合作论坛"的规划和实施情况进行工作，自 21 世纪初开始大约每年举行一次会议。自 2009 年在沙姆沙伊赫召开第四届中非合作论坛之后的首次会议于 2011 年 10 月 26—27 日在杭州召开。这个第八次高级官员会议回顾了合作进程的各个方面，旨在到定于 2012 年 7 月召开的下一次"中非合作论坛"会议时能够完成所有的质和量的目标，并进行汇报。①

鉴于"中非合作论坛"是在泛非框架下中国和非洲各个国家之间的双边机制，我们可以肯定，非洲各个国家的大使对于"中非合作论坛"作为一个整体的实施情况根本无从知晓。他们能够知道的至多是对于他们自己国家而言"中非合作论坛"的含义和成就。形成对照的是，非洲大使队中一个长期存在的问题是，中国对诸如地区的、类似国家间的高速公路等国家间的重点领域而非仅仅是双边的问题是怎么做出回应的。② 但是，迄今为止，对"中非合作论坛"所作保证的分配和划拨依然完全是双边的。

在非洲联盟层面也同样存在相似的缺陷。印度政府的做法不同，他们遵从 2008 年首次召开的"印非论坛"商讨的内容，对印度在非洲境内所提供的全新机构赋予非洲联盟为不同国家进行机构分配的责任。③ 中国的"中非合作论坛"则保证，建设医院、建设学校和提供其他资源依然是由双边决定的。中国提出，只要非洲联盟作为一个整体赞成这种支援，他们就会支持这项决定(中国后续行动委员会成员与肯尼斯·

---

① http://www.focac.org/eng/zt/som2011/.
② 跨越地区、跨越国境的重点项目得到了南非的特别推动，这种推动既包括北京，也包括比勒陀利亚。
③ 在教育领域，印度正在建设一所印非教育、规划和管理研究所(GOI, MEA, 2010)。

金的谈话，2010 年 7 月）。有趣的是，在非洲联盟网站的合作伙伴项下，有关非洲与印度的合作方面有很多的数据、演讲、文件等诸如此类的材料。在"中非合作论坛"下，尽管"中非合作论坛"已经延续了 12 年之久，但是，原本在网页的顶端只有非洲与中国，其他都是空白。① 现在情况得到了彻底的改变。

在我们对"中非合作论坛"与援助的数据和透明度做一个总结时，应该强调，"中非合作论坛"的网站与其他中国政府的一些网站不同，上面可以找到很多信息。中国政府通过"中非合作论坛"对非洲所做的保证，其中大多数的项目是可以在该网站上找到的。但是，这些项目更多的是在主旨演讲、会议报告中找到，而非在评估、复审和分析中找到。演讲和会议说明象征着汇报成就这样一种形式。这样，在演讲中就很容易找到"中非 20＋20 高校合作项目"已经于 2010 年 6 月启动，或者中非联合研究和交流项目正在"顺利推进"，以及所有其他的承诺都已经得到实施等的相关信息。正如贾庆林在全新建成的非洲联盟总部举行第十八届非洲联盟高峰会议开幕式之前所强调的："自 2000 年 10 月'中非合作论坛'开始起，中方已经真诚地履行了在各类部长会议和（2006 年）北京峰会上所作的所有合作承诺。"②

鉴于中国有能够准时或者提前履行承诺的声誉，贾庆林声称"这些倡议获得非洲国家的热烈欢迎和积极赞扬"是很容易的。当然，在这个涉及中国对非洲人力资源援助的信息源的简单叙述中，诚如我们所指出的那样，信息源主要来自中国。而其中的一些信息源，诸如中国商务部对外援助司的网站等，他们所提供的信息非常少。只有"中非合作论坛"和孔子学院的网站信息非常丰富。其他涉及援助的常规数据信息，诸如援助数据（AidData.org）等，当人们开始对中国作为捐助国在许多不同领域实施操作的作用进行审核时，出现的内容基本上都是空白。③

------

① http://au.int/en/partnerships/africa_china. 博多莫（Bodomo）指出，中非远比非中要普遍（2009）。要了解有关对"中非合作论坛"及其可能的未来发展的评论，请参阅南非斯泰伦博斯大学中国研究中心主办的 2012 年的《中国观察》（CCS China Monitor，2012）。

② http://ng.china-embassy.org/eng/xw/t902991.htm. 我们可以在几句话中捕捉到成就的规模："获得援助的农业展示中心、清洁能源项目、中非友谊学校和其他工程正以有序的方式得到发展。人力资源的培训工作正在全力实施中。关于农业合作的论坛、法律事务论坛、青年领袖论坛、公民论坛、科技合作论坛、智库论坛、非洲文化、中非高校合作项目、中非联合研究和交流项目和其他重要事件和项目也都已成功启动，使得中非合作达到了一个新的高度。"（http://et.china-embassy.org/eng/zagx/t900715.htm）

③ 在《2012 年全球检测报告》中尽管有论文谈及印度和韩国对外援助的技能培训，但是没有论文谈及中国。（http://www.unesco.org/new/en/education/themes/leading-the-international-agenda/efareport/background-papers/2012/）

然而，当涉及中非合作论坛的时候，存在最大差距的似乎是在非洲一方。由于中非合作论坛的结构，也由于（中国）缺乏明显的非洲合作伙伴，因此，所有有关援助成就和实施情况的信息都是源于"中非合作论坛"本身，也就不可避免了。因此，在这方面，中国与 OECD 国家的发展署存在着某些相似的地方：关于 DFID、Sida、GIZ 或者 JICA 的大量最好的数据都来自于他们自己的网站。但是，在中非分析中涉及非洲作用的时候，确实存在一个特别的问题：有关中非之间的合作，来自非洲的出版物几乎是没有的。①

5.3 虽独具特色，却也是趋同的开始？

中国作为捐助国的特色我们已经详细查阅了不少的资料，其中特别谈到了人力资源的开发，涉及文化、传统、自身的发展经历、资金筹措、作为捐助国的专业化、援助的重点部门以及数据的透明度等问题。总体而言，所有这些方面都进一步证实了中国作为捐助国依然独具特色。同样地，在非洲的范围层面，我们也注意到，中国以部门的具体说明为标志，依然置身于多个捐助国的工作组之外。鉴于我们刚才的分析，中国在许多方面仍然置身于捐助国俱乐部之外是可以理解的。

按照中国的话语和中国对南南合作的强调，当中国谈及合作之时，其着重点和优先考虑的方面是在加强中非机制和中非模式，而非中欧关系，这完全是恰当的。因此，我们已经指出，有多种不同类型的中非论坛已经得到启动，并得到鼓励，自 2009 年 11 月在沙姆沙伊赫召开的"中非合作论坛"召开之后尤其如此。

然而，即便在中国和其他发展署之间，既包括双边的合作也包括多边的合作是不太重要的重点事项，还是有人提出在更多更广的范围开展合作的各类倡议。事实上，在《中国的对外援助》白皮书中有被称作为"援外国际合作"（China,2011a：16—17）的短小篇幅。但是，显然这种话语是具有中国特色的，中国论及有关全新内容的话语被深深地嵌置于如下的主张之中，即这类合作已经开展几十年了：

> 中国也已尽力支持和参与由联合国等组织发起的援助项目，以开放的态度在发展援助领域与多边组织和其他国家积极进行交流，探讨务实

---

① 根据 CODESRIA 常务秘书埃布尼玛·萨尔（Ebrima Sall）所提供的信息，在涉及对中非合作的当前状况做出分析的出版物中，只有 7% 来自非洲大陆。（http://ke. chinaembassy. org/eng/zfgx/t882632. htm）

合作。(China,2011a：16)

中国简单地提醒读者,它扮演对外援助的角色已经有 30 年之久。自 1981 年起,中国就已经开始支持联合国开发计划署(UNDP)在发展中国家实施技术合作的新概念了。自 1996 年起,在为时 15 年之久的时间里,中国也支持了联合国粮食及农业组织(FAO)的南南合作项目(China,2011a；Brautigam,2009：65—66；242)。但是,对于一个准备着提供援助,谦逊地说"中国的对外援助事业任重道远"(China,2011a：18)的国家而言,还依然有要在发展署之间建立更多积极合作的一系列新阶段的里程碑存在。

5.3.1　国际发展部(DFID)和中非议程

英国的国际发展部(DFID)是通过 6～7 年时间而形成的一种合作方式。即便当英国的国际发展部(DFID)通过多个部门还在向中国提供发展援助的时候,包括向中国的西部诸省提供教育援助时,它设立在北京的办事处已经开始期望自己结束与中国传统的捐赠关系了,并开始探索如何对非洲发展途径开展合作予以全新的强调了。早自 2006 年起,英国国际发展部的北京办事处就在委托中国去参与非洲事务。[①] 首先,英国国际发展部对中国有兴趣也有行动去参与非洲四个国家的建设和基础设施建设(CCS,2006)作出了一个很有价值的分析。英国国际发展部在提交这个分析之后,接着召开了一个由它和中国社会科学院的两个部门联合举办的着重中非共享发展的高层论坛。然后,他们发表了《中国如何向非洲提供发展援助》(Davies, et al.,2008)的重要评论。2009 年发生了一起重大事件,其标题确切地强调了中国和英国就有关非洲开展合作的目标,"理解中国参与非洲事务暨英国如何帮助中国在非洲建立关系"(CCS,2009)。会议的目的基本上是,如何与英国国际发展部非洲各国国家办事处、英国驻非洲的大使馆和特派使节团分享英国国际发展部北京办事处在中国因开展工作而获得的经验。即便此次会议的着重点是关于英国驻非员工更多了解该机构是如何参与到中国的,但是,有趣的是,中国商务部通过一位经济和商务参赞,也通过来自于与非洲开发相关的中国著名机构的一大批发言人,而参加了该次会议。

英国国际发展部北京办事处这些年的投资证明,理解并使中国参与非洲事务是极为重要的,这种投资也显然结出了果实。现在,英国国际发展部是一个双边的发展署,中国商务部也正式与之达成协议,参与到全球发展工作之中了。这个协议原则上

---

① 也请参阅(DFID,2006)。DFID 规划请中国参与到非洲事务中可以追溯到 2005 年中期。

由时任英国国际发展部的部长于 2011 年 11 月 28—29 日访问北京时得到了加强。安德鲁·米切尔(Andrew Mitchell)部长与中国商务部部长和外交部部长进行会面，他总结说，"通过此次访问，中国和英国合作的新阶段得到了确认"(DFID，2011)。我们要强调的是，"通过在英国和中国之间共享经验和专业知识，使得两国能够对减贫产生真正的影响"(DFID，2011)。从英国国际发展部来讲，与中国签署这样一个协议可以使他们成为与新兴大国建立一种全新的全球发展伙伴项目的一个例证。①

中国同意第二天在《釜山结果文件》(*Busan Outcomes Document*)上签署名字，是不是源于这样一种全新的合作精神、使之成为一种因素还有待进一步商讨。但是，不管中国与英国国际发展部或者其他发展署签署哪种合作协议，中国在更加全面的捐赠合作中完全有能力发现风险。它并不希望自己作为一个发展中国家主要参与南南关系的地位因之受到威胁，它也不希望自己被拖入 OECD 俱乐部的诸种规定之中。

5.3.2　日本与中国在发展领域的合作

日本，尤其是 JICA 一直积极探索与包括中国商务部在内的中国机构建立同英国国际发展部相似的合作关系。2009 年 1 月和 2010 年 3 月，日方先后两次与中国进出口银行联合举行研讨会。2010 年 10 月，日方又与中国商务部官员就发展援助召开研讨会。中日之间在 2011 年 1 月就非洲问题召开了一次有关共享农业发展的重要研讨会。人们希望，这个研讨会实际上能够导致中国和日本在非洲方面开展三边工程合作。其他的研讨会，诸如卫生合作和更广义上的发展合作也先后得以召开。2011 年 8 月，日本参加了由中国商务部和世界银行联合举办的国际发展合作和能力建设的研讨班。

日本也将韩国引入到了这种全新的发展合作之中。2011 年 9 月，在韩国首尔成立了三边合作秘书处，以推动不同部门之间的合作(Kitano，2011)。包括培训在内的这种合作，被三个国家同时认为是发展的一种主要组成部分。同时存在的还有其他领域的智力合作。同样地，三个国家再次共享了共同的重点领域，不管是在制造业、微小企业的发展，还是提高国家生产率的途径，都是如此。

这些频繁召开的会议之中，有一些会议对中日之间就对非洲援助开展合作以建立联合项目的可能性进行了探讨，也对下一阶段援助工作提出特别的想法和建议。不管这种合作还依然保留在共享知识的阶段，还是转化成了共享的发展行动，这样一

---

① 是否有可能在 DFID、中国和非洲之间建立一种新型的三边合作关系，请参阅 Brautigam 撰写的"中国、英国和非洲：三边合作？"(www.chinaafricarealstory.com，2012 年 11 月 12 日博客)。

种新型合作的精神，也许是立见分晓的唯一检验办法。这绝不是一种非常容易的转型，因为其中存在着几十年之久的机构经验差异，需要人们去克服。即便三个国家都在同一个国家、同一部门从事着发展工作，但是，很可能出现的现象是，犹如联合发展项目一样，最后形成"友好竞争"的结局(Kitano,2011)。

5.3.3　与中国建立更加广泛的发展署之间的合作

除了上述提及的这些双边事例之外，在最近的两年时间里，包括联合国多个多边机构、世界银行和亚洲开发银行等在内的国际机构还与中国举办了一系列的共享研讨班、会议和专家会议。鉴于本书的着重点在于教育和培训，从教育领域来说明中国对国际合作全新的开放度也许是有用的。

我们要谈的第一个例子是，在中非之间开展合作的一个南南合作项目如何转变成了涉及联合国教科文组织总部参与的一种三边合作的形式。讨论中的这个特别项目绝非中国与非洲之间普通的项目，而是 20 所非洲一流大学和 20 所中国一流高校之间的伙伴合作项目，是 2009 年在沙姆沙伊赫召开"中非合作论坛"部长级会议中几项人力资源保证中的一项内容(参阅第 2 章的论述)。2009 年 12 月至 2010 年 1 月，中国教育部在渴望参与这个计划的中国高校中组织了一次正式的项目竞争活动(China MOE,2011)。2010 年 6 月，在中国按时召开了会议。[①] 但是，在 2011 年秋季，联合国教科文组织宣布，要举行一次"联合国教科文组织、中国和非洲大学领导人会议：未来合作展望"。这次有 20 对合作高校的大多数领导人都到巴黎参会的非常高层次的会议[②]，其概念说明并没有事先谈及中非合作论坛的合作起源，也没有谈及"20＋20"项目的简称，而是将此次会议作为三方合作的一次全新的机会而呈现出来：

> 联合国教科文组织、中国和非洲大学领导人会议旨在推动中国和非洲高校之间的伙伴关系，在联合国教科文组织、中国和非洲之间建立三方行动计划。(UNESCO,2011a)

人们期望，此次会议的一个成果是产生一个行动计划。这样一种三方合作项目将以何种形式出现、联合国教科文组织又将在原本是双边的伙伴关系中发挥何种作

---

① 参阅：《20＋20：一种新型的 20/20 的想象》，刊《中国与非洲》2011 年 10 月。

② 40 所高校中，大多数学校由校长与会。

用，了解这些问题将是令人感兴趣的。它不会是一种资金筹措的作用①，但是，它也许将利用联合国教科文组织受命进行的工作，作为一个思想实验室、一个交流中心以及国际合作的促进因素来形成一种聚集式的、推动式的职责。令人感兴趣的是，在第五次中非合作论坛上提出的一项保证是，中国将每年提供 200 万美元来支持非洲的教育发展项目，特别是支持非洲的高等教育领域（FOC AC，2012：6.2.4）。

有关合作的全新开放度，我们所举的例子也涉及由中方院校与欧洲院校以及非洲院校以三边合作的方式展开的研究项目。我们的一项例证就是，有这么一个项目将浙江师范大学非洲研究院（中国最大的非洲研究中心）与两个分别位于比利时和非洲的研究中心联系了起来。这样一种三边的合作是由比利时外交、外贸和发展合作部资助，针对中国和比利时向刚果的不同部门所提供的援助项目展开研究（Pollet，et al.，2011）。这个合作倡议为人们探讨发展援助中的三方合作模式提供了很有价值的机会，使之成为最终报告的一个组成部分（Pollet，et al.，2011：112）。② 但是，该项目本身也同样证实了早先我们提到的，真正的联合行动是具有挑战性的。结果，中方的研究团队只是查看了中国的援助项目，而比利时的研究人员也只是审查了比利时的援助。非洲研究人员很幸运，两方材料都可以看得到。

5.3.4　三边或者三方合作的新形式

应该指出，中国政府和高校对有利于非洲的新的双边或者多边合作伙伴展示开放的这样一些事例，都是现在称之为三边或者三方合作的一个组成部分。这样的合作形式多种多样。但是，现今最为常见的模式是一个 DAC 伙伴与一个新兴的捐助国，如中国或者巴西，以及作为最终接受人的一个发展中国家或者地区之间的合作。因此，这种北南南合作模式本身也包含了南南合作的成分在内。也许这意味着，尽管《釜山结果文件》宣称，南南合作涉及一种有别于适用南北合作的"性质、模式和责任"，但是，三边合作都可以从南北合作和南南合作的要素中获得益处。

现在，与其他双边合作方相比，也许会出现北部的 DAC 合作方对三边或者三方合作表现出更大的兴趣，因为这为他们与主要的新兴经济体开展合作、分享他们的方法，以及可能对新兴捐助国的援助进程产生影响，提供了一种方式。尽管有证据显示，2010—2011 年，中国早已表明更加愿意把手伸向双边的参与者和多边的参与者，但是，这也许意味着中国与这些涉及非洲事务的全新伙伴之间更愿意共享经验，而非

①　中国支付了绝大部分与会人员到巴黎的费用。

②　这部分的报告标题为《三边援助：祝福还是诅咒？》（Trilateral aid：a blessing or a curse）。

真正地从事联合发展行动。对于中国因为参与三边合作而被看作 DAC 俱乐部的一个部分,中国完全有可能表现出自己的犹豫。它也不会愿意看到自己在快速执行的援外项目中的比较优势因为三边合作而产生的大得多的成本而被放弃(Pollet,et al.,2011：117;Grimm,2011;Langendorf and Muller,2011：16)。① 它也不会希望自己因为被引入到北南南合作而使得自己热切期望的南南合作方式导致弱化。②

5.3.5 对其他发展署开放的反思

与我们此处所指的一些方面相比,这种新式的开放度还有很多特点。③ 但是,由于 DAC 的各个发展署对与中国开展合作拥有巨大兴趣,因此,这其中的一些倡议还依然处于保密状态,因为 DAC 捐助国并不希望在最终获得确认之前因人们公开讨论获得提议的发展倡议而使得中国感到尴尬。但是,正如我们在本章开始时所提及的,显然,有更多的证据表明,这一类在北京发现的中国和其他发展署之间的新型开放度现象与非洲国家相比要多得多。

但是,即便在北京的交流之中,着重点基本上还在于相互学习和知识共享方面。迄今还几乎没有或者根本没有联合发展行动。④ 这种现象可以从首都一位老练的发展署分析员的话语中找到:

> 我认为关键点在于,中国已经作出政策决定,认为参与到其他机构中去,并向他们学习——甚至认为仅仅去更好地了解其他双边会谈和国际援助体系是如何运作的——是件好事。这样一种参与、学习和了解的过程建立于一年左右之前几乎没有互动的基础之上,并将持续多年。任何人声称

---

① Langendorf and Muller(2011：16)指出,"三边合作要求认真的沟通,规划和合作的三种文化和观念需要被融合并保留在一起"。

② 有趣的是,《釜山结果文件》总是将"南南和三边合作"放在一起表述,犹如它们是同一个谈论话题的一个部分一样。

③ 其特点包括北京大学和联合国开发发展署提议对非洲来华奖学金项目进行评估,这一点我们在不同地方都提到过。据报道,"中国的援助专家和美国对外援助专家举行了会议,目的是学习美国的援助项目"(要进一步了解,参阅 Kurlantzick,2009：172))。

④ 在中国驻非洲的大使馆层面有某种知识共享的现象。按照中国驻非洲的一个大使馆的官员的说法:"在未来,我们希望与世界银行、联合国儿童基金会和联合国教科文组织一起组织联合项目和工程。目前,我们与上述机构的合作只停留在信息交换的层面。"(感谢 Bjorn Nordtveit 为我提供了这个参考资料。)

在这个阶段知道会产生什么样的结果也许都会被人以怀疑的态度来对待！我们所能够说的只能是，我们会看到，中国会考虑传统捐助国的每一个实践，如果基于各个案例来决定将他们的方式（以其原样或者带有中国特色）吸收进中国的工作方式中，是否符合中国的利益（广义界定）。我们有非正式的迹象表明，有些要素已经获得人们的考虑。而其他要素，鉴于中国对外援助的机构的体制，根本就是不可行的。（北京的发展署分析员与肯尼斯·金的谈话，2012 年 1 月 31 日）

5.4　结　语

在本章开始，我们邀请作者对中非合作论坛的历史和未来作了一个评论。他是被问及观点的诸多个人和机构当中的一个。当然，这些探索与大约 240 名参加 2011 年 10 月在杭州召开的中非合作论坛第八次高官会议的与会者的官方互动是不相干的。50 个非洲国家和地区组织的代表出席了此次会议。① 这让人感觉，迄今为止，这次中国真的就其主要的支持非洲的援助模式上更加急切地倾听不同的观点。2012 年 7 月在北京召开的第五次中非合作论坛与带有八项主要保证的 2009 年或者 2006 年召开的论坛没有明显的差异。当然，"合作"在行动计划的每一页上都出现了好几次，但是，上面根本没有提及三边合作或者三方合作。

从中国对非援助的方法是否开始更多地与传统的 DAC 捐助国汇聚起来这个角度来说，我们在本章所回顾的内容几乎没有什么可以表明存在巨大变革。中非合作论坛的机制依然存在，在埃及召开的第四次中非合作论坛所宣布的有关研究、科学和技术、交流和合作关系等一系列中非合作的协议书强调南南合作持续不断的重要性，甚至是日益增长的重要性。同样的情况也适用于釜山高层论坛的结果。南南合作因为其有别于南北合作的独特性而获得了人们的承认。

我们应该顺便指出，尽管我们在本章中使用了"趋同"一词来表明中国的援助政策正逐渐靠近 DAC 捐助国的政策，但是，还有一些人在讨论所谓的"传统的合作伙伴正向中国靠近"这样完全相反的现象。在本章的开头，我们早就提出，2012 年出版的《世界银行/中国》的报告中就有这种意识。但是，2012 年 3 月在牛津大学召开的会议上，有几位演讲人提及了这样一种汇聚现象：

---

① http://www.fmprc.gov.cn/eng/zxxx/t872814.htm.

　　有证据显示，中国经济增长和发展援助的方式现今正对传统的西方捐助国的援助思想和实践产生影响。一位发言人特地举例证明了中国的援非工作在何种程度上对欧盟产生某些压力，使其变得更加有效、扩大其援助之外的发展合作而无须损害其自身原则。如此，他提出，与新兴的捐助国相比，传统的捐助国正在发生变化，并在调整他们的发展样式。（Verhoeven and Urbina-Ferretjans, 2012）

　　然而，导致中国有别于传统捐助国的其他标志（诸如难以接近和援助数据的透明度等问题）依然存在。同样地，在部门层面，其方法尽管与韩国和日本存在明显的共鸣，但是它们也与大多数DAC捐助国有异。中国的方法似乎是背离全民教育（EFA）议程的，或者说与全球监测报告关于全民教育目标成就的关注点是相背离的，在教育领域和人力资源领域尤其如此。

　　事实上，中国的人力资源方式肯定不是涉及DAC捐助国的关于小学、中学、职业教育和高等教育等的陈腐类型。中国的人力资源视角或许最终需要被放置于一个更加广泛的探讨中展开，来探讨中国的人力资源方式是如何与中国在非洲的软实力建立联系的，或者如何来举例说明它是与中国在非洲的软实力建立联系的。有关这个方面，我们将在最后一章论及。

6 中国在非洲的软实力——过去、现在和未来

　　中国与非洲开展的人力资源开发所使用的不同要素,传统上被嵌置于合作、互惠互利、政治平等的话语之中,并由于人们关注南南合作而得到加强。正如我们在第 1 章中所简单提及的,软实力的讨论似乎源于不同的体系——在此体系中,合作是为了争夺文化和公共关系的影响力,而非为了发展。我们需要进行考察的是,人们开始使用软实力这个表述,是否在指中国援助政策存在任何一点的演变。但是,同样需要我们进行考察的是,中国人力资源合作的许多不同方式是如何体现软实力的。

　　然而,有关软实力这个表述最为引人注目的现象是,它正以某些方式在中国不断地广为使用,而在其他方面,则根本没有使用。譬如,在《中国的对外援助》(China,2011a)白皮书中,软实力这个表述根本没有出现,而"文化"和"文化的"等字眼则更多地以中国为其他国家提供文化设施而非中国在海外推广自身的文化这个意义而出现。同样的情况也适用于《2030 年的中国》(World Bank and DRC,2012)这个文件。文件认为,它尽管主要关注中国的国内发展,但对"发展援助"和"对外援助"也确实给予了某种不可忽略的关注。鉴于文件的副标题为《建设一个现代、和谐和创新型高收入社会》,人们很自然地认为,文中的某些地方会对软实力进行探讨。但是,我们发现,通篇文件都没有提及软实力。第三个例证源于 2011 年 9 月发布的《中国的和平发展》白皮书(China,2011a)。白皮书中也根本没有软实力的字眼。但是,"和谐的"与"和谐"在 28 页中出现了 24 次,而"文化"和"文化的"则总共出现了 17 次。我们知道,这个文件就中国在国际上表明自己的态度而言是极为重要的。就本质而言,它论述的是中国与更广范围的世界的关系,不管是与欧洲的关系,还是与亚洲、非洲或美洲的关系,莫不如此。有趣的是,它确实提到了中国将自己的文化带到世界各地之事,但是只提到一次。而这唯一一次所提及的,指的是 600 年前郑和下西洋那令人崇拜的事件,而且也是文件涉及最接近软实力含义的唯一一次提法。然而,在本章中,我们将指出,文化、技术、和平和友谊这些能够构成具有中国特色的某种软实力的这

样的想法是多位评论员回顾的一种形象：

> 明代著名航海家郑和"七下西洋"，远涉亚非30多个国家和地区，展现
> 的是中华灿烂文明和先进科技，留下的是和平与友谊。(China,2011b：22)

我们将在本章对将中国援助视为软实力的不同解释进行考察。但是，依据第5章，我们仍然需要记住，中国援助的投放是极其不成体系的，人们难以得出中国商务部对外援助司对援助的原理阐释前后一致的结论。

6.1 孔子学院：中国软实力的最好例证？

在来自西方的相当多的信息源中，孔子学院被视为中国软实力倡议的一个最好的例证。这些孔子学院经常被人们错误地与英国文化委员会、歌德学院、法语联盟等相似的机构相比。而事实上，它们之间的差异非常之大。大多数情况下，孔子学院是"申请书模式"的结果；换言之，孔子学院的建立是中国之外高校层面的一个机构向中国提出申请建立一所孔子学院之后所作出的一种反应和答复。① 而这样的情况绝非其他文化推广机构所有。同样地，中国的孔子学院是中国对外援助的明确例证，对于这个问题，人们远远没有搞清楚。原因在于，在所有的案例中，孔子学院的主办方院校，不管它是在伦敦、爱丁堡、内罗毕还是在开普敦，都必须为访问人员和中方院长提供住宿和帮助。我们在前面几章曾经提及的另外一个明显的特点是，中国之外所有的孔子学院在中国都有一所高校合作伙伴。这意味着，比之于刚才所提及的欧洲相对应的机构而言，这种模式更具相互学习和相互合作的特征。

尽管如此，孔子学院经常被人们指称为中国软实力的一种最好例证，人们几乎认为，中国仿佛设置了一种单一的标准途径在全球范围内扩展这类机构。而事实则表现得非常不同。2009年，中国的一位高级官员在北京就有关孔子学院委任的主旨所作的演讲中，就中国所有的孔子学院是否遵照一种统一的标准这样一种模式还是需要对当地的背景和文化能够做出迅速反应作出了明确的解答。南非的罗德斯大学孔子学院的非方院长马吕斯·瓦马克(Marius Vermaak)对此作了报道：

---

① 中国孔子学院总部总干事、主任许琳在2010年7月强调，她每天收到来自世界各地高校大约40～60封申请书，要求建立孔子学院(Leong,2010)。

2009 年 12 月在北京召开的第四次孔子学院大会上,中国国务委员刘延东作了一个出人意料的主旨演讲。她的主要观点就是孔子学院应该多样化,应该"因地制宜"。我相信,这是一个非常重要的时刻。有关孔子学院两种主张之间的紧张关系,即"一种模式适用一切"的一派和"百花齐放"的一派因此得以消除。面对在全球范围内运作孔子学院而面临的限制和机会,中国汉办显然处在大起大落但是成功的学习曲线之上。(Vermaak,2010:8)

孔子学院显然是某种获得协调规划的、为了推广中国软实力的一个组成部分。对于这样一种观点,参加 2009 年在罗德斯大学孔子学院举办学术研讨会的时任中国驻南非大使进行了强有力的回击:

中华人民共和国驻南非大使钟建华是大会贵宾。在一次讨论中,一位来自非洲北部国家的研究生向这位外交官发难:"大使先生,您需要告诉我们,中国给我们的规划到底是什么?"钟先生的答复是:"你问的问题错了。你不应该担忧中国想要你们做什么,而应该担忧你自己该为自己做什么。"这个信息的意思是,非洲人不应该将自己看作被动的受害者来思考自己——永远将自己放置于接受的一方,而是应该将自己看作主动的代表来进行思考——至少在某些时候要为自己创造未来。(Vermaak,2010:8)

尽管存在这样一些强烈的信息,但是,在某些地方依然存在着这样一种倾向,认为在高校环境中建立孔子学院,是为中国宣传进入学术界提供了直接机会。即便在长期拥有自由传统的非洲高校,如开普敦大学,从一开始在 2007 年 7 月签署合作协议书决定设立孔子学院,到 2010 年 1 月举行正式成立仪式,也花了好长时间。这种某种程度上的耽搁显然与他们对孔子学院潜在的政治作用的关注相关联。然而,这个关注是在学校的最高层面小心处理的,而现在已经不再是一个问题了。

在非洲之外的地方,依然有人从政治的角度来解释人们为何有兴趣传播孔子学院这样的例子。以印度为例,据报道,印度对孔子学院的扩张表现出敏感性。截至 2012 年 12 月,整个印度才建立了一所孔子学院,与韩国的 17 所、泰国的 14 所和日本的15所构成了对照。① 然而，在印度的中学层面，2012年中国汉办与印度中央基础教育委员会(CBSE)签署了谅解备忘录(MOU)，成为一个突破。作为对这个要求的一个反应，印度中央基础教育委员会已经决定自2012年4月起将汉语列为他们的外语课程，首先在500所学校开设汉语，并最终在11500所学校开设汉语(Confucius Institute,2012:19)。有关是否可以在全球范围内将孔子学院看作是履行软实力这样一种更加笼统的忧虑，中国汉办主任、中国孔子学院总部总干事许琳在许多场合进行迎面抨击。譬如，2010年4月，在一次采访中，许琳是如此评论的：

> 孔子学院与软实力无关。中华文化还是弱势文化。我们走出去，实际上只是在增加中外文化面对面的真切交流。
>
> 我反对"软实力"这一说法，孔子学院与软实力无关。并且，与其说是我们在输出文化，还不如说是我们走出去主动自省、自新我们的文化。
>
> 孔子学院走出去是为了让外国人更多地了解中国，但更重要的是，孔子学院通过塑造一个零距离的平台来增加中外文化面对面的真切交流。
>
> 这里没有意识形态的因素，完全是中华文化的因素。所以，孔子学院不叫毛泽东学院，它和政治没有关系。(摘自2010年9月1日《环球时报》采访)②

但是，重要的是要弄清楚孔子学院的领导层希望跟什么样内涵的软实力保持距离。从许琳上述的评论中我们大概可以看出，她坚决否认孔子学院与政治和意识形态的联系。同样地，经常受到人们驳斥的还有这种想法，即北京以特定的来自中国信息，为分布在全球的孔子学院网络规划了高度集权的外展服务。如前所述，刘延东经常谈到各个孔子学院在各自国家的背景下所具有的独特性和特殊性这个主题：

---

① 在某些地区，孔子学院面临人们的批评，有一部分大学拒绝与中国汉办合作。最引人注目的是，根据加尔各答的《电讯报》讯息，2009年印度拒绝中国争取建立语言中心，称传播软实力的阴谋不可接受(Dawson,2010)。有趣的是，在中国汉办的网站上，它提到贾瓦哈拉尔·尼赫鲁大学要建一所孔子学院。但是，贾瓦哈拉尔·尼赫鲁大学一位资深教授说，"大学根本没有待决定的孔子学院之事。在不久的将来也不可能有"(贾瓦哈拉尔·尼赫鲁大学教授与肯尼思·金教授的对话，2012年4月8日)。

② 感谢罗德斯大学孔子学院中方院长马跃所提供的这个参考。文本由香港教育学院的应丹俊(音)翻译。(http://www.hanyuwang.cn/index.php? o = article-show&artsid = 4064%29%28http://cis.chinese.cn/article/2011-11/18/content_385665_4.htm)

在不同国家学习汉语要符合不同的国情、多样化的文化背景和多方面的需求。孔子学院要能够因地制宜、融入本土、努力建设自己独特的风格，要尊重和体现文化的多样性。（Liu，2010：4）

这样一种强调没有"标准模式"和强调大多数的孔子学院拥有"自由运行自己中心的权利"的说法就是中国孔子学院领导层的正式态度。但是，许琳承认，孔子学院远非仅仅是语言和文化中心。一些孔子学院的原理阐述与英国、德国、法国、西班牙等国建立的中心相似：中国希望通过教授自己的语言文化让世界更好地了解自己。这种想法与希望影响他人或者谋求对世界的霸权地位的想法具有很大的差异（Leong，2010）。

在中国驻非洲的一位总领事看来，孔子学院仅仅是让外国人更好地了解中华5000年文明的一个工具。中华文明是人类共同的传家宝和遗产，因此，每一个民族都可以与之共享（总领事与肯尼斯·金的谈话，2010年3月11日）。即便这些都是对的，但事实依然是，孔子学院及其设立在中学的孔子课堂的倡议，简直就是从2004年11月在首尔建立首个孔子学院到现在这样很短的时间里发生的、全世界所见到的最大的单一语言和文化的推销运动。每年在孔子学院总部的年度报告中出现的数字都是受人关注的。即便是我们所关注的非洲大陆，也有接近于在美国设立的孔子学院总数量的一半左右的孔子学院，而设立在美国的孔子学院超过70家。对于那些有兴趣学习汉语以用于经营和职业目的的人而言，孔子学院为他们提供了实实在在的贡献。但是，截至2010年年底，包括孔子学院和孔子课堂在内，这个项目声称总体上已经有大约36万名学生注册学习。教学和文化项目的总体覆盖面上估计有500万参与者，比上一年的纪录翻了一番。然而，如果从比较的角度来看这个数字的话，人们估计，2010年有超过4000万的外国人在学习汉语（Chen，2010b）。换言之，就像人们对孔子学院和孔子课堂本身的需求那样，学习汉语的需求也正令人瞩目地上升，且独立于孔子学院和孔子课堂的存在而上升。在许多国家，包括非洲国家在内，正如我们在第4章中所看到的，中国各类工商企业的出现也许比孔子学院更令人对汉语感兴趣。由此，当我们谈及全球比较文化的冲击的时候，许琳则提出"70所（在美国的）孔子学院加在一起，也无法跟一部好莱坞大片在中国放映产生的影响相抗衡"（Leong，2010）。①

---

① 这个评论是在回应美国驻中国大使时作出的。Jon Huntsman告诉许琳，美国政府希望在中国城市建立美国信息服务中心，作为中国在美国建立孔子学院的一项对策（Leong，2010）。

事实上,中国的全球文化影响与西方相比非常弱小,关于这个主题我们会再次谈及。但是,重要的是,我们要强调这一点,即胡锦涛因为关注中国文化与西方文化相比处于相对弱势,导致他首次就文化和软实力提出自己的看法。当他首次在 2006 年 1 月 4 日、然后在 2007 年 10 月 15 日使用与文化相关的软实力这个术语时,他所关注的是国内环境能"更好地保障人民的基本文化权利和文化利益",同时也关注它们的国际竞争性(Hu,2007)。

一旦某个国家的领导人将文化和软实力联系起来,那么,人们对这种关系就当然会产生新一轮的兴趣。但是,不管是在国内还是在国际上,当人们谈及中国文化发展的时候,将之诉诸软实力依然不是寻常之事。因此,2009 年,时任中国文化部部长蔡武发表由五种语言译文组成、长达 40 页之多的《改革开放 30 年中国文化的发展》,文中几乎没有使用软实力这个词(Cai,2009),这还主要是因为他的报告关注的是国内的文化建设和发展。只有在两个场合他才简单地将中国相对弱势的文化软实力和中国国内的西化势力作了简单的反思。与政治和经济的影响相比,中国并没有太重视文化领域。因此,有必要"将文化作为我国的软实力加以提升"(Cai,2009:111)。尽管人们对于将中国文化介绍给世界看作为提高中国全球影响以及中国"国家软实力"的一个主要方式还存在争议,但是,将中国文化介绍给世界是"一个非常复杂的问题":"我们应该将中国的哪一部分文化介绍给世界,如何介绍?"(Cai,2009)

值得指出的是,文中没有提及中国国家汉办或者孔子学院的作用,原因在于,尽管汉办或者孔子学院与语言和文化的作用相关,但是,孔子学院根本不属于文化部的职权范围。因此,将中国文化介绍给世界并没有一个集中统一的行政管理机构负责。相反地,它是通过孔子学院总部的理事会将各条线的部委和其他机构集中到国际事务的协调之中,让人联想起中非合作论坛中国后续行动委员会是由相似的部委组成的这样一个现象。因此,孔子学院 2010 年年度工作报告承认,孔子学院在其一系列的具体活动中获得了来自教育部、财政部、外交部、国家发展和改革委员会、商务部、文化部、国务院新闻办和中国国际广播电台等多个部门富有成效的支持(Xu,2010b:2)。但是,就像中非合作论坛的高层会议授予非洲驻中国大使团重要作用一样,中国国家汉办也聘请了不少于 10 位的外国理事,这些理事都是来自于国外孔子学院理事会的负责人。[1]

在我们结束有关孔子学院非同寻常的惊人成长的简单描述之前,我们应该指出,

---

[1] http://english.hanban.org/node_7716.htm.譬如,内罗毕大学的执行校长是孔子学院理事会的一名理事。

还是像中非合作论坛那样,官方授予聚集起来的孔子学院界非常重要的作用,如参与网络化、参加主要的常规化会议等。一旦一家孔子学院与中方的合作院校正式建立了操作化的联系,那就不会让它独自去实践自己的目标,而是不断地提醒孔子学院发展的区域特色(譬如在非洲、欧洲举行每年一度的孔子学院区域会议等),并且每年都会邀请孔子学院的中外方院长以及主办高校的校长参加在北京举行的年度孔子学院全国大会。这个年度会议为各个孔子学院了解全球范围内孔子学院界的最佳实践提供了一个独特的机会。由绝大多数孔子学院提供的这种国际经验,其多样性在会议参考资料中得以保留(譬如 2010 年孔子学院总部)。这样一种经历,配之以经费支持,使得在更广的国际范围建立起一种归属感成为可能——这几乎就是一种运动——而非仅仅是在主办学校进行的一种单一的语言和文化倡议。

至于孔子学院又是如何与软实力联系起来的,如果用许琳的类比的话,那就是,孔子学院目前的影响与麦当劳和好莱坞大片的影响相比要差好几个光年。与西方希望在全球范围进行影响力的竞赛相比,孔子学院的雄心是比较适度的。也许那是一厢情愿的想法。他们的目标是鼓励成千上万的人去了解现实的中国,要让他们知道,现实的中国与被西方所呈现出来的那个中国存在着巨大的差别。也许,他们既能够消除西方所谓的中国软实力之意象所带来的危害,同时也能够提升中国自身的影响。南非罗德斯大学孔子学院中方院长马跃对这个进程有自己经过缜密思考后的评论。她是这样阐述的:

> 确实,孔子学院的价值是在帮助更多的人去了解被西方媒体长期扭曲了的一个国家的语言和文化。正因为如此,中国觉得所花的钱是值得的。至少,当西方人民开始通过自己的阅读,而不仅仅是通过西方的宣传的时候,孔子学院能够让更多的西方人民看到一个真实的中国。他们会看到,中国就像他们自己的国家一样,是一片充满希望的土地,当然同时也存在自身的问题。但是,这样一个国家在许多方面跟他们自己的国家是一样的。他们至少可以理解,中国并非是吹着可怕的火焰的一条恶龙,而是非常友好地对待西方人民,甚至在某些时候对待他们比对待自己人更好的一片土地。在这片土地上,由于中国人民的友好,西方人能够在中国自己的人民还依然过着贫穷生活的时候很容易地谋生和赚钱。(马跃与肯尼斯·金的谈话,2012 年 3 月 31 日)

如果说大约 390 所环境差异巨大的孔子学院的一大特色是适度而协调良好地试

图将中国的另外一个方面和现实展示给成千上万普通百姓的话,那么,其过程则是在消除因西方提出中国软实力的意象而造成的危害的同时,同样也消除了西方关于中国软实力的"进攻性"问题了。①

但是,作为了解中国的一个组成部分,访问中国本身这样的经历似乎是绝对重要的。因此,我们看到人们倡议一系列的活动,将孔子学院的学生从世界各地带到中国。这些活动包括常规的中国汉语桥比赛、夏令营、关于汉语教学的会议、孔子学院奖学金项目和孔子学院的年度会议等。通过访问来强调在中国有亲身的体验活动,使得孔子学院与大规模地选送3万名非洲专业人员到中国(通过中非发展论坛)接受短期培训具有相似之处,也与中国留学基金会向非洲提供6000名奖学金生在2013—2015年之间到中国学习具有相似之处。即便实际上这当中只有一小部分孔子学院的学生才能够获得这样的机会,但是,这样的方式还是有其潜在的传播效果的。

6.2　关于孔子学院的分析性视角

中国软实力的概念与孔子学院的使命到底有多大的关联? 在给这个话题作结论时,我们应该回忆一下我们最初的评论,即在某些西方国家和亚洲地区,中国的孔子学院是被当成中国软实力倡议的一个主要事例来看待的。因此,我们先通过科兰兹克(Kurlantzick)、雅克(Jacques)、杨(音)、锐伯尔(Rebol)、莫舍(Mosher)、布雷斯林(Breslin)和刘的著作来简单地了解一下他们对中国语言、文化和中国软实力所作的差别迥异的几种解读。在这个方面,所有作者都特别提及了孔子学院,但是他们的方式差异很大。

这几本著作中的第一本《中国的魅力攻势》(*Charm Offensive*)是由科兰兹克所著,是2004年中国在韩国首尔建立第一所孔子学院之后第三年出版的。书中将中国语言和文化认定为他所谓的"文化工具"的一种主要因素(Kurlantzick,2007)。他依据相对较早的参考资料,就在胡锦涛首次使用软实力这个表述之后,将推广中国文化看作是建立中国国家软实力的一种方式。他提出,中国汉语和文化的学习能够成为"这种公共外交的一种主要组成部分"(Kurlantzick,2007:67)。

显然,新近成立的多个孔子学院都被视为这种公共外交的一个手段。他跟其他

---

① 　这个表述来自于(Kurlantzick,2007)。

人一样,将孔子学院看作让人联想起英国文化委员会和法语联盟来,尽管他们的运作模式——诚如我们早已提及的——差异非常之大。

因此,人们确实没有试图对这个新的机构的运作模式进行详细的探讨。确实,在标题为"文化之工具"这一章里,只有不到一页纸的内容涉及孔子学院。北京对语言和文化外交的关注点更多地是在外国学生和外国学者到中国去的输入性活动。但是,由于这样一个过程是用如此多彩的语言来呈现的,因此,很难让人能够严肃地对待之。① 确实,在阅读完关于"对魅力攻势的反应"这最后一章之后,我们很难不得出如下结论,即该书论述了美国建立软实力的迫切需要,也同样描述了建立中国软实力的迫切需要。该书前言中有这样一句话,"也许,最为重要的是,中国的软实力可能会对美国的利益产生重大影响"(Kurlantzick,2007:7)。但是,我们会在本章的后部回到由科兰兹克撰写的有关中国在非洲的软实力这个更加均衡的描述。

第二位作者是雅克。比起科兰兹克,他所撰写的题目更加吸引眼球:《当中国统治世界:中央帝国的兴起和西方世界的终结》(*When China Rules the World: The Rise of the Middle Kingdom and the End of the Western World*)(Jacques,2009)。但是,人们对他的著作更多地是从汉语、中国文化、中国高校和中国软实力的作用的变化角度来对他的评估作出权衡的。就语言而言,他指出,中国的兴起已经使得全球范围内更多的人决定学习汉语。他估计,现在世界各地大约有 3000 万人在中国之外的地方学习汉语,有大约 2500 所高校开设了汉语课程。由中国政府提出的汉语言文化的推广活动与之相比只排在第二位。确实,他对孔子学院的建立作了很简单的探讨,而且再次将它跟欧洲的参照标准之间的相似之处作了比较(Jacques,2009:399)。它们的运作模式并没有详细说明。② 但是,他并没有试图将他们与任何中国政府倡议的集权化的软实力联系起来。中国高校地位的上升得到恰当的说明。但是,他并没有将这种全新的地位与孔子学院和中国高校合作之间建立联系。当然,对于许多海外申请者而言,孔子学院程序中一个关键的吸引力恰恰在于它所正式投放的经费资助与某个相称的中国高校建立了联系。

雅克将中国文化描述为软实力(Jacques,2009:403)并非是以相互分离而又精心制作的国策来呈现的,而是基于这个国家的深厚的文化遗产,在其经济上变得不可思

---

① "北京也试图吸引更多的外国学生到中国来……增加支出来吸引外国精英学者从西方到中国来进行教学……设立基金来诱使中国出生的学者……归国"。(Kurlantzick,2007:69)

② 孔子学院被说成"经常跟当地的高校联系在一起,而不是被看作他们海外进行组织的唯一形式,并将自己与欧洲的其他模式区分开来"(Jacques,2009:399)。

议的强大之时，几乎是作为一个自然的结果而呈现出来的。财富和经济实力是行使软实力和施加文化影响的前提条件（Jacques，2009：403）。突然之间，一系列的中国文化影响获得了世界的关注，不管是体育、电影、武术、中医还是中国艺术市场，莫不如此。中国的国际媒体依然落后于西方，但是，新华社、国家新闻机构、报纸的国际版面以及电视的国际频道都已经作了很大的投资。但是，中国软实力的驱动者是1992—2010年间中国作为一个国家与其他国家进行贸易总额的百分比所发生的巨大变化。在很多情况下，这样的贸易额在不到20年的时间里就增加了10倍（Jacques，2012a）。

对于雅克而言，中国与其他国家的差别在于它有一系列更加深层的关键特色。这些特色有助于使其更加有效地将自己的文化、国家的特色和改革确定为软实力，而非其他任何的侧重点。① 此外，有趣的是，他在这本书的第二版（2012年4月）中以中国人对孩子的养育和教育的方式来阐述中国的软实力，从而超越了通俗文化的层面。他认为，父母和老师对孩子成就的高度期望是中国和亚洲其他基于儒教的社会的一大特色。② 令人感兴趣的是，雅克希望中国软实力的这两个例子能够会同汉语在西方变得具有影响力，而与此同时，它们又不是由中国来推广的：人们将不断地吵着要学汉语。迄今为止，人们还难以认识到，但是我们会发现自己正不断地受到中国软实力的影响（Jacques，2012a：29）。

我们的第三位作者杨是七位作者当中唯一一位教育学专家，他的专业关注点是高等教育，尤其是中国高等教育。我们在第1章中已经引用过他的文章《软实力和高等教育：孔子学院考察》。文中他评论道，孔子学院的发展"大概是中国经过最系统规划的软实力政策"（Yang，2010：235）。但是，该文事实上走得更远，并声称，中国的治理模式，而并非仅仅是语言和文化，正在通过孔子学院而得到推广：

> 这种机构的网络系统是中国所使用的一种重要工具，通过汉语和中国文化的推广来拓展中国的国际影响力、拓展中国的治理模式。（Yang，2010）

在导论的第一段中提出这样的主张是出人意料的，因为文章中并没有任何证据显示，人们正使用孔子学院来推广中国的治理模式。这个表述在文章的其他地方再

---

① 参阅第12章：界定中国的八大特点（Jacques，2009：414—435）。
② 正如在第3章中所提及的，"中国的老师往往会相信，只要付出努力，孩子就能够达到预期的标准"（Chen，1990：165）。

也没有使用过。① 况且,跟孔子学院有关的诸如汉办的总干事或者大学的执行校长(如谢菲尔德大学和爱丁堡大学的执行校长)等一干著名人士在文章的不同地方都清楚地说明,在孔子学院的运作过程中并没有中国政府的任何干预。②

文章的最后一部分对孔子学院构成的范围问题作了探讨:"中国高等教育国际化的一种全新模式"(Yang,2010:243)。就像在文章开始的第一部分作者对中国孔子学院和政治宣传所作的声称一样,这里又出现了与作者相似的主张,即他认为中国高等教育的举措走得太远了:

> 在高等教育领域,将国际交流与合作作为执行软实力来加以使用是史无前例的,也已远远超越了传统理论的舒适区。(Yang,2010:243)

然而,在接下来的内容里,作者根本没有试图对孔子学院的高校合作伙伴如何执行史无前例的软实力作详细的阐述,也没有对与孔子学院并无关联的中国高等教育大量海外合作伙伴作任何的讨论。譬如,中非合作论坛承诺在中非"20+20"的高校合作计划中选择20所中国高校与20所非洲一流高校建立合作伙伴关系并没有被提及。因此,这篇文章有两个谜团未予解决,而且都涉及中国不适当地使用软实力这样的主张。但是,两个主张一个也没有得到证实。

构成对照的是,马克斯·锐伯尔(Max Rebol)直接将孔子学院放置于文化合作的领域。确实,他们被认定为"与非洲进行文化合作的最为明显的证明"(Rebol,2011:63)。这种看法,严格地讲,对于中国而言是极为重要的,原因在于,中国与非洲开展这样的合作让人感到"非政治化",也没有涉及对他国内政的干涉。更何况,文化的推广变成了中国软实力有自然吸引力的载体:"汉语也同样属于这个类型,也包括语言本身的吸引力和学生期望从语言学习中所获得的直接利益"(Rebol,2011)。

莫舍在2012年3月美国众议院外交事务委员会上的陈述让人难以置信,像锐伯尔一样,他也在对孔子学院进行分析。标题为"孔子学院:中国特色的特洛

---

① 这篇文章引用了杨在2007年撰写的文章。该文呈现的是"通过汉语言文化的推广",这些孔子学院就"等同于软实力攻势"(Yang,2010:25)。杨预料到后面写的文章,担心"孔子学院办得越是成功,它们被用以作为北京未来对外政策的代理人的潜在可能性就越大"(Yang,2010)。

② 用该执行校长的话讲就是"我们并没有发现中国政府通过孔子学院将大学作为他们宣传工具的任何证据"(Yang,2010:238)。

伊木马"（Confucius Institutes：Trojan horses with Chinese characteristics），暗示孔子学院是一种极为危险的机制。这与证词所作的提议是完全一致的，"孔子学院的一个主要目标就是颠覆、拉拢并最终控制西方有关中国事务的学术话语"（Mosher，2012：2）。该文通过似乎是站不住脚的一系列断言，寻求提出这样的主张，即孔子学院"显然是受意识形态驱动的政治权力游戏"。但是，特洛伊木马隐喻所传递出来的最后信息，当然是孔子学院据说与他们看上去的差异很大。"在貌似推广汉语言文化的时候，他（Paradise）说，'它们是更大范围的软实力规划的一个组成部分。在这个部分里，中国出于政治目的，试图争取赢得人心'。"（Mosher 引用 Paradise，2012：5）

我们回顾了前五位作者对中国通过孔子学院推广汉语言文化来体现自身软实力的差异极大的看法，从中可以看出，中国进入世界文化外交已经泛起涟漪，甚至涌起波浪。文化外交原本是一个只有美国和5～6个欧洲大国所占据的活动场所。迄今为止，尚没有发展中国家寻求推广他们的语言。即便是日本在崛起为经济巨人的时候，出于历史的原因，也没有步欧洲和美国的后尘。① 但是，中国在不到八年的时间里通过孔子学院所达到的这一切，其速度和规模注定会引起人们的思考。

然而，孔子学院合作模式的创新使得人们的批评得以转移。大多数主持孔子学院的大学直接申请、接受审查，所有的孔子学院都由中外方院长联合主持工作，使得人们对孔子学院成为独立推销中国文化的担心减少到最低。确实，依据大学课程中是否已经开设汉语，很多情况下孔子学院负责将全新的学位课目融入现有的课程体系之中。

除了自身有巨大差异的外显课程，即便在非洲的孔子学院内部（Mahmoud，2010），也存在着可以被称之为中国版的软实力，明显有别于通过说服和吸引力获得自己想要的东西这样的想法。一位非洲孔子学院的联合院长是这样讲的：

> 我赞同，中国对"软实力"的定义确实是不同的。当他们开始觉得中国也应该使用软实力这个表述的时候，他们是为了去"赢得世界上其他国家人民的信任、热爱和支持，而不是原本就在脑海里存在的臆想出来的软实力的概念"。（马跃与肯尼斯·金的谈话，2012 年 4 月 1 日）

---

① 日本自 1940 年起推广"大东亚共荣圈"的消极经历，意味着人们极不情愿正式地或者从机制上鼓励日本的文化和语言。

上述解释是基于这样一种理解,即在中国主流对软实力的看法中,并不存在将其他人的观点转化过来去接受中国的价值观和生活方式的意图。相反地,他们的意图是让他人更好地欣赏中国的价值观。在许多情况下,正如在前面所提及的那样,倒不如说这更像是在试图改变其他国家的人们对中国所持的否定态度这样一个问题,因为大多数西方媒体对中国在非洲的作用依然持严厉批判的态度。这还不仅仅是媒体。美国众议院外交事务委员会非洲事务、全球卫生和人权分委会于 2012 年 3 月 29 日"对中国在非洲的作用和影响作了评估",全部委员"对中国的威胁进行了调查",而另外一个分委会则讨论了"与中国开展公共外交的代价"的问题。① 尽管他们在对中国作用的评价中承认中国对非洲的发展发挥了积极的作用,但是,他们依然辩称"中国的实践在某些情况下逐渐损害了人们在非洲为推动先进的经营实践、民主和善治而作出的努力"。②

在这种极具竞争性的媒体和政治环境里,一些西方学者对中国软实力的解释因为更加细致入微、更加均衡而受到那些承办孔子学院的高校的欢迎,这一点也不让人感到惊讶。譬如,布雷斯林在英国皇家国际事务研究所(查塔姆研究所)递交的"中国'软实力'的软概念"(The soft notion of China's "soft power")的论文中也许更多地保留了不同含义的中国软实力的复杂现象(Breslin,2011)。布雷斯林从一系列不同的方面将"提升国家形象"确定为孔子学院最合适的特色描写。这种做法,许多国家都已经开始实施。他宣称,大多数国家的实施时间远早于中国。对于布雷斯林而言,孔子形象的使用在于孔子已经是诸如和谐等的一系列价值的象征了,而和谐对于当今世界也是极为重要的。"孔子"的名字也将世界各地对中国历史和传统的广泛兴趣联系起来。在孔子学院的酝酿期也考虑过其他名字,但是,他们都没有孔子那样相同的历史感染力和国际吸引力。③ 但是,除了这种对中国历史的感染力之外,布雷斯林将以孔子学院为象征的过往历史看作呈现当今价值观极为重要的手段,即便这些价值观与西方的价值观存有差异:

……它可以用以建立一个理解当今中国之所以成为当今中国的基础:它为何这样做,它在未来又会怎样表现等。它是解释"差异"的一种手段,对

① 参阅 http://foreignaffairs. house. gov/hearing_notice. asp? id=1419. 刚才讨论的 Mosher 的证词是在最后一个分委会递交的。
② http://www. safpi. org/news/article/2012/assessing-chinas-role-and-influence-africa.
③ 中方院长与肯尼斯·金的谈话,2012 年 4 月 2 日。

个人和国家之间关系的不同理解，对社会是如何形成秩序、如何发挥作用的一种不同的理解，对自然和政府的目的的一种不同的理解。所有这些差异都是与居于主导地位的盎格鲁——欧洲的个人主义和自由主义的模式所不同的。（Breslin，2011：10）

当孔子学院融入超过 390 所差异极大的高校环境时，"理解"和"解释"这些术语对于其作用而言就是至关重要的了。目前，不管是在中国还是在承办国，我们都缺少孔子学院如何理解自己作用的足够多的说明。但是，极少数讨论过孔子学院作用的人士并没有感受到孔子学院的政治性使命，正如莫舍在其证词中所描述的那样。他们基本上将其"使命"看作为教育性的，因为他们基本上是大学教师："我们推动与学术有关的语言文化教学行为（同时包括狭义的和广义的含义），以使学生'理解汉语言文化'变得容易，让他们更好地了解中国，也希望他们能够找到一个可以使用他们所学知识的职业。"

这个有关软实力的短斤少两的版本引起了一所非洲孔子学院中方院长的关注：

> 这绝对符合中国增进人民之间了解的基本目标。但是，我们的方法当中所缺少的正是由约瑟夫·奈所界定的"软实力"的内容：我们无意让其他人民去做我们要他们去做的事情。我们提供教育服务，但是，我们无意控制他们，也无意从他们那里获取什么。（马跃与肯尼斯·金的谈话，2012 年 4 月 3 日）

如果说要对有关语言、文化和软实力等问题的讨论作一个结语，正如我们在孔子学院的历史和发展过程中所阐释的那样，我们可以说，对于这些机构的作用而言，我们涵盖了大量不同的态度和立场。我们自己的观点是，他们确实提供了布雷斯林所谓的中国软实力的温和版。如果这些孔子学院果真被理解为"北京外交政策的代理人"或者"一种软实力的攻势"（Yang，2007：25），那么，孔子学院被斯坦福大学、芝加哥大学、伦敦大学、爱丁堡大学、开普敦大学、开罗大学接受则是不可思议的。

"孔子学院缺少一个由北京制定的集中统一的议程。"这是由北京大学的学者刘海芳提出的。有关这个话题我们后面会再回过来谈。她的观点与南非罗德斯大学孔子学院非方院长瓦马克在本章的开头所提出的观点完全一致：孔子学院的现象是一种"实验性的、边学边做的方法，而不像某些倡议，它们是通过已经建立声誉的文化输出大计划来加以推动的"：

> 迄今为止，只有那块携有孔子学院题词的、由汉办定做的匾额没有任何变化，而其他事情都已经历巨变：没有统一的教材和教学大纲，没有长远目标，运营模式也各不相同（承办孔子学院的大学或者学院都可以自己决定上述问题）……因为有这样一种模式作为其别具一格的特色，孔子学院似乎是中国迄今为止最为开放的机构。（Liu，2008：31）

6.3　作为中国文化外交的中国奖学金和专业培训

与围绕孔子学院引发人们高强度辩论构成对照的是，对于中国向非洲专业人士提供的大规模短期培训，或者中国向非洲人提供的长期奖学金所产生的潜在作用或影响力，在西方几乎没有人予以讨论。在 2009—2012 年间，去中国的非洲专业人士有 20000 人，非洲学者有 5500 人。任何一年内在整个非洲 33 所孔子学院进行注册学习汉语课程的人数也不可能超过中国在这两个项目下所提供的教育和培训的总人数 25500 人。我们如何按照文化外交或者软实力的方法来评估这些项目呢？相比于来自其他国家的项目，我们又如何对中国的奖学金项目和培训项目对世界范围的影响进行评估呢？我们先来考察一下奖学金项目，然后简单地看看短期培训项目。

单就接触汉语这个层面而言，那些在孔子学院上课的学生和那些来自非洲的被要求先学汉语一年，然后再开始学位课程学习的奖学金学生们几乎没有什么可以比较的。奖学金学生们接下来的学位课程也是用汉语上的。四到六年用汉语学习课程导致产生了一个重要的非洲学生群体，他们对汉语已经完全精通。

就规模本身而言，世界上最为知名的奖学金计划当中的一个计划就是英联邦研究生奖学金计划（CSFP）。这个计划自 1959 年发起之日起，迄今已经资助了大约 27000 名个人。[1] 相反，中国有关对外援助的白皮书则宣称，截至 2009 年年底，中国已经援助了不少于 70629 名来自 119 个国家的学生（China，2011a：14）。

如果我们对英联邦研究生奖学金计划（CSFP）和中国留学基金委（CSC）的原理阐述进行比较，我们会发现，前者强调"互惠和共享"。有趣的是，这个互惠与共享和

[1]　http://www.csfp-online.org/in-touch.html.

中国传统所关注的互利产生共鸣。CSFP 的五项原则之一是,它应该"以相互合作和共享教育经验为基础"。①

中国留学基金委对来华留学的原理阐述当然不是针对非洲、亚洲或者欧洲,而是适用于所有地区,就像英联邦研究生奖学金计划一样。有趣的是,中国留学基金委对于来华学习也有五项原则或者原理阐述。② 也许,让人惊讶的是,五项原则之首是"充裕的工作机会":那些会说汉语的、并且有在中国生活经历的学生在中国就业有很大的优势。有趣的是,就我们所关注的文化和软实力而言,我们注意到,享有文化的多样性位列目录的第二位。在中国成为学生,并使自己沉浸于中国社会,"会为您提供一个直观看世界的全新方法",与教科书所提供的深刻见解差异很大。

就像英联邦的研究生奖学金计划一样,中国留学基金委的另外一项原则强调的是,中国奖学金旨在"加强相互理解和友谊"。但是,在中国学习的另外两个理由是让许多西方学生感到迷惑的相对低的成本③,以及向学生提供的"充满活力的校园生活"。对于学生在中国学习的学习条件,中国留学基金委的网站上也与以前的条件作了比较,并公开写明:"与中国以往几代大学生相比,现在学生在校园内外享有更多的自由和更加丰富多彩的活动。"

在中国留学基金委和英联邦研究生奖学金计划的五个理由或者五项原理阐述中,让人惊讶的是,尽管它们都强调互惠和共享的重要性,但是,它们都没有提到要培养潜在的有影响力的领导,或者向海外提供奖学金具有文化外交的作用等内容。相反,英国的外交和联邦事务办公室(FCO)清楚地界定了志奋领奖学金(Chevening Scholarship)对政治、经济和社会的影响(该项奖学金自 1983 年起已经有不少于 40000 接受者)。"志奋顶奖学金是为各个领域已经被认定为具有未来领导潜力的才俊而设立的。这些领域包括政治、商业、媒体、公民社会、宗教和学术界。"④

英国外交和联邦事务办公室在奖学金目标中明确提及领导力,以及在英联邦研究生奖学金中没有这样的字眼,并不意味着在后者的目标中根本不存在文化外交的

---

① 其他四项原则包括:对于其他计划而言的额外性、灵活性、全英联邦的特色以及最高学术成就的确认。(http://www.csfp-online.org/about.html)

② http://en.csc.edu.cn/laihua/newsdetailen.aspx? cid=63&id=1139.

③ "你可以承担一种在家里无法享有的生活方式:有管家、每个月去旅游、经常性地到餐馆用餐、按摩、在城里过夜、甚至是穿特制的衣服。"

④ www.fco.gov.uk/en/about-us/what-we-do/scholarships/chevening/.

目的。政府也许并不希望宣称文化外交是他们设立奖学金的宗旨。

这在对英国对英联邦研究生奖学金计划的贡献作正式评估时就变得清楚了。评估承认,对于英联邦奖学金委员会而言,"特别是自1990年后期起,英联邦奖学金委员会既强调发展的影响……也强调领导力,以及国际合作和伙伴关系"(CSCUK,2009:V)。对于中国留学基金委员会而言当然也是如此:网站上正式刊登的奖学金目标并不排除中国奖学金的支持具有文化外交的因素。

当然,在美国也有相似的情况存在。我们早就提及美国几个主要的基金会参与了奖学金接受者在观念形成方面的有关主张,在冷战时期尤其如此(Berman,1983)。此外,通过奖学金可以对文化外交和国际影响力的作用产生更好的理解,这是北京大学于2012年提出对"中国对非洲学生资助政策的演变及其有效性的评估"进行分析的一个理由。其中的一个结果是对其影响和作用所进行的评估:对这类发展援助对选送国和接受社会以及双边关系的作用进行分析(Li and Liu,2012)。

除了更加笼统的对相互信任、政治平等和经济双赢合作等的探讨(Niu,2009),中国还没有对奖学金政策作出过详细的解释。但是,对于中国在非洲的援助,西方早已有了一个极为重要的解释,即认为中国在非洲确实形成了一种带有意识形态的关注。这个极为重要的解释得到了莫德斯雷(Mawdsley,2008)和拉奇(Large,2006)很详细的分析。[①]

人们还认为,中国对非洲的奖学金政策更多地是从战略上使之与文化外交和政治外交间接地建立联系,而不是像中国留学基金委网站上所提出的理由那样,笼统地渴望非洲学生去接触中国。最为具体的是,诺德维特(Nordtveit)作了一个案例研究。他发现,在1989年夏季之后的一段时间里,硬实力和软实力之间存在直接的关联:

> 这样,1989年的政治事件为中国和非洲在20世纪90年代建立日益不断的合作提供了一个背景,导致非洲学生成倍地来到中国学习,中国老师也成倍地到非洲去。(Nordtveit,2011a:101)

在20世纪90年代,非洲来华学习的奖学金学生的总人数确实翻了一番(从原来

---

① 拉奇在2006年引用了海维的话。海维对早自1967年起西方处理中国在非洲的这种方法作了估计:"西方国家以假仁假义的姿态自称,保护非洲免受东方意识形态的侵害是他们的神圣使命……每个人都想当然地认为,非洲人现在确实知道,对他们而言什么是对的。"

的 2245 人增加到 5569 人）。但是，统计数据清楚地表明，每年度在华的非洲学者人数事实上在 1989 年下降了，并且直到 1996 年，人数一直低于 1987 年和 1988 年的人数。只是在 20 世纪 90 年代的最后四年，每年的奖学金生增加了四倍（China，MOE，2005：15—16）。因此，1989 年奖学金数额当然没有急剧增加，接下来的五年也没有。

中国也许不会用软实力话语来讨论其奖学金对非洲的影响。但是，毫无疑问，当他们的校友回国后担当起责任时，他们会很高兴持有"中国政府奖学金的有效性和作用日益明显"这样的态度（China，MOE，2005：20）。接下来人们对非洲学生担任政治领导人的绝对人数进行了说明，也对在经济领域、贸易领域和文化领域涉华的领导人数进行了解释。文化外交（或者软实力）的最终目标是，奖学金的经历使得中国在非洲更具吸引力。中国教育部的一个断言是"尽管他们都有各自的国家，许多非洲学生仍然将中国视为他们的'第二故乡'"（China，MOE，2005：21）。

在对涉及奖学金和培训资助的影响和作用所做的回顾作总结之前，我们需要对专业培训项目进行考察，因为这两个项目在三届中非合作论坛（2003 年、2006 年和2009 年）所做的承诺期限内，将不少于 45000 名短期培训人员从非洲带到中国。与同期的长期奖学金生相比，接受专业培训的人员数是这三年中获得资助的 11500 名非洲访问学者的 4 倍还要多。但是，来华 4～5 年学习学历课程，包括语言学习在内，与来华从几百门课程中学习几门课程进行为期 3 周至 3 个月的培训相比，它们的差别很大。

最为引人注目的是，就语言习得而言，三周的短期培训课程与学位生的语言培训相比，他们的语言学习除了最基础的知识之外几乎什么也没有。但是，这也许并不意味着它没有影响。被遴选参加不同课程培训的非洲专业人士被给予非常特别的待遇。他们被安置在优雅的酒店，而非学生宿舍，并根据研讨班主题安排一系列有导游的相关经历。而且，根据研讨班所在地的不同，还会在他们离开之前安排一天，将他们送到义乌这个世界上最大的消费品市场进行购物。

对于非洲的中高层公务人员、大学教授或者校长而言，由于他们在非洲对中国的了解几乎是零（除了看到中国在非洲的建设项目、餐馆或者中国商城之外），这三周或者三个月的培训就真是大开眼界了。根据科目的重点不同，他们会看到中国最好的相关内容，不管是公路、铁路、水稻耕耘还是乡村建设，都是如此。

所有的课程，根据来自非洲的国家的不同，都是用英语、法语或者阿拉伯语等语言授课。他们也会有机会去看看中国某些贫穷的省份，以提醒他们中国依然是一个发展中国家，而且，正如我们在第 2 章中所提及的，课程并没有向他们极力鼓吹他们应该怎么样去改进非洲。

让人惊讶的是,对于中非之间这样巨大规模的知识共享的运作,在中国商务部对外援助司的网站上,正如我们在第 5 章中所指出的,根本找不到任何有关这几百个之多的研讨班的任何信息。而且,尽管每个研讨班在中国的承办机构都有评估,但是找不到任何可以公开找到的反馈信息。在 2010 年由我们安排为来自肯尼亚近 200 名的短期培训人员使用的匿名反馈表上,评价的肯定程度非常之高。这些内容可以从第 2 章中回忆到。如果这样的满意度在 20000 名非洲专业人士中是普遍的现象,那么,这种知识共享肯定是强有力的文化外交或者软实力的一个来源。下面是这些特点的一个提示:

> 外国人作为一个局外人,充分意识到这个国家所面临的挑战以及如何克服这些挑战,因此,中国方面所提供的培训课程对于外国人理解中国而言是绝对重要的。挑战之中最为艰巨的则是人口控制问题、食品安全问题和水资源的管理问题。

> 在所有这些问题之中都有很重要的教训可以吸取。也许,对我而言,难以磨灭的是中国人民的适应能力和辛勤劳动,这可以从他们对欣赏和拥抱技术进步的态度中显现出来。
> 我们所到之处都感到非常荣耀、受到欢迎。(2010 年肯尼亚学员的反馈表)

> 坦诚地讲,中国长期以来被描绘成一个闭关锁国、世界其他地区的人民无法访问的国家。既然我可以访问这个国家,并向他们学习,我现在相信,没有任何怀疑,中国有很多肯尼亚人,我个人也能够从这个伟大的国家学到知识。我在访问中国历史遗迹的时候特别感动。坚持下去。这是欣赏你们文化的一种快捷的方式。(2010 年肯尼亚学员的反馈表)

值得指出的是,几位肯尼亚学员抵达中国与离开中国时,他们对中国的想法变化很大。不管为 30000 名非洲专业人员安排这类劳动密集型培训的过程是否被中国人视为知识共享、南南团结一致、文化外交或者软实力等,至少它看起来是一项非常成功的公共外交行为。

这个宏大的计划是非洲的重点项目,还是中国的重点项目,抑或是双方的重点项目,这个问题很重要。因为,它可以判断这是因为中非合作论坛而对非洲的需求所作出的一种回应，还是中国决策者们对作为对外援助的重点项目而作出的决策。有趣的是，本应成为 2006 年北京宣言和行动计划的倒数第二个草案原本缺少量化目标，10 月中旬的草案也仅仅谈了旨在"在未来的三年里培训更多的非洲专业人士"的目标，以及规划"在目前测定为每年 1200 名的基础上渐渐增加非洲来华学生的奖学金数量"。这种渐进主义的意图突然间在两周后的峰会上被量化为 15000 名专业人士和 4000 名奖学金生。笼统地说，同样的事情也在中国对外援助的意图上出现了。对外援助的倒数第二个草案也谈到了"逐渐增加这样的援助，以与经济增长保持一致"的意图，而最后的定稿则决定"对非洲国家的援助规模要翻番"。①

导致量化目标的原因到底是什么，也许我们永远不得而知。但是，出席北京峰会的非洲国家领导人不少于 40 人，也许是他们对目标数量施加了压力。同样地，前一年的格伦依格尔斯 G8 会议也承诺对非洲的援助要翻倍。这样，即便大多数 G8 国家没能履行在苏格兰作出的承诺，但是非洲国家自 2005 年起就开始有了目标模式。

在我们对中国奖学金项目和培训资助项目这部分作出总结之前，将这两个项目与一些其他国家奖学金项目进行比较以确定其地位，这样做也许会有帮助。首先需要强调的是，提供奖学金的动机或者说逻辑依据会随着时间的推移而发生变化。因此，奖学金支持的时期划分非常重要。由此，荷兰奖学金项目曾经主要是为了发展中国家的发展利益而设立的。但是，这种情况已经发生了巨大的变化，现在奖学金更多地是以荷兰自身的经济利益为导向的。② 英联邦奖学金在 50 年的发展历程中也有类似的变化。就英国在这些方面作为最大的贡献者而言，奖学金原先的侧重点主要是在接受人的智力价值方面，后来又加上了对接受者的发展作用和领导潜能的考虑，部分原因是因为基金来源发生了变化。同样的现象在日本也出现了。日本目前的对外援助要重视"日本面子"，因此他们的奖学金项目和培训项目也受到了影响。人们对日本国际协力机构(JICA)在 2012 年所做的培训和对话项目评价道，"这个计划也对在日本国内日益增加国际问题的接触作出了贡献，也在接受国培育了重要的'泛日本'群体"(Japan,MOFA,2012：2)。

---

① 参阅肯尼斯·金对 2006 年中非合作论坛蜂会的目标进程所作的更加详细的说明。

② "荷兰的奖学金项目原来纯粹是为发展而提供的。它应该有助于发展中国家，而别无他意。在最近的十年里，荷兰 DGIS 的想法发生了变化。校友变成为荷兰的'大使'，而校友网络则变成为一种加强经济与政治关系的有用工具。人们发起成立了合作伙伴国家校友会并提供活动经费。最近几年，奖学金也被看作一种战略，以吸引那些能够为荷兰带来有益于教育质量和研究的人才以及提升荷兰经济的人才。"(Ad Boeren 和 NUFFIC 与肯尼斯·金的谈话,2012 年 4 月 18 日)

　　同样地,拥有德意志学术交流中心(DAAD)这个世界上最大相似捐赠机构的德国,也发生了从早期的对个人奖学金的支持①转变为对海外高等教育和发展合作的结构性支持(DAAD,2011：8)的变化。在其现有的五个目标中就有“推动德国高校的国际特色和吸引力”和“在国外高校加强德国研究和德语的学习”(DAAD,2011：16)。

　　笼统地讲,人们开始对包括奖学金资助包含在内的不同援助模式的确切量化价值表示关注,这在以金钱换价值的西方援助署中尤其如此。② 即便在中国商务部之内,人们也对来自非洲专业人士在华学习2～3周课程所花费的金钱的成本和产生的价值进行过讨论。③

　　就中国奖学金项目而言,在某些评论者看来,其动机和逻辑依据也发生了相似的变化,反映了中国在60年间所经历的不同政治阶段。由此,诺德维特发现了第一个“政治联盟阶段”(1950—1989年);然后是中国将“非洲视为政治支持的来源地”的阶段(1989—2000年),以及“增进经济关系”的最后一个阶段(2000年至今)。与此相反的是,贺(He,2006)并没有从中国60年间指导教育和培训双边合作的一般战略和政策中发现任何变化,只在教育援助的形式和着重点上发现了差异。有趣的是,她确实认识到一般中非政策具有三个非同寻常的阶段：1)“充满意识形态和强化政治利益”阶段;2)“弱化意识形态和重视经济利益”阶段;3)“冷战结束之后的中非关系：同时重视政治利益和经济利益”阶段(He,2005)。但是,李和刘(2012)提出,“人们几乎不知道在非洲奖学金项目背后的逻辑依据是什么,这些逻辑依据是否发生变化,如何发生变化,也无从知晓”。此外,李宣称,当今的奖学金项目操作中并没有单一的逻辑依据存在,但是,存在中非互利的方式。④ 对于大规模的短期培训项目而言,几乎就是这样。

　　在对中国援助非洲进行人力资源开发的三个主要因素所进行的回顾中,有一个模式——奖学金,自1956年四位埃及学生来中国学习艺术、哲学和农业起就已经存在了。在中国提供专业研讨会的第二古老的项目起始于1998年的教育领域,是一个职业教育研讨班(He,2006)以及1996年的非洲外交官研讨会。最后,对在非洲推广

　　① 参阅由诺贝尔奖获得者 Wangari Maathai 撰写的2010年年度报告前言的评论,“由于DAAD给我机会从学术生涯中学习生活所需,因此使得我的生活发生了重大变化”(DAAD,2011：扉页)。

　　② 要了解海外奖学金和奖励的分析,参阅(*NORRAG News* 45,2011);要了解国际教育与培训的金钱换价值的情况,参阅(*NORRAG News* 47,2012)。

　　③ 中国商务部代表与肯尼斯·金的谈话,2008年10月,北京。

　　④ 李安山与肯尼斯·金的谈话,2012年4月17日。

孔子学院以及中国因为非洲对孔子学院需求而做出的反应,可以追溯到 2004 年,随后第一所孔子学院于 2005 年在内罗毕大学建立。

在某种程度上,尽管这些项目是通过不同的机构而得到支持的,但是所有这些项目都可以被视为中国发展合作的一个组成部分,都可以被视为中国国际文化和教育推广的要素。作为中国国际合作的要素,它们是否可以被视为软实力的形式、援助是否同样可以被视为软实力,的确是时候对这些问题进行详细考察了。

6.4 中国在非洲的援助、教育和软实力

为防止误解,我们在探讨有关中国对上述问题的态度时需要作出解释。我们早已知道,虽然在 2011 年《中国的对外援助》白皮书中使用了"援助"这个词汇,但是,中国对"援助"一词已经犹豫了几十年。使用这样一个词汇意味着要从事与西方国家援助署相似的行为,而中国已经费尽苦心地指出,中国参与非洲和传统的援助关系具有根本差异。双方在平等的基础上实现互利和"双赢"合作的话语对于大多数的决策者而言都更加容易接受。即便中国许多决策者和学术界都使用过软实力这个表述,包括胡锦涛在 2006 年也使用过这个表述,但是,就软实力而言,相似的问题依然存在。

对于诸如北京大学非洲研究中心的李安山等资深学者而言,这个表述是无法与其在美国的发展完全挣脱开来的。事实上,约瑟夫·奈首次对软实力的阐述是在象征苏联硬实力终结的柏林墙刚刚倒塌之后(Nye,1990)。但是,对于李安山而言,美国之使用软实力是跟美国在最近几年一系列斡旋时美国武装部队的合法性、硬实力的衰落和丧失相联系的。如果说软实力是美国在冷战结束之后对国际关系的一种战略,那么,中国"如果不假思索地借用这个具有特殊背景和特殊含义的概念,则无疑会陷入受制于西方话语的危险之中"(Li,2012)。这个表述的另外一个问题是,在北京将自己的外交政策以建设和谐世界之和平崛起的形象呈现出来的时候,软实力传递出了一种不同的信息,"如果我们使用'软实力'这一概念,那么,我们不但违反了中国的国际战略,还会吓跑愿意跟我们做朋友的发展中国家"(Li,2012)。

这个评论让我们回想起我们在第 1 章中的担忧,即软实力和南南合作来自于两个不同的领域,在某种程度上相互间是有冲突的。软实力在某些方面意味着国际关系的竞争,会出现成功者和失败者。而中国对南南合作的视角则将中国和非洲都视为赢家。如果我们不管这些担忧,那么,我们必须承认,在知识经济时代,在认识到自

1998 年起知识为发展所起的作用之时①，人们已经将软实力当作覆盖一系列的机制性战略这样一种含义甚广的表述就已经不再是让人感到惊讶的了。软技能这个术语也相似地涌现出来，在教育和培训领域获得了一整套不同的功能。②

然而，在这个案例中，我们应该对用以分析中国对外援助所发挥作用的软实力的术语和概念进行考察，尤其是对用以分析那种合作的人力资源开发的特点进行考察。显然，正如我们所要看到的，远在软实力来临之前，不同的援助战略早已存在。从历史上讲，中国在处理与其他发展中国家的关系和援助时，其特殊性则是由周恩来于 1954 年所提出的和平共处五项基本原则确定的。有关这些方面十分显著的是"相互"这个表述发挥了独特的主要的作用。五项原则谈及了与捐助国和接受国完全不同的一个世界，或者说与为了影响（软实力）而进行竞争完全不同的一个世界：

> 相互尊重主权和领土完整；
>
> 互不侵犯；
>
> 互不干涉内政；
>
> 平等互利；
>
> 和平共处。

上述五项基本原则以及 10 年之后由周恩来在访问非洲时所阐述的《中国政府对外援助八项原则》③，皆源于自己经历过的外国援助、依赖和被占领的痛苦经历，在今天对中国依然是一个引人注目的议程，即中国意图如何与包括非洲国家在内的其他发展中国家建立联系。同样的问题在八项准则中再次得到极力强调，即"平等互利"。与此同时，八项准则所表达出来的目的并非是要赢得朋友、影响他们去依赖中国。正好相反，"中国政府的目的并非是使接受国依附于中国，而是帮助他们开始逐步走上自立的道路"（China，2000）。这种表述与约瑟夫·奈最初所提出的推动价值观念和标准以从他人那里获取自己所需要的东西（Nye，1990）这种对软实力定义的概念含义

---

①　如要了解借由援助署途径达到为发展而传播知识的相关情况，请参阅《世界发展报告》，该报告内容主要集中于 1998 年间所提出的知识为了发展这个主题（King and McGrath，2004）。

②　软技能经常被人们用来涵盖协商技能、团队技能、问题解决能力、识字和识数能力以及诸如坚韧、自信这些与更加艰难的技术和职业技能等相比较的行为技能（King and Palmer，2008）。

③　要了解八项原则的全文，请参阅附录。

相差甚远。但是,我们会在本章的后面看到,中国这样一种援助方式与变化中的西方方式所存在的巨大差异在某些人看来就是软实力的一个组成部分。

我们早先就中国在输送援助中对中国自己的设备、技术、技术支持和专家的关键性的重要作用作过评论。这些当然可以被描述为捆绑式援助。但是,中国专家们那些指定的价值观和标准与非洲如此众多的开发项目那司空见惯的、高消费的、专家对等的文化现象真是具有天壤之别。相反的是,周恩来在 1964 年提出,在发展中国家的中国专家"要享受接受国专家相同的生活标准"(China,2000)。大多数情况下他们依然如此。

当然,获得人们广泛承认的是,援助原则经常与援助实践相差甚大。因此,20 世纪 80 年代早期那成千上万的中国技术人员①,不管有没有鼓励自立的原则,积极地推动了中国的价值观和标准,那是可能的。但是,有趣的是,布劳提根首次到非洲是在 1983 年。他描述道,"在无数次的采访中,人们都告诉我,在他们国家工作的中国人几乎根本没有想过要让他们相信中国的模式"(Brautigam,2009:38)。

这并非是说中国的专家像许多日本专家那样,没有在非洲的稻田里而只是在非洲部委的办公室里向他们提供足够多的非常努力工作的榜样(Brautigam,2009:39)。这也是我们在第 3 章中所提到的、也是许多非洲学生所汇报的他们在中国几年学习的情况。也如非洲企业家所说的,诸如莱索托(Lesotho)撰写的那个人对他们国家中国商人的评论,"他指出,就技能、勤奋工作和商务知识而言,本地人可以从中国人那里学到很多"(McNamee,2012:34)。

除非勤奋工作的中国文化得到强有力的推广,以自愿接纳为目的,否则勤奋工作的中国文化是否构成了软实力,这肯定是有争议的。事实上,斯诺和布劳提根都在各自书中的章节里采用了"布道者"一词:"作为布道者的中国人"和"布道者与毛泽东主义者"。但是,对于中国的志愿者和专家而言,并不存在一个中国式开化使命或者适用于非洲的中国绝对真理。斯诺的上述主张也许是正确的,"……几乎没有证据表明他们感受到个人的冲动,那种激起诸如利文斯通(Livingstone)和史怀哲(Schweitzer)那样偶尔出现的欧洲人将自己的生命献给这个陌生大陆的人民的现象"(Snow,1988:168)。即便勤奋工作是中国专家、志愿者、医生和教师的标准,但是,人们并没有感受到有人在非洲积极兜售或者推广这种规范。

---

① 斯诺曾经宣称,正如我们在更早时期所看到的,到 20 世纪 80 年代早期,在非洲的中国技术人员有 15 万人(Snow,1988:147)。

6.5　将软实力与中国在非洲的发展援助联系起来

尽管我们已经看到,将软实力与中国的援助讨论结合起来存在诸多概念性问题,但是,还是有一些学者和政策分析家对这种关系进行了考察。我们会对一些问题进行回顾,来确定他们是用什么视角来对其进行分析的,以及在援助政策范围内,对于人力资源开发的具体地方是否存在一些深刻见解。我们会对贺(He,2009;2010;2012)、瓦拉尔(Varrall,2012)、拉奇(Large,2008)、Fijalkowski(2011)和盛(Sheng,2010)的论点进行分析。他们在一定程度上都对中国的软实力作出了评论。

然而,我们要从软实力的缔造者约瑟夫·奈于2012年1月关于"中国为何在软实力方面无权威"(Nye,2012)中的一些评论作为我们分析的开始。约瑟夫·奈的评论是在胡锦涛发表"我们必须清楚地看到,国际敌对势力正在加剧西化和分化中国的战略阴谋,意识形态领域和文化领域是他们长期渗透的重点领域"这一讲话几天后撰写的。胡锦涛还指出,"西方国际文化处于强势,而我们的文化处于弱势"(胡锦涛,2012年1月4日;Nye,2012)。约瑟夫·奈的分析是对胡锦涛关于中国国际文化(和软实力)处于相对弱势的评论的确认和解释。

比之于我们对中国援助的兴趣,约瑟夫·奈关注的是更为宏大的背景。但是,值得指出的相关事件是,约瑟夫·奈在宣称中国在"魅力攻势"上正花费几十亿美元之后,他引用的首个例子却来自于中国的援助工程,"中国的风格是强调高调,诸如重建柬埔寨议会或者是莫桑比克的外交部(大楼)"(Nye,2012)。也许,令人惊讶的是,对此他并没有以如下的事例进行他那详细的阐述,即中国向非洲联盟捐赠了2亿美元以建造非盟会议厅,非洲联盟委员会大楼也于2012年1月开始启用。

他进一步对北京奥林匹克运动会和有7000万游客光临的上海世博会的魅力攻势进行了阐述。但是,他没有谈及的是,上海世博会期间能够容纳大多数非洲国家的特大的非洲馆本身就是中国的援助项目。他在提及北京奥运会和上海世博会之后几乎就马上回到了援助主题,显然是将这两项活动看作为软实力的主要实例。他声称,"中国对非洲和拉丁美洲的援助项目不局限于那些机制上的关注或者是人权的关注,而这两种关注恰恰对西方援助产生了遏制作用"(Nye,2012)。换言之,他认为,以软实力来讲,中国的援助相对于西方的援助具有竞争优势,因为中国的援助限制条件更少,也因此更具吸引力。但是,约瑟夫·奈就像其他西方评论员对中国的援助作出的评论一样,他也把中国的援助看作对据说是具有更高援助标准的西方援助的一种威胁。

约瑟夫·奈继续直接将软实力看作文化吸引力，他指出，中国不仅仅具有吸引人的传统文化，"中国还在全球范围内创立了几百所孔子学院来教授其语言和文化"（Nye，2012）。更何况，以人力资源讲，他强调，与 2000 年 3.6 万名留学生相比，2010年有将近 25 万名留学生被吸引到中国去。

尽管有这些例子以及诸如中国国际广播电台和新华社在国际上的扩张等现象的例子，约瑟夫·奈还是将这些软实力倡议看作回报有限的倡议，因为如果国际文化叙事与中国国内的现实产生抵触的话，这些倡议会被他们放弃。他认为，在中国国内对个体艺术家和律师等实行限制、进行审查和予以逮捕，有效地破坏了中国在全球范围的软实力战役。

有趣的是，正如上述所提及的，约瑟夫·奈对有关中国软实力的国内现实的探讨是对胡锦涛在《求实》杂志上发表有关西方文化产品和中国文化产品的竞争，尤其是在中国国内竞争的文章的直接回应（Wong，2012）。尽管胡锦涛的文章最关注的似乎是在中国国内保卫和提高中国文化，反对好莱坞和国际媒体的侵袭而需要采取的措施，但是，在软实力的传统里，它确实是作为国内和国际的直接竞争来设定的，"中国文化及其国际影响的总体实力与中国的国际地位并不相称"（胡锦涛，转引自 Wong，2012）。

鉴于胡锦涛在 2006 年 1 月正式承认文化作为软实力的作用，并在 2007 年中国第十七届中国共产党代表大会上再次加以强调，因此，人们对于中国在国际文化影响方面的地位予以高度关注。在北京大学甚至有一个软实力研究小组。尽管中国的发展援助并没有在这类文化外交和国际文化影响力的探讨中显示出明确清晰的作用，但是，值得指出的是，孔子学院确实具有核心特色。在《人民日报》刊登的文章"如何推进中国的软实力"中，孔子学院被推选为最好的正面实例：

> 中国正在努力建设中国文化价值体系，扩大在世界范围的影响并取得了巨大成果。譬如，自 2004 年至 2009 年五年间，中国已经在全球范围 87个国家和地区建立起 523 所孔子学院和孔子课堂，其中孔子学院为 282 所，孔子课堂为 241 个，使得孔子学院成为在国外教授汉语的桥头堡，推动中外教育、文化和其他领域开展交流与合作。何（中国传媒大学的一位研究人员）相信，孔子学院极大地推动了中国文化在全球的传播，提升了中国的声望，增进了中国的声誉。（《人民日报》2010 年 3 月 12 日，网络版）

在我们对西方评论者（包括华裔在内）对中国软实力以及软实力与中国援助可能

的关联性的分析进行回顾之前,很重要的一点是我们应该从中国社会科学院西亚非洲研究所一位很著名的非洲问题专家贺文萍谈起。她的文章"论中国在非洲的软实力建设"(He,2010)和"中国的非洲政策"(He,2009)一章中所谈到的"软实力建设",以及她于2012年的时事短评"论非洲需要更多的软实力",无不触及了援助作为软实力的作用问题。事实上,她曾经提出"也许非洲是中国推动软实力最为重要的试验地"(He,2009:115)。

　　对于我们自己的主题来讲很重要的是,她认为借由援助进行的人力资源开发(HRD)是这种推广活动宣传的中心,"这些努力主要以两种形式出现:将非洲人带到中国来,将中国人送到非洲去——在国家发展中共享中国经验的交流"(He,2009)。这些在人力资源培训中的双向努力被人们视为软实力。她所撰写的内容与使得中国援助的人力资源部分得以显著扩大的2009年11月在埃及召开的第四届中非合作论坛相比要早几个月,即便如此,她还是将在中国召开的专业研讨会和派送中国专家到非洲去认定为软实力建设。同样地,她宣称,本章中和本书中所探讨的人力资源开发的两种模式——通过孔子学院在海外"强力"推行汉语教学以及为非洲学生提供来华学习奖学金也是软实力的建设。

　　除了语言和文化之外,经由援助中的人力资源开发而促成的软实力也还包含某些中国发展经验的吸引力和某些由共识态度、和平共处、尊重多样性等组成中国特性的传统特点。"非洲会成为一个重要的前沿,也许中国会会同新形成的软实力在这里对这种特性进行试验和耕耘"(He,2009:117)。在中国经常被认为是"强大而可怕"的世界里,她所认识到的挑战是如何将中国呈现为"强大而诚挚"的国家。软实力也因此接近于毛泽东所提出的中国要成为一个"亲切友好的大国"的看法(He,2009)。

　　鉴于中国在半个多世纪里对非政策所表现出的连续性,贺文萍认为,与非洲共享中国自身的发展经验和发展方式,比之于其他方面显得尤为突出。在她看来,周恩来提出的与亚非国家建立关系的五项基本原则和八项准则意味着中国的援助是软实力极为重要的例证。在贺文萍看来,与西方不同的是,中国并没有像西方那样不断地重新发明其援助的重点以探求有效的"诀窍"(Brautigam,2009:11)①,而是避免将援助与作为附加条件的民主或者人权条件联系起来。她在对周恩来的八项准则进行了总结之后,得出"非洲人民已经认识到,中国与曾经使非洲国家变为殖民地的西方国家是完全不同的"这一结论(He,2010:64)。

---

　　①　在西方援助中,人们不断在寻找"什么有效"。这也可以理解为"发展奇想"(Ellerman,2012);也同时参阅(McGrath,2012)。

随着 2000 年中非合作论坛的出现，以及援助和投资项目既涵盖经济也涵盖人力资源开发，贺文萍将中非合作论坛归结为同时具备硬实力和软实力可能性的特征①，前者是成功的，后者则还有很长的路要走。尽管双边人力资源交流具有积极的一面，但是，她也发现国内外有关中国的负面看法和误解也持续出现。为此，突出诸如"和谐世界"和"和平崛起"等的观念显得尤为重要。她也因此在这个软实力的议程中得出了发展中国家需要南南合作的结论(He,2010：66)。

对于贺文萍而言，软实力的另外一个方面是市民社会、学术界和智库的作用。尽管她对西方援非增加附加条件予以批判，但是她也承认，多党民主事实上对非洲的非政府组织(NGO)和其他市民社会的参与者起到了鼓励的作用。形成对照的是，与非洲的和国际的非政府组织不断变得引人注目以及他们所发出的声音相比，"中国的非政府组织根本就没有被他人看到，也因此使得中国在作为一个极为重要的软实力工具上打了败仗"(He,2010：66)。

事实上，贺文萍将这个弱势看作为不仅是由于非政府组织的缺失，也与"中国学者在国际舞台上公开露面的次数少、层次低有关"(He,2010)。这肯定是非洲研究中心在中国的发展会成为中非教育合作的一个主要领域的原因(China,2003)。但是，中国对于非洲问题缺少足够多的学术性专长，这只是许多更加广泛的软实力对话渠道当中的一方面，它需要在中非之间的商界、学术界和更加广泛的社会层面加以发展。她感到，与她称之为中非之间业已存在的硬实力发展速度相比，这种缺失的发展会成为一个"漫长而艰巨的过程"。

与约瑟夫·奈看待中国在软实力方面的弱势的观点几乎相似的是，贺文萍作了一个发人深省的评论，她强调，中国软实力在非洲的成功是与中国国内成功地释放软实力不可分割的：

> 软实力的发展不仅仅是外交事务，也与诸如自由思想的程度、知识界多样性的学术氛围和关注个体在社会内的发展等内部因素紧密相连(不是"大国小民"的心态)。(He,2010：68)

在贺文萍于 2012 年 2 月撰写的时事短评"论非洲需要更多的软实力"一文中，她的想法得到进一步拓展，她把中国在非洲着重硬(实力)工程的援助与包括美国在内

---

① 2006 年第三届中非合作论坛会议和 2009 年第四届中非合作论坛会议上的八项保证既包括硬实力(经济)，也包括软实力(人力资源开发)的承诺。

的西方国家注重于软（实力）工程，如在非洲建设市民社会以及涉及非洲知识界的为非洲领导人和学术研究人员进行能力建设等作了简单的比较（He，2012）。正如我们在前面所指出的，尽管中非合作论坛在非洲人力资源开发方面支持双边合作，也支持新的联合研究和交流项目，但是，这些软实力的要素比之于"硬工程"的投资要少得多。

她非常明确地指出，目前在非洲大约有 2000 家中资公司和大约 100 万名中国公民，但是"中国的教授极少在非洲高校露面进行教学，中国的声音几乎难以在非洲的媒体中听到"（He，2012）。她的表述是清楚的：中国通过在非洲的援助和贸易，其硬实力发展良好，但是作为软实力的援助，尤其是通过人力资源开发，要挑战西方，依然是一条漫漫长路。

现在我们转到其他多个论及软实力的评论人，他们也触及了软实力与中国援助之间的关系这件事。尽管瓦拉尔著作的标题"揭露中国软实力的神话"（Debunking the myth of China's soft power）具有挑衅性，但是，她确实设法对 60 年来三个不同阶段能够例证软实力的中国援助政策和援助实践的范围进行了梳理。尽管在人们看来，软实力在中国不断变化的援助经历的某些阶段是可以被发觉的，即便软实力是无意发生的，也还是可以被发觉的，但是，她所得出的总体结论是，使用发展"援助以获取软实力，事实上是非常有限的"。她以极其有力的断言结束道，"中国领导人将正在使用的对外援助作为一种战略工具以获取国际软实力的任何主张都是夸大其词的，这种神话不应该永久地保留下去"（Varrall，2012：156）。她声称，任何意图提出"中国在提供援助之时是把援助当作获取软实力利益的手段来操作的"这一断言的人都是特别缺少中国人的特征的。正如我们已经看到的，这种假设与贺文萍对软实力的探讨是比较接近的。

我们讨论软实力的第二位评论员拉奇根本就没有直接写到软实力。但是，他为我们提供了截至 2008 年有关中非关系日益增多的文献的详细指南。但是，在递交文献时，他对当今中非关系中重新出现的源于更早时期即冷战阶段文献中的这个主题提出了极为重要的历史的和比较的看法。尤其值得关注的是，他对西方（和苏联）对周恩来在 1963—1964 年间惊人的考察所作出的反应与近年来所出现的"中国威胁论"进行了比较，也对原先用在中国头上的"洗脑"和"宣传"等语言与现在吹毛求疵的"软实力"语言进行了对比（Large，2008：49）。在对后者的比较之中，他本应在此章中提醒读者，某些分析家们在探讨孔子学院的"中国威胁"时是交替使用软实力和宣传这两个词汇的。

我们第三个有关软实力的评论来自于 Fijalkowski（2011）。由于他主张"中国（在非洲)的软实力最主要的证据是发展援助",因此,他对我们的讨论来说是有价值的。然而,与此同时,他又提出,诸如外交、文化、科学和教育中心等一国国际交流的所有工具都是软实力工具。他没有提及孔子学院,但是,这些孔子学院作为教育或者文化中心显然是软实力的一种工具且包含在内的。他就中国援助的政策和实践所涉及的、寻求将与非洲合作中处于核心地位的中国传统上所论及的平等、互利作为软实力而呈现出来。他也将他所称为"双赢"的合作祷文视为软实力的一种工具。据推测,这个祷文所阐释的软实力旨在让双方都成为赢家。

这是一种很有趣的态度,在某种程度上与刚刚探讨过的贺文萍的态度接近。我们已经将软实力作为交流战略的一个组成部分。在这种战略中有赢家,也有输家。我们也因此假定,中国对南南合作的战略被称为软实力是不恰当的。软实力思想"让他人希冀你所希望的事"(Nye,1990)之后的这种操纵性假设似乎与南南合作差距很大。然而,对于 Fijalkowski 而言,双赢的战略对于掌管着大部分非洲大陆的非洲精英而言是有吸引力的。但是,他认为,由于这些精英已经剥夺了他们大多数公民的权利,因此,"任何中国软实力的概念抵达非洲似乎确实都是非常有限的"(Fijalkowski, 2011:231)。Fijalkowski 根本就没有对包括教育战略和文化战略在内的中国更加庞大的交流战略是如何在非洲被证实是切实可行的这样一个问题进行探讨。但是,他跟贺文萍一样,留给我们一个挑战,去思考这样一个问题:如果中国当今的双赢战略接近于软实力这样的概念,那么,我们是否可以推测,周恩来所提出的和平共处五项基本原则和八项准则也接近于软实力这个概念? 这种援助传统的显著特色也许使援助成了软实力的一种工具。

我们下面的评论来自于美国的一位中国学者盛(音)。他从软实力的角度将中国视为一个崛起的大国。他不仅将中国的软实力追溯至周恩来在 20 世纪 60 年代访问非洲,正如我们在贺文萍和 Fijalkowski 的文章中所看到的,也把软实力认定为中国古代统治者已经"全面运用"了两千年之久的一种实力。他也许没有对孔子学院加以探讨,但是,他声称,孔子学院"己所不欲,勿施于人"的黄金法则很容易被认定为软实力思想(Sheng,2010:262)。中国的援助并非是他分析的核心部分,但是他确实将中国视为"精于使用国际援助在(非洲和拉丁美洲的)发展中国家建立一个有利的国家形象"的国家(Sheng,2010:268—269)。就像约瑟夫·奈对中国的援助提出评论一样,他也将中国的援助认定为提供"标志性的基础设施工程,包括新的议会大厦、会议中心、足球场和校舍建筑"(Sheng,2010:269)。他没有像贺文萍那样将这些工程认定为硬实力,而是将它们放置于诸如慷慨分发政府奖学金或者中国国际广播台进行国际广播等行为的同一个类型之中。

从历史的角度讲,尽管他承认中国在软实力上具有惊人的先起优势,但是,他在文章结束时提出,其他国家应该鼓励中国加入到俱乐部中——或者如他所说的——"将自己融入现存的国际政治和经济体系之中"。他最后提出,"美国,尤其是中国的邻国,应该吸引中国,并使用自己丰富的软实力去鼓励中国愿意开始真正的政治改革,尊重人权,实施负责任的外交政策,等等"(Sheng,2010:272)。

我们早已经通过库兰齐克对孔子学院的评论以及他对中国的培训所提出的批判性评论而与这位作者谋面。自2009年起,他在本章的后面部分对中国在非洲的软实力进行了特别的考察,而他的书则对中国在全球范围的"魅力攻势"进行了考察。在他的"中国软实力的工具"章节中,他尤其关注中国的援助,因为他判断,"在非洲,发展援助也许会成为最重要的一种工具"(Kurlantzick,2009:171)。

他不像贺文萍,并没有对软的援助项目和硬的援助项目作出区分。但是他承认,尽管人们正认识到,建立吸引力需要通过民间接触才可能获得成功,但是,中国发展援助很大的一部分是用于基础设施建设的。正是在这样一种说明之下,他对于2006年启动的青年志愿者计划和乡村学校与乡村诊所设想作出了评定,尽管他根本没有提及这些项目所能达到的范围是有限的这样一个事实。[①]

然而,他确实指出,作为中国商务部倡议大规模举行的短期培训项目的一个组成部分,中国所实施的"非洲意见领袖培训项目"具有重要意义。我们在本书各个部分已经对有关培训项目进行了分析。他估计,中国的培训项目比之于同个地区的其他国家(如日本),可能是其援助中更大的一个组成部分。事实并非如此。日本确实极其认真地开展了相似的短期培训项目,其规模如果没有超过中国的话,也跟中国的规模一样大。同样地,中国大规模培训项目中的大部分项目也并不是为了培训"意见领袖"的。我们承认,早在1996年,中国就开设了针对非洲外交官的课程,也开设了针对非洲媒体的课程[②],但是,来中国参加数百门之多的课程培训的绝大部分人员都来自于非洲许多专业的部门、部委和高校。

但是,库兰齐克认为,中国通过在非洲的孔子学院和孔子课堂而开设的汉语项目

---

① 在北京召开的第三届中非合作论坛峰会上,中国承诺在2007—2009年的三年间为非洲提供100所乡村学校、300名青年志愿者和30个防治疟疾的诊所(FOCAC,2006)。

② Keita公开批判性地报道中国在非洲新闻自由问题方面所发挥的作用:www.nytimes.com/2012/04/16/opinion/africas-free-press-problem.html?_r=2.

同时参阅Brautigam(2012)对Keita所作的反应:"非洲的新闻自由问题:是中国造成的"?http://www.chinaafricarealstory.com/2012/04/africas-free-press-problem-is-china.html.

是极为重要的（Kurlantzick，2009：173）。他指出这一点是正确的。同样地，这些项目的规模在非洲大陆依然相对较小，因为孔子学院的倡议是由需求驱动的，许多非洲大学尚没有资源提供相对应的经费资助。目前，在整个非洲仅有 33 所孔子学院和 5 所孔子课堂。因此，非洲 54 个国家之中还不到一半国家设立了孔子学院。鉴于诸如埃及、肯尼亚、尼日利亚和南非等几个国家已经建有超过一所孔子学院，整个非洲也许只有 26 个国家各建立了一所孔子学院。因此，我们早先在本章中用中国软实力的作用和中国在非洲设立孔子学院的影响作过分析，这种先入之见也许是被人们过度夸大了。

但是，库兰齐克相信，培训和访问者项目结合起来所产生的影响，会同技术援助的影响，使它们达到了将中国的发展经验即所谓的北京共识或者发展模式以软实力的方式呈现给非洲领导人的程度。尽管发展援助被人们认为是软实力最为重要的工具，但是他认为，这样一种中国式的发展模式也许是"中国向非洲精英输送软实力最为令人信服的方面"（Kurlantzick，2009：173）。它将高增长和某种程度的国家干预而不是华盛顿共识的新自由主义臆断结合起来。尽管库兰齐克认为，这种"模式"可能是一种软实力的有力工具，但是他也承认，中国离事实上去推动这种软实力的模式还非常遥远；恰恰相反，中国鼓励各个国家去遵循自己的发展道路。

然而，在回到我们援助的重点话题时，库兰齐克担心，中国那种不与其他捐助国协调的传统可能会降低这些捐助国支持在非洲建立更好治理的可能性。那么，"由于中国没有与其他捐助国进行协调，以确保援助经费得以有效使用、符合国际标准"，因此，事实上中国的援助或许对环境问题、恶劣的劳动标准和普遍存在的腐败问题产生了作用。他的这种看法似乎是牵强附会的（Kurlantzick，2009：177）。事实上，我们在第 5 章中指出，中国更愿意直接援助，这种偏好实际上使得"与其他援助输送体系相连的"腐败问题减少到最低限度（Muhumuza，2012）。

总而言之，库兰齐克是一位评论人。在他 2009 年所开展的研究中，他将中国的援助视为软实力的主要手段，严肃认真地加以对待，尤其是对中国的援助培训和语言推广，更是如此。他没有效仿贺文萍，而是指出在北京的宝库中"硬"援助项目比"软"项目更加常见，他甚至冒险夸大中国援助的影响。他跟贺文萍共同持有某些相同的观点，就是承认中国会更多地在"非洲街"（非政府组织、媒体、联盟和其他在典型的领导圈之外的重要的人员）施展其软实力的魅力（Kurlantzick，2009：180）。

最后一个有关中国软实力的评论来自于北京大学的学者刘海方。她出于职业习惯关注文化历史,因此她的视角是文化软实力。① 在她的两篇文章里(Liu,2008；2011),她更喜欢使用"文化外交",而不是软实力。我们在这里重新来考察一下。她的第一篇论文是"透过文化棱镜的中非关系：中国在非洲的文化外交活力"。从历史上讲,文化外交的使用与胡锦涛于2006年承认软实力相比,时间更早。诚然,她早在2004年就提出把外交文化当作一个重点来看待(Liu,2008：11)。

刘海方的主要贡献在于她将文化与跟非洲的文化合作和交流联系起来,也与各个阶段中非知识分子的合作联系起来。对于现在成为非洲培训"产业"的中国高校的范围,她为我们提供了大量的详细情况。她知道,培训的涵盖面"从贸易、计算机、农业、医疗植物学、远距离学习、职业教育、幼儿教育、经济管理和军事管理到新闻、文化和旅游,甚至是低息贷款的提供"(Liu,2008：29),非常广泛。用软实力的术语来讲,她显然是将培训看作"赢得人心、展示中国经济和传播中国发展经验"(Liu,2008：30)的一种方式。

在刘海方看来,现在领导文化合作的并不是中国文化部的诸多中国文化中心,而是中国教育部下属的中国国家汉办。但是,由于在非洲只有3个中国文化中心(在埃及、贝宁和毛里求斯)和33所孔子学院,因此,非洲大陆难以被人们当作某种软实力渗透之宏大规划的实例来看待。正如我们所注意到的,某些分析家确实是有这种担心的。刘海方暗示道,用战术术语来讲,如果非洲对于中国果真如此重要,那么,在某些重要而又更加贫穷的非洲国家,则需要全额资助的孔子学院存在,因为对于那些国内资源贫瘠的国家而言,以需求为驱动的合作性模式并不有效(Liu,2008：34)。②

即便文化和语言能够发挥充分的作用,而且将非洲专业人士邀请到中国来也对中国的形象建设产生作用,但是,刘海方还是认为,文化外交不能够只依赖于中国政府机构本身。正如我们在第4章中所看到的,中国的软实力正逐渐地与中国在非洲的公司所发挥的作用联系起来。正是这些公司,出于职业教育的原因,真正激发了人们学习汉语的欲望。这些公司通过它们的社会责任,将会更加普遍地去鼓励培训学校、奖学金和艺术的出现(Liu,2011：153)。

---

① 我们在本章开头提及刘海方,因为她对孔子学院的多样性抱有强硬的观点。

② 如果依赖于当地资源的孔子学院在全球范围的传播总体上阐述了"借船出海"这样的一种说法,那么,"非洲还依然缺少能够用以被借用的船只"(Liu,2008)。

6.6 给中国在非洲的援助和软实力定位

本章的开头就中国在非洲的援助政策和软实力用了一个问号作为开篇。我们似乎可以这样认为，比之于传统上论及合作的话语，最近中外评论者对于软实力的迷恋来自于不同的世界。但是，现在在本章的结尾部分，我们却没有那么肯定了。我们有如此多的评论已经将援助尤其是人力资源合作认定为软实力的主要工具，以至于我们也许需要对这个所谓的差异进行重新思考了。

但是，差异一直是本书的核心部分①，因此，即便胡锦涛已经道出西方在中国所展开的文化攻势，但是，我们依然难以得出中国已经像世界其他地方一样，开始介入到相同的软实力的推广和竞争之中这个结论。因此，在本章的最后部分，我们会对已经触及的贯穿本书的多个主题，通过多样性和软实力的折射来重新回顾，当然我们也要着眼于未来。

首先，人们对非洲的语言有过辩论。我们也已经指出，在某些地方，人们对孔子学院在推广汉语中所发挥的新作用表示了关注。但是，在非洲的孔子学院，是在一个大范围内以认同英语、法语、葡萄牙语和阿拉伯语的语言环境中去鼓励人们学汉语的。在非洲，几乎没有一个国家的高校甚至中学是在用本国某些主要的当地语言进行教学的，这就跟印度一样，更不要谈欧洲那些小国了。在非洲，有一种独特的决定，就是紧紧抱住朱利叶斯·尼雷尔(Julius Nyerere)曾经称为黄金标准的英语，其他地方的人们也将之称为"大都市语言"。普通大众中的大多数人不能理解高等教育所使用的语言，这种现象也经常发生在议会和法庭当中。

即便——似乎是很可能会这样的——非洲有更多国家的高校会要求建立孔子学院，但是英语独大的情况不会轻易得到改变。尽管非洲存有喜好四大国际语言这样一个很大的偏见，但是汉语正在留下影响，正办得与德语或者西班牙语一样成功。取得这种成功的关键在于孔子学院把汉语学习与在中国进行访问和体验联系了起来。但是，就欧洲四大语言在非洲的事例而言，海外学习奖学金的出现使得在非洲学习他们语言的现象得到加强。汉语的情况也是如此。如果孔子学院没有将在中国学习的奖学金选项联系起来，那么它就会是一种孤立的倡议。

第二个问题是，与那些已经不再是非洲高等教育教学媒介的其他所有欧洲语言

① 我们需要指出一个相关的事情，在 Alden and Large(2011)看来，"输送差异"是描述中国介入非洲的独特性的一种方式。也请参考 Large (2006：3)就中国官方发展的差异所作的探讨。

相比,在非洲高校教学汉语具有一种优势,那就是有超过一百多万名能够讲汉语的移民存在,他们分布于非洲各地。他们为汉语学习创造了一种由需求驱动的机制,这种机制非常强大有效,因为所有来自于中国的小微企业都是跟工作机会相联系的。中国软实力的这个方面在目前的研究中还没有被人们发掘出来。

第三个方面是与第二个问题相关联的。在非洲的中国企业不但鼓励人们学习语言,而且还提供服务、技能甚至开发。中国人把投资、贸易和技术视为发展杠杆(正如我们在第 4 章的结尾部分引用的布劳提根的话那样)的这种信念,以非常艰辛地进行工作这样一种文化的方式在整个非洲得到传播。20 世纪早期,在有关印非技能和技术转让方面,人们也在非洲的 3~4 个国家或者一些国家的某些地方(诸如南非的德班)做了相似的事情。印度移民在联合王国的许多村镇做了一些相似的事情,尤其是自 20 世纪 70 年代早期印度人在乌干达被驱逐起尤其如此。更多的非洲人可能是通过中国在非洲的企业而习得了技能,而非通过中国的奖学金项目和短期培训项目而获得。人力资源开发的这个方面也许可以被称为软实力——非洲人希望得到的这些语言技能也正是中国人希望他们去做的——但是,评判委员会成员依然还在不着边际地讨论这到底是涉及什么样的技能和技术转让程序,这会不会像尼日利亚东部和肯尼亚中部某些部分一样,在冒险精神早已存在于非洲文化当中时仅仅造就一些非洲的企业家。正如本章早先时候由麦克纳米(McNamee,2012)所提及的,非洲人也许“在技能、艰苦工作和经营技能等方面有很多地方要向中国学习”。但是,如果这些“软技能”将要成为中国软实力之中的另外一种要素,那么,非洲政府也将需要提供一个使之得以实现的环境。

第四个角度与 2015 年在非洲召开的第六届中非合作论坛会议中有关未来的人力资源开发的议题相关。对于奖学金和培训目标而言会发生什么样的事情?“数字游戏”将中国置于很大压力之下,致使中国长期和短期的培训奖学金数额继续增长,似乎只有这些数字才与“发展”相称。① 2012 年 7 月在北京召开的第四次中非合作论坛上,人力资源开发的数字急剧增加,还出现了诸如在非洲高校设立中国研究中心等额外的类型。自 2012 年以来,新上任的中国领导层是否会对中非合作论坛的步骤作出任何的改动?鉴于全球对后 2015 发展议程广泛所持的先入之见,在准备第六届中非合作论坛过程中,中国是否会受到影响?是否会在同一年的 9 月最终作出决定?

正如我们在第 5 章中所指出的,在准备第五次中非合作论坛之时,即便中国商务

① 要了解对某种程度上将 ODA 人数和比例解释为“发展”这样绝对真理提出的尖锐批判,参阅(Leroy,2012)。

部首次就中非合作论坛的目标和步骤听取了建议，但是，它是否不会保留、甚至增加贺文萍所谓的中国商务部在中非合作论坛上承诺的人力资源开发的软的一面？可以肯定的是，就像日本国际协力机构对他们的短期培训进行考察那样，或者如北京大学对援非奖学金所进行的类似的考察那样，中国在完成某种详细的考察之前是不会缩减这些软目标的。

对于中国援助的第五个视角可能正如盛（音）在前面所提出的，中国是否应该加入捐助国俱乐部这个问题，以及中国是否会支持全民教育目标和教育千禧年发展目标等问题。目前，正如我们在第 5 章中所看到的那样，中国对非洲人力资源开发的支持与 DAC 捐助国的教育工程和教育项目具有根本性差异。当大多数的援助机构都全神贯注于后 2015 年新的援助结构这个关键时刻，一种极不可能出现的现象就是，中国会与全民教育和千禧年发展目标进程结合起来。中国确实于 2012 年 5 月在上海承办了联合国教科文组织第三届职业技术教育与培训大会（UNESCO，2012），而且这也许已经成为第五届中非合作论坛期间三年（2013—2015 年）内，技能发展新重点的一个因素。[①] 但是，就后 2015 年结构所涉及的争议而言，中国迄今尚未寻求在全球层面参与到这个辩论之中，原因之一在于中国早已拥有了自己对非洲的合作和投资结构。因此，实施第五届中非合作论坛三年（2012—2015 年）间的承诺，很可能与中国的规划者联系更多，而不是有关后 2015 年前景的不切实际的思考。

中国人力资源开发软实力外观的第六个方面是人们到中国学习的纯粹的吸引力。约瑟夫·奈在本章中指出，留学人数从 2000 年的 3.6 万人增加到 2012 年的近 25 万人，这个数字并没有将奥巴马承诺在 2010 年之后未来的五年内派送 10 万美国学生到中国学习的承诺计算在内，也没有将法国在相同阶段派送 1 万名法国学生到中国学习的承诺计算在内（King，2010f：3）。中国教育部预计，到 2020 年，外国来华的留学生人数将达到 50 万人。[②] 就像孔子学院和孔子课堂的数量在仅八年的时间之内引人注目地上升一样，外国学生人数的上升也将是史无前例的。（正如我们在第 3 章的结尾部分为加纳人所指出的那样，受到中国吸引的大部分学生现在都是自费的。）也许，学生出于自愿选择到中国去学习与学生受奖学金的鼓励去学习相比，是更具说服力的软实力的一种表现。

---

① 中国会为非洲职业技能培训设施提供帮助，为非洲国家培训专业人士和培训技工提供帮助，尤其会为非洲年轻人和妇女提升他们的工作技能提供帮助（China，2012：5.2.3）。

② 《中国日报》2010 年 11 月 24 日，第 3 页。对于未来的这个估计与截至 2009—2010 年在美国的 69 万留学生数进行比较，参阅（Belyavina，2011：67）。

　　作为软实力的中国人力资源开发的第七个方面,肯定就是那些在过去的九年里应邀到中国去参加短期课程学习的 45000 名非洲专业人士了。至少,也会有同样多的人数来自亚洲和拉丁美洲。目前在中国学习的留学生数量达到近 25 万,而且学生中的大多数人是自己选择到中国去学习的。但是,与之不同的是,专业人士培训的经费完全是由中国承担的。就像大量到德国和日本去接受培训的同事那样,那些数以千计的专业人士去中国参加几百门之多的培训课程。几乎可以肯定的是,他们的人数是不会裁减的。迄今人们还没有对这个软实力作出正式评估,但是,它是中国软实力一个有影响的载体。

　　第八个方面,也是最后一个方面,我们还是回到这个问题:软实力是否源于与中国探讨对非援助和合作有别的一个不同的话语体系?我们早已承认贺文萍的观点,即中国的援助是由软实力和硬实力项目所构成的,而目前的天平更多地朝硬实力基础设施工程倾斜。但是,即便在人力资源开发工程和倡议的软实力之内,我们也还可以对我们所称的"软软实力"——或者用马跃在本章早些时候所说的,将软实力的使用称为"为了赢得来自世界其他各地人民的信任、热爱和支持"——与硬软实力作出区分。后者存在一种强有力的公共关系或者营销的宣传特点,当这种宣传是一种政治宣传时尤为如此。

　　当中国国家汉办主任许琳表示"孔子学院与软实力无关"时,她所要与自己保持距离的正是这后者的软实力。李安山在劝阻人们使用这个表述的时候,他的脑海中存在的也许同样是软实力的这个方面。与之相对的是,我们也许可以宣称,中国在与其他发展中国家探讨合作时,有关"友谊"的中国传统话语也归于这个软软实力的范围。正如我们在第 1 章中所指出的,"友谊"、"相互"和"平等"等表述在《中国对非政策文件》和《中国的对外援助》中总是出现。但是,它们在诸如 DFID 等其他国家发展署的白皮书中根本没有出现。因此,这里存在一种概念上的差异,这种差异无疑是中国的合作伙伴所评论和欣赏的。"软软实力"也许并非是我们描述它的最为精致的方式。如果我们想要在涉及中国对其他发展中的国家提供援助和合作时还要保留这个术语的话,我们也许还是不得不诉诸原先特别受人喜爱的那种"具有中国特色的"软实力了。

7 结 论

过去 6 年,我们来回在中国和非洲奔波调研。这也是我们生活与工作的重心内容。如果我们要理解中国对非洲所产生的影响,无论是直接产生影响的地方,还是尚未产生影响之处,在本章极为简短的总结中,我们将抛出一些需要引起注意的宏观问题。

我们讨论过软实力的一个版本,即竞争性,关注的是胜利者和失败者,是好莱坞对孔夫子。但对全球形势,中国存在一个政策观点,用周恩来的话来说,就是我们在同一条船上。希腊不是欧洲的问题,它是每个人的问题。中国驻南非大使人员就认为,"国家之间的相互依赖程度既是如此之深,又是必不可少,所有的国家都在同一条船上,你遭罪的话,我们也要跟着遭罪"(大使与肯尼斯·金的谈话,2012 年 10 月 15日)。

这种情况促使我们跳出南南合作的特殊关系,而思考全球合作。在前 6 章探讨了中非合作论坛和中非合作之后,这是一个及时的提醒:中国正在与拉美、中东、欧洲、北美、亚太地区以及许多小国交往。我们对中非合作论坛的专注,不应该使我们对以下合作论坛视而不见:已经存在八年之久的 SACF、中国—阿拉伯合作论坛(Sino-Arab Cooperation Forum)、始于 2012 年的中国—拉丁美洲和加勒比合作论坛(China-Lation America and Caribbean Cooperation Forum),以及中国—中亚合作论坛(China-Central Asia Cooperation Forum)。这些合作论坛使我们明白,尽管中国与非洲大陆交往已有 60 年,但在其他地方也变得非常积极。还值得记住的是:全球协议像洲际或区域协议一样,可以成为一种阻碍或者相反。同样,文化实践很难打破——中国对待非洲的方式,与其对待国内的方式一样。用我们一位关键的访谈对象的话来说就是,"中国发现,在非洲的行为很难不受国内的做法影响,就像豹子无法改变其斑点一样,他们发现入乡随俗并不是一件容易的事"(尼日利亚校友/商人与肯尼斯·金的谈话,2012 年 12 月 17 日)。

我们没有从石油、矿产等资源的视角审视中国在非洲的影响,尽管这些都很重要。相反,我们的视角是人力资源,关注的层面包括来华的非洲学生和受训人员、孔子学院和基于企业的培训。我们与成百上千名中国人和非洲人交谈过。然而,我们敏感地意识到,如果我们想要真正理解中国对非洲所产生的影响,还需要作深入的研究：中国的商人是否会对肯尼亚的非正式行业(jua kali)造成威胁? 其他非洲的商人或企业家采用了中国的哪些技术或商业做法? 在 890 所不同机构里面的孔子学院或孔子课堂学习中文,会对职业产生什么影响? 成为"20+20"合作计划的一部分,会给学术研究和院校发展带来什么好处? 在这六年奔波调研结束之际,这些只是少量的还有待研究的问题。其他更多的问题,留待以后去探讨。

在中非这一剧本中,数以千计的非洲人出现在幕前：他们接受短期或长期培训奖学金；他们在横跨整个大陆的孔子学院或孔子课堂注册；或者在一家中国跨国公司接受电信工程的研究生教育。但是,更大数量的非洲人则出现在不太正式的部门：他们中的有些人在遍布非洲的中国购物中心做前台工作,有时代表那些不会说英语或法语的中国企业主；而其他人则在中国在非洲(从埃塞俄比亚到尼日利亚)建立的工厂工作,或者与中国人合作采矿(从津巴布韦到塞拉利昂)。

目前,数以千计的非洲人已在中国接受培训。而这些培训究竟对这帮非洲校友产生了什么深远影响则很难裁定,即便从对个体非洲学生采访的叙述中来看,其影响似乎相当积极。类似地,对于成百上千在中国企业工作的非洲人,我们知之甚少。不同于非洲社会的个体学习文化是答案的一部分,政府是否强力支持谈判和引进来自中国的新技术,就像中国对待来华的直接投资? 或者,非洲人基本上只是替中国企业家"看店",或者,已经有成百上千的从中国企业跳槽的非洲人正在建立自己的公司? 这些留华的非洲人——当中的大多数现在都是个人出资,与那些从美国、英国或法国留学归来的非洲人相比,在竞争中处于劣势吗?

正如我们在前言中所说的,中非就像一块展开的横跨大陆的巨毯,需要更深入的研究。自从我在肯尼亚开展《非洲技工》(African Artisan)的研究,迄今已整整过去40年；而离我 1992 年开始着手《肯尼亚非正式经济部门》(Jua Kali Kenya)的研究,也过去了 20 年。20 年后,即 2012—2013 年,有哪些新的田野调查来揭示中国在肯尼亚的非正式经济部门,以及他们的肯尼亚"毕业生"和竞争者?

我们当中的许多非洲学学者,在内罗毕、坎帕拉(Kampala,乌干达首都)、达累斯萨拉姆(Dar es Salaam,坦桑尼亚首都)的大学开始职业生涯——这些大学一开始与伦敦大学是合作伙伴,而到 2015 年,内罗毕大学与天津师范大学合作建立孔子学院已超过 10 年——对于我们意味着什么? 10 年之后,"20+20"合作计划项目将会给比勒陀利亚(Pretoria,南非行政首都)、开罗、拉格斯(Lagos,尼日利亚首都)的大学带来什么?① 到 2015 年,斯泰伦博斯大学的中国研究中心仍然是非洲大陆的唯一研究中国的机构吗? 或者,在第五届中非合作论坛的愿景下,非洲大学将会得到资助以建立中国研究中心吗? 中国正在积极回应与非洲大学建立知识网络和在非洲大学成立研究基地的论题。这被认为是好事情,且是大学使命的一部分。像非洲研究一样,中国研究有时也在许多大学争得一席之地。但是,希恩和埃森曼的"中国文化不太可能对非洲产生强烈的影响"(Shinn and Eisenman,2012:369)这一论断正确吗?

由中国建设且初始阶段由中方提供部分员工的机构,例如埃塞—中国职业技术学院、马拉维科技大学(Science and Technology University in Malawi)、农业展示中心、医院等,将来的发展会怎样? 到 2015 年,这些机构还会有中国员工和专家吗? 与西方在非洲援建的机构相比,中国在这些机构的可持续性发展问题上有何差异?

除了《中国对非政策文件》(2006)和 2000—2012 年间中非合作论坛行动计划有一小部分涉及援非政策外,中国对非的绝大部分人力资源开发模式几乎是在没有任何政策蓝图下施行的。可以推定,中国新的领导将会维持泛非论坛这一综合体。而且,到 2015 年,非洲的某些地方将会庆祝中非合作 15 周年,但不会制定大量的政策文件。

到 2015 年 9 月,后 2015 年千年发展目标将会设定(此前人们已经倾注了大量精力),同时还包括全民教育目标。截至 2013 年 4 月,有关千年发展目标和全民教育目标的重新设定,已经产生了大量的政策文件、简报、博客、座谈、会议。迄今,此方面的大量工作由北方国家的机构促成,无论是发展机构、智库,还是国际非政府组织。到目前为止,中国和印度只是最低程度地参与到此过程中。

新的全球议程是否会致力于全球性目标,而不再主要关注发展中国家的经济,仍有待观察。印度和中国如此少地参与到当中的一个可能的原因是,在发展援助中,相关的协商迄今仍与传统的援助国异常紧密地联系在一起。在《中国对非政策文件》中只是蜻蜓点水般地提及了千年发展目标。但是,这一全球性的后 2015 年议程,能否在第六届中非合作论坛的发展议程制定后的三年中扮演重要的角色,值得给予特别的期待。

我们已经讨论了中非合作论坛的"目标化",尤其是自第二届论坛以来过去的 10 年提到的各种目标,以及当前三年人力资源开发所涉及带有符号意义的培训人数。这些对象和目标完全是另外一种话语,而不是贯穿此叙述的友谊、平等、互惠和共同

① 由李军(香港中文大学)、肯尼斯·金和比昂·诺德维特领导的"20+20"合作计划项目的新研究将于 2013 年 5 月启动。

利益。"中非传统友谊"、"互惠"这些贯穿最近中非合作论坛行动计划的话语，其实很难实现，尤其是当超过100万的移民、贸易者、定居者、教师、商人和志愿者并不由中央统一调配，也无须向中国驻非洲的大使馆报告时。

但以下情况也是有可能的：这一具有高尚道德情操的非洲议程，包括中非合作论坛，不只是"象征主义和溢美之词"（Taylor，2012：38），而是化为长期的真诚合作和相互学习，那么，中国和非洲有可能建立一种特殊的关系。此刻，我们对此还不能太确定；但从历史上来看，像大部分移民一样，中国人能在当地和平地生活。唐人街就能够融入他们所定居的城市文化中。因此，中国官方的话语中，持续地提到郑和，他在几个世纪之前就造访非洲，但没有占领一块土地，也没有掠夺一个奴隶。

25年前，即1988年，那时离中非合作论坛成立还很早，菲利普·斯诺（Philip Snow）在其著作《中国遇到非洲》（*China's Encounter with Africa*）的最后一页，就中国与非洲交往的未来，提出了一些尖锐的问题，正如他在我们对中国在非洲的商业分析中所提出的问题一样。无论是南北合作或南南合作，这些问题远比评估援助的效果或价值更具有根本性。它们与周恩来所提出的和平共处五项原则形成共振。最终，它们可能揭示出，软实力是关于友谊、承诺、分享才智以及"中非之间的人际与文化交流"（FOCAC，2012：6.4.3）：

> 但这些（中国）资助者能够建立在人性理解缓慢增长的基础上吗？他们能够理解非洲人习以为常的事物吗？他们能够理解人际接触固然重要、好好工作固然有价值，但光有这些还远远不够吗？他们能适应所处的环境吗？他们会交朋友吗？如果他们无法做到，中国对非洲的影响将会又一次昙花一现。就像郑和的战舰一样，庄严地驶向太阳升起的地方，且不侵犯非洲的一寸土地，但这除了证明他们曾经来过非洲外，没有留下其他任何的记忆。或许，有些中国人学习与非洲人共事和交流，并在非洲大陆安下第二个家。如果是这样，那还有希望：中国人凭借才智和内驱力，未来会在这块大陆留下更持久的烙印。（Snow，1988：212）

2012年12月，斯诺对其25年前所提问题的初步回应如下：

> 依据我所读的材料，在我的印象中，现在已有大量的中国人驻扎在这块大陆的某些地方。如此大的规模，还是第一次；潜在地看，他们还有继续驻扎下去的意愿。从一定意义上讲，他们已经适应当地环境，并愿意长久待下

去。然而,这种潜在能否化为现实,仍然依赖于基础性的人际关系;如果缺乏这一关系,未来的趋势仍不明朗。我愿意看到,例如,有更多的证据表明中国企业正在雇佣和培训当地员工,而不是仅仅依赖本国的同胞来执行他们的项目和经营他们的商店。(斯诺与肯尼斯·金的谈话,2012 年 12 月 16 日)

对于中非在教育和培训领域的合作是否成功及其面临的挑战,我们的感知是:非洲人不再就选择中国作为深造和职业培训的目的地而争议,而是中国作为学习的目的地被整个非洲所接受。类似地,在非洲许多地区,无论是在肯尼亚基苏木县的小学,还是在南非斯泰伦博斯的学校,抑或在亚的斯亚贝巴的孔子学院或孔子课堂,人们不再质疑学习中文的价值。同样,学习中文的价值日益明显并被接受。然而,对于成千上万在非洲设立的中国企业而言,议题不只是是否雇佣非洲人,而是一个具有决心的非洲雇员是否有机会掌握和发展中国的技术。关键技术的改造除了需要其他条件外,还取决于学习的文化。现在的问题是:许多不同的非洲社团和社区是否拥有这样的学习文化和能力,并受到强有力的政府科技政策的支持。如果是这样,"中国人的才智和内驱力"肯定会降临在这块肥沃的土壤上。

在天平的另一端,我们一名重要的访谈对象——来自一所中国大学的尼日利亚校友(现在是中国在尼日利亚贸易的合作者)认为,尽管中非在商业领域的相互了解正在缓慢增进,但不会取得迅速的进步,直到:

> ……中国人更有意识地努力适应当地环境,并信任东道国市民的能力,让他们参与到公司的管理和操作岗位……与中国人合作真的很困难,这是一个不幸的事实。我想说,我与中国人在成功合作之前,经历了许多曲折。但只要相互理解、互守承诺和诚信,我们能够赢得中国人的信心。我希望我们能更多地拥有这些。(尼日利亚校友/商人与肯尼斯·金的谈话,2012 年 12 月 17 日)

参考文献

Accra Agenda for Action (AAA). 2008. *Accra Agenda for Action*. Third High Level Forum on Aid Effectiveness, 4 September 2008, Accra.

Adamson, B, Nixon, J. and Su, F. (Eds). 2012. *The Reorientation of Higher Education: Challenging the East-West Dichotomy*. Comparative Education Research Centre, Hong Kong University/Springer, Hong Kong.

Ajakaiye, O. 2006. China and Africa: opportunities and challenges. Presentation at African Union Task Force on strategic partnership between Africa and the emerging economies of the South, September 2006, Addis Ababa.

Ajakaiye, O., Kaplinsky, R., Morris, M. and N'Zue, F. 2009. Seizing opportunities and confronting the challenges of China-Africa investment relations: insights from AERC scoping studies. Policy paper No. 2. AERC, Nairobi.

Alden, C. 2007. *China in Africa*. Zed Books, London.

Alden, C. and Large, D. 2011. China's exceptionalism and the challenges of delivering difference in Africa. *Journal of Contemporary China*, 20 (68), 21—38.

Atomre, E., Odigie, J., Eustace, J. and Onemolease, W. 2009. Chinese investments in Nigeria. In: Baah, A. Y. and Jauch, H. (Eds), *Chinese Investments in Africa. A Labour Perspective*. African Labour Research Network, Accra and Windhoek.

Baah, A. Y. and Jauch, H. (Eds). 2009. *Chinese Investments in Africa. A Labour Perspective*. African Labour Research Network, Accra and Windhoek.

Barr, M. 2011. *Who's Afraid of China? The Challenge of Chinese Soft Power*. Zed Books, London.

Begum, H. 2010. China: from recipient to donor. What have we learned? *NORRAG News*, 44, 111—113. Accessed at www.norrag.org

Belyavina, R. 2011. The United States as a destination for international students. *NORRAG News*, 45, Special Issue on the Geopolitics of Scholarships and Awards, 67—68. Accessed at www.norrag.org

Berman, E. 1983. *The Influence of Carnegie, Ford and Rockefeller Foundations on American Foreign Policy: The Ideology of Philanthropy*. State University of New York, Albany.

Bird, D. 1998. *Never the Same Again: A History of VSO*. Lutterworth, Cambridge.

Birdsall, N. 2011. Aid alert: China finally joins the donor club. Accessed at: http://blogs. cgdev. org/globaldevelopment/2011/12/aid-alert-china-officiallyjoins-the-donor-club-2. php

Bodomo, A. 2009. Africa-China relations: Strengthening symmetry with soft power. *Pambazuka News*, 440, 2 July 2009. Accessed at http://pambazuka. org/en/category/africa_china/57385

Bodomo, A. 2012. *Africans in China: A Sociocultural Study and Its Implications for Africa-China Relations*. Cambria Press, Amherst, New York

Brautigam, D. 2008. 'Flying geese' or 'hidden dragon'? Chinese business and African industrial development. In: Alden, C. , Large, D. and Soares de Oliviera, R. (Eds), *China Returns to Africa: A Rising Power and a Continent Embrace*. Hurst and Company, London.

Brautigam, D. 2009. *The Dragon's Gift: The Real Story of China in Africa*. Oxford University Press, Oxford.

Brautigam, D. 2011a. Aid 'with Chinese characteristics'; Chinese foreign aid and development finance meet the OECD-DAC aid regime. *Journal of International Development*, 23, 752—764. DOI: 10. 1002/jid. 1798

Brautigam, D. 2011b. Ethiopia's partnership with China: China sees Ethiopia as a land of opportunities, but the African country remains in charge of any deals. Poverty Matters Blog, *The Guardian*, posted 30 December 2011.

Brautigam, D. 2012a. Africa's free press problem: is China causing it? http://www. chinaafricarealstory. com/2012/04/africas-free-press-problem-ischina. html

Brautigam, D. 2012b. China's health aid in Africa: Same old problems, 25 April 2012. http://www. chinaafricarealstory. com/2012/04/chinas-health-aid-in-africasame-old. html

Breslin, S. 2011. The soft notion of China's 'soft power', Asia Programme Paper: ASP PP 2011/03, Chatham House, London.

Cai, W. 2009. *China's Cultural Development in 30 Years of Reform and Opening Up*. Ministry of Culture (also in Mandarin, French, Spanish, and Russian), Beijing.

Carayannis, T. and Olin, N. 2012. *Preliminary Mapping of China-Africa Knowledge Networks*, Social Science Research Council, New York.

Cardenal, J. P. and Araújo, H. (2013) *China's Silent Army: The Pioneers, Traders, Fixers and Workers Who Are Remaking the World in Beijing's Image*. Allen Lane, Penguin Press, London.

Centre for Chinese Studies (CCS). 2006. *China's Interest and Activity in Africa's Construction and Infrastructure Sectors*. Stellenbosch University, Stellenbosch.

Centre for Chinese Studies (CCS), 2009. *Understanding China's Engagement with Africa & How the UK Can Build Relationships with China in Africa*, 23—25 June 2009, conference report. Centre for Chinese Studies, University of Stellenbosch.

Centre for Chinese Studies (CCS), 2012. Quo Vadis FOCAC? Special Edition, *China Monitor*, University of Stellenbosch, Stellenbosch.

Chan, S. 2008. Ten caveats and one sunrise in our contemplation of China and Africa. In: Alden, C., Large, D. and Soares de Oliviera, R. (Eds), *China Returns to Africa: A Rising Power and a Continent Embrace*. Hurst and Company, London.

Chen, J. 2010a. Class act promotes global 'soft power'. *China Daily*, 11 November 2010 (Hong Kong edition).

Chen, J. 2010b. 40 million foreigners learning Chinese. *China Daily*, 13 December 2010.

Cheng, K-M. 1990. The culture of schooling in East Asia. In: Entwistle, N. (Ed.), *Handbook of Educational Ideas and Practices*. Routledge, London.

Cheru, F. and Obi, C. (Eds), 2010. *The Rise of China and India in Africa*. Zed Books, London.

China, Ministry of Education (MOE). 2003. *China-Africa Education Cooperation*, Department of International Cooperation and Exchanges, Ministry of Education, Beijing.

China, Ministry of Education (MOE). 2005. *China-Africa Education Cooperation*. Peking University Press, Beijing (in Chinese).

China, Ministry of Education (MOE). 2009. Notice of the application for 'China-African 20+20 universities of higher education cooperation', International Exchange and Cooperation MOE, Beijing.

China, Ministry of Foreign Affairs, 2005. 'Beijing Declaration', Sino-African Education Minister Forum, 27 November 2005, Beijing, accessed at: www. fmprc. gov. cn/zflt/eng/zt/zfjybzlt/t223750. htm

China, People's Republic of, 2000a. Premier Zhou Enlai's Three Tours of Asian and African Countries. 2000/11/17, Ministry of Foreign Affairs, accessed 2 July 2011 at http://www. fmprc. gov. cn/eng/ziliao/3602/3604/t18001. htm

China, People's Republic of, 2000b. 'Beijing Declaration', China-Africa Forum on Cooperation, 12 October 2000, Beijing, accessed at: www3. itu. int/MISSIONS/China/chinaafricaforum/forum008. htm

China, People's Republic of, 2006. *China's African Policy*. 12 January 2006, accessed at: gov. cn/misc/2006-01/12/content_156490. htm

China, People's Republic of, 2009. *Brief Introduction of China's Aid to Foreign Countries*. Ministry of Commerce, Beijing.

China，People's Republic of，2011a. *China's Foreign Aid*. Information Office of the State Council，Beijing. Accessed at：http://www. scio. gov. cn/zxbd/wz/201104/t896900

China，People's Republic of，State Council，2011b. *China's Peaceful Development*. Information Office of the State Council，Beijing.

China，People's Republic of，2012. *The Fifth Ministerial Conference of the Forum on China-Africa Cooperation Beijing Action Plan* (2013—2015) 23 July 2012，Beijing. Accessed at http://www. focac. org/eng/zxxx/t954620. htm

ChinAfrica，2011. 20+20：A New Kind of 20/20 Vision. vol. 3，October 2011.

Churchman，M. 2011. Confucius Institutes and controlling Chinese languages. *China Heritage Quarterly*，No. 26，June，Australian National University. Accessed at：http://www. chinaheritagequarterly. org/articles. php? searchterm=026_confucius. inc&issue=026

Commonwealth Scholarship Commission in the UK (CSCUK). 2009. *Evaluating Commonwealth Scholarships in the UK：Assessing Impact in Key Priority Areas*. Commonwealth Scholarship Commission，London.

Confucius Institute (CI) Headquarters. 2010. *The 5th Confucius Institute Conference Reference Materials*. CI Headquarters，Beijing. ① *Confucius Institute*，22，September 2012.

Corkin，L. 2008. China's strategic infrastructural investments in Africa. In：Guerrero，D. and Manji，F. (Eds)，*China's New Role in Africa and the South：A Search for a New perspective*. Fahamu，Oxford.

Corkin，L. 2011. Chinese Construction Companies in Angola：A Local Linkages Perspective. Making the Most of Commodities Programme，Paper No. 2. Centre for Social Science Research，University of Cape Town，Cape Town. Accessed at：http://www. cssr. uct. ac. za/publications/incidental-paper/2011/750

Cyranowski，D. 2010. China boosts African research links. *Nature*，464，25 March 2010.

DAAD (The German Academic Exchange Service). 2011. *Annual Report* 2010. DAAD，Bonn.

Davies，M.，Edinger，H.，Tay，N. and Naidu，S. 2008. *How China Delivers Development Assistance to Africa*. Centre for Chinese Studies，University of Stellenbosch，Stellenbosch.

Dawson，K. C. 2010. Confucius Institutes enhance China's international image. *China Daily*，23 April 2010. Accessed at http://www. chinadaily. com. cn/china/2010-04/23/content_9766116. htm

DFID Ethiopia. 2011. *DFID Ethiopia. Operational Plan* 2011—2015. DFID，Addis Ababa.

DFID (Department For International Development). 1997. *Eliminating World Poverty：A*

---

① As the materials run to almost 4000 pages，they are contained on a CD.

Challenge for the 21st Century. White Paper on International Development. Cmd 3789, HMSO, London.

DFID. 2000a. *Eliminating World Poverty: Making Globalization Work for the Poor*. White Paper on International Development. Cm. 5006. HMSO, London.

DFID. 2000b. *The Challenge of Universal Primary Education. Strategies for Achieving the International Development Targets*. Target Strategy Papers, DFID, London.

DFID. 2006a. *Eliminating World Poverty: Making Governance Work for the Poor*. White Paper on International Development. HMSO, London.

DFID. 2006b. *The Importance of Secondary, Vocational and Higher Education in Development*. Briefing Paper. DFID, London.

DFID. 2006c. *China: Country Assistance Plan*. DFID, London.

DFID. 2007. *Technical and Vocational Skills Development. A Practice Paper*. DFID, London.

DFID. 2009. *Eliminating World Poverty: Building Our Common Future*. Cmd. 7656, HMSO, London.

DFID. 2010. *Learning for All: DFID's Education Strategy* 2010—2015, DFID, London.

DFID. 2011. UK International Development Secretary visits Beijing. 29 November 2011, press release. http://www. dfid. gov. uk/Documents/publications1/pressreleases/UK%20International%20Development%20Secretary%20visits%20Beijing. pdf

Dikötter, F. 1992. *The Discourse on Race in Modern China*. Hurst, London

Dowden, R. 2008. *Africa. Altered States, Ordinary Miracles*. Portobello Books, London.

Ellerman, D. 2012. Do we need an Institute for the Study of Development Fads? *NORRAG News*, 47, 30—31. Accessed at www. norrag. org

Export-Import Bank (China). 2006. *Infrastructure Development in Africa Supported by the Export-Import Bank of China*. 3rd Annual Meeting of the Infrastructure Consortium for Africa, 17 January 2007, Berlin.

Eze, O. C. 2009. Dealing with the Issues: Confronting Reality. *ChinAfrica*, October 2009.

Ezeanya, C. 2012. Tragedy of the new AU headquarters. *Pambazuka News*, 567. Accessed at http://pambazuka. org/en/category/features/79400

Ferdjani, H. 2012. *African Students in China: An Exploration of Their Increasing Numbers and Their Motivations in Beijing*. Centre for Chinese Studies, September 2012, University of Stellenbosch.

Fijalkowski, L. 2011. China's 'soft power' in Africa. *Journal of Contemporary African Studies*, 29, 223—231.

FOCAC (Forum on China-Africa Cooperation). 2006a. *Beijing Action Plan* (2007—2009). Draft of October 2006, FOCAC, Beijing.

FOCAC. 2006b. *Forum on China-Africa Cooperation. Action Plan* （2007—2009）. 16 November 2006，FOCAC，Ministry of Foreign Affairs，Beijing. Accessed at：www. fmprc. gov. cn/zflt/eng/ltda/dscbzjhy/DOC32009/t280369. htm

FOCAC. 2009. *Forum on China-Africa Cooperation Sharm El Shaikh Action Plan* （2010—2012）. 12 November 2009，FOCAC，Ministry of Foreign Affairs，Beijing. Accessed at：http://www. focac. org/eng/dsjbzjhy/hywj/t626387. htm

FOCAC. 2012. *Fifth Ministerial Conference of the Forum on China-Africa Cooperation Beijing Action Plan* （2013—2015）. Ministry of Foreign Affairs，Beijing. Accessed at：www. focac. org/eng/ltda/dwjbzjjhys/

Fourth High Level Forum of Aid Effectiveness （HLF4）. 2011. *Busan Partnership for Effective Development Cooperation*. 29 November-1 December 2011，Busan.

Francis，M. and Francis. N. 2011. *When China Met Africa*. Documentary film，Speak-it films，Zeta Productions，London.

Fransman，M. and King，K. 1984. *Technological Capability in the Third World*. Macmillan Press，Basingstoke.

Fredriksen，B. 2010. Education aid effectiveness：The need to rethink the allocation of education aid to increase its impact. Editorial. *Journal of International Cooperation in Education*，13(2).

Gadzala，A. 2009. Survival of the fittest? Kenya's jua kali and Chinese businesses. *Journal of Eastern African Studies*，3(2)，202—220.

Garside，J. 2012. China's electronics giant moves out of the shadows to challenge west's big names. *The Observer*，Business，45.

Gaye，A. 2008. China in Africa：After the gun and the bible. . . . A West African perspective. In：Alden，C.，Large，D. and Soares de Oliviera，R. （Eds），*China Returns to Africa：A Rising Power and a Continent Embrace*. Hurst and Company，London.

Gillespie，S. 2001. *South-South Transfer：A Study of Sino-African Exchanges*. Routledge，New York.

Gillespie. S. 2009. African students in China：past and present. In：Chisholm，L. and Steiner-Khamsi，G. （Eds），*South-South Cooperation in Education and Development*. Teachers College and HSRC Press，New York and Cape Town，210—225.

GOI （Government of India）. 2008. *India Africa Forum Summit*，8—9 April 2008. Ministry of External Affairs，New Delhi. Also http://itec. mea. gov. in

Government of India （GOI），Ministry of External Affairs，2010. Visit of African Union Delegation，March 10—13，2010，New Delhi.

Gontin，M. 2009. China's cultural interest in Sino-African cultural exchanges，*Pambazuka News*，417. http://pambazuka. org/en/category/africa_china/53759

Grimm, S. 2011. Engaging with China in Africa—Trilateral cooperation as an option? Policy brief no 9, February 2011, EDC 2020, EADI, Bonn.

Grimm, S. , Rank, R. , McDonald, M. and Schickerling, E. 2011. *Transparency of Chinese Aid: An Analysis of the Published Information on Chinese External Financial Flows*. Centre for Chinese Studies, University of Stellenbosch, Stellenbosch.

Grover, I. 2011. India: a non-DAC partner in capacity building and training of human resources. In: Rethinking Development in an Age of Scarcity and Uncertainty. EADI/DSA Conference 19—22 September 2011, University of York.

Gu, J. 2009. China's private enterprises in Africa and the implications for African development. *European Journal of Development Research*, 21, 570—587. DOI: 10.1057/ejdr.2009.21

Gu. J. 2012. New developments in the internationalization of higher education in China and implications for China-Africa cooperation in higher education. International Forum on Higher Education Exchange and Cooperation, 10—11 September 2012, Zhejiang Normal University, Jinhua.

Guerrero, D. and Manji, F. (Eds). 2008. *China's New Role in Africa and the South: A Search for a New Perspective*. Fahamu, Oxford.

Guliwe, T. 2009. An introduction to Chinese-African relations. In: Baah, A. Y. and Jauch, H. (Eds), *Chinese Investments in Africa. A Labour Perspective*. African Labour Research Network, Accra and Windhoek.

Haglund, D. 2009. In it for the long term? Governance and learning among Chinese investors in Zambia's copper sector. *The China Quarterly*, 199, 627—646.

Harneit-Sievers, A. , Marks, S. and Naidu, S. (Eds). 2010. *Chinese and African Perspectives on China in Africa*. Pambazuka Press, Fahamu, Oxford.

Haugen, H. 2012. Nigerians in China: A second state of immobility. *International Migration*, 50(2), 65—80.

Haugen, H. 2013. China's recruitment of African university students: policy efficacy and unintended outcomes. *Globalisation, Societies and Education* (in press).

He, W. 2005. 'All weather friend': The evolution of China's African policy. In: Conference on Afro-Chinese Relations: Past, Present and Future, 23—25 November 2005, Johannesburg.

He,W. 2006. Educational exchange and cooperation between China and Africa. In: 3rd Roundtable Discussion on African Studies, organised by African Studies Group, University of Hong Kong, 25 May 2006, Hong Kong.

He, W. 2009. China's African Policy: driving forces, features and global impact. In: Liu, H. and Yang, J. (Eds), *Fifty years of Sino-African Cooperation: Background, Progress and Significance. Chinese Perspectives on Sino-African Relations*. Yunnan University Press,

Yunnan. (An earlier version of this paper appeared as 'The balancing act of China's Africa policy' in *China Security*, 3, 23—40).

He, W. 2010. Overturning the wall: Building China's soft power in Africa, *China Security*, 6(1), 63—69.

He, W. 2011. From "aid effectiveness" to "development effectiveness"? What China's experiences can contribute to the discourse evolution. Workshop on China-Africa Relations, University of Hong Kong, 6—7 May 2011.

He, W. 2012a. More soft power needed in Africa. *China Daily*, 27 February 2012.

He, W. 2012b. Morsi visit opens a new chapter, *China Daily*, 31 August 2012.

Henock, K., Olukoshi, A. O. and Wohlgemuth, L. (Eds). 1997. *A New Partnership for African Development. Issues and Parameters*. Nordic Africa Institute, Uppsala.

Hevi, E. J. 1963. *An African Student in China*. Praeger, London.

Holm, J. D. and Malete, D. 2010. Nine problems that hinder partnerships in Africa. *The Chronicle of Higher Education*, 13 June 2010. Accessed at http://chronicle. com/article/ Nine-Problems-That-Hinder-P/65892/

Hu, J. 2006, Full Text: addressed by Hu Jintao at the opening ceremony of the Beijing Summit of the Forum on China-Africa ooperation, 4 November 2006, downloaded from http://english. focacsummit. org/2006-11/04/content_4978. htm

Hu. J. 2007. Hu Jintao calls for enhancing 'soft power' of Chinese culture. Special report, CPC 17th National Congress, 15 October 2007. Accessed at http://news. xinhuanet. com/english/ 2007-10/15/content_6883748. htm

Human Rights Watch (HRW). 2011. *"You'll Be Fired If You Refuse"*: *Labour Abuses in Zambia's Chinese State-Owned Copper Mines*. Human Rights Watch, New York.

Iarossi, G. 2009. *An Assessment of the Investment Climate in Kenya*. World Bank, Washington.

ITEC (Indian Technical and Economic Cooperation). 2011. *Civilian Training Programme*, *Indian Technical & Economic Cooperation* (*ITEC*) *and Special Commonwealth Assistance for Africa Programme* (*SCAAP*), Ministry of External Affairs, New Delhi. Accessed at: http:// itec. mea. gov. in/

Institute of African Studies (IAS). 2010. *African Museum*. Zhejiang Normal University, Jinhua.

Jacques, M. 2009. *When China Rules the World: The Rise of the Middle Kingdom and the End of the Western World*. Allen Lane, London.

Jacques, M. 2012a. Why do we continue to ignore China's rise? Arrogance. *The Observer*, 25 March 2012, 28—29.

Jacques, M. 2012b. *When China Rules the World: The Rise of the Middle Kingdom and the End of the Western World*. 2nd edition, Penguin, London.

Jansen, J. 2005. Targeting education: the politics of performance and the prospects of Education for All. *International Journal of Educational Development*, 25, 368—380.

Japan Bank for International Cooperation (JBIC). 2005. *Basic Strategy of Japan's ODA Loan: Medium Term Strategy for Overseas Economic Cooperation Operations*. 1 April 2005—31 March 2008, JBIC, Tokyo.

Japan, Ministry of Foreign Affairs (MOFA). 2003. *Japan's Official Development Assistance Charter*. Ministry of Foreign Affairs, Tokyo.

Japan, MOFA. 2010a. *Enhancing Enlightened National Interest: Living in Harmony with the World, and Promoting Peace and Prosperity*. Final Report, Ministry of Foreign Affairs, Tokyo.

Japan, MOFA. 2010b. *Japan's Official Development Assistance White Paper* 2010. *Japan's International Cooperation*. Ministry of Foreign Affairs. Tokyo.

Japan, MOFA. 2012. *Evaluation of Training and Dialogue Programmes*. Global Link Management, for MOFA, Tokyo.

Jian, J. 2009. Confucianism is a vital string in China's bow. *Asia Times* on line, 9 October 2009.

JICA (Japan International Cooperation Agency). 2004. *The History of Japan's Educational Development: What Implications Can Be drawn for Developing Countries Today?* Institute for International Cooperation, JICA, Tokyo.

JICA. 2010. *JICA's Operation In Education Sector: Present and Future*. JICA, Tokyo.

JICA. 2011. Sino-Japan's Aid to Africa Experience-Exchanging Meeting Held in Department of International Cooperation Chinese Academy of Agricultural Sciences (DICCAAS) [translated from Japanese].

Jin, L. 2010. Aid to Africa: What Can the EU and China Learn from Each Other? South African Institute of International Affairs (SAIIA), Occasional Paper No. 56, University of Witwatersrand, Johannesburg.

Johanson, R. and Adams, A. V. 2004. *Skills Development in Sub-Saharan Africa*. World Bank, Washington.

Jones, T. J. 1922. *Education in Africa*. Phelps-Stokes Fund, New York.

Jones, T. J. 1924. *Education in East Africa*. Phelps-Stokes Fund, New York.

Jung, I. 2011. Human capacity building: professionals learning for a sustainable future. *NORRAG News*, 45, 41—43. Special Issue on the Geopolitics of Overseas Scholarships and Awards. Old and New Providers, East & West, North & South. Accessed at www.norrag.org

Keita, M. 2012. Africa's free press problem. *New York Times*, 15 April 2012. Accessed at www.nytimes.com/2012/04/16/opinion/africas-free-press-problem.html?_r=2

Kim, S. 2011. Bridging troubled worlds? An analysis of the ethical case for South Korean aid.

Journal of International Development，23，802—822.

King，K. 1971. *Pan-Africanism and Education. A Study of Race*，*Philanthropy and Education in the Southern States of America and East Africa*. Clarendon Press，Oxford.

King，K. 1977. *The African Artisan*. Heinemann Educational Books，London.

King，K. 1985. North-South Academic Collaboration in Higher Education：Academic links between Britain and the Developing World. Occasional Paper No. 8，Centre of African Studies，University of Edinburgh，Edinburgh.

King，K. 1991. *Aid and Education in the Developing World. The Role of the Donor Agencies in Educational Analysis*. Longman，Harlow.

King，K. 1995. *Jua Kali Kenya. Change and Development in an Informal Economy* 1970—1995. James Currey，London.

King，K. 2006a. China and Africa：new approaches to aid，trade and international cooperation. In：Annual General Meeting of the Comparative Education Research Centre（CERC），26 March 2006，University of Hong Kong. Accessed at http：//www. hku. hk/cerc/KK-Article. htm

King，K. 2006b. Aid within the wider China-Africa partnership：a view from the Beijing Summit. In：China-Africa Links Workshop，11—12 November 2006，Hong Kong University of Science and Technology，Hong Kong. Accessed at http：//www. hku. hk/cerc/KK-Article. htm

King，K. 2006c. The Beijing China-Africa Summit of 2006：the new implementation implications of aid to education. In：Symposium of China-Africa Shared Development，18—19 December 2006，sponsored by the Institute of West Asian and African Studies and the Department for International Development，Beijing. Downloadable at http：//www. hku. hk/cerc/KK-Article. htm

King，K. 2007a. China's ambitious training aid for Africa：implications for the Mainland and for Hong Kong. In：Keynote presentation at Comparative Education Research Centre，April 2007，University of Hong Kong. Accessed at http：//www. hku. hk/cerc/KK-Article. htm

King，K. 2007b. African Studies in the UK and Europe：Lessons for China and the UK？In：Presentation at the Foundation of the Institute of African Studies，Zhejiang Normal University，1 September 2007. Accessed at http：//www. hku. hk/cerc/KK-Article. htm

King. K. 2007c. Commitment to learning：China's treasure within. In：Living Knowledge Seminar，March 2007，Jinguan Community Learning Centre，Gansu Province.

King，K. 2007d. China's aid to Africa：A view from China and Japan. In：Lead paper to the JICA Seminar on China's Aid to Africa—the Beijing Summit and its Follow-up，29 January 2007，Japan International Cooperation Agency（JICA），Tokyo. Accessed at http：//www. hku. hk/cerc/KK-Article. htm

King，K. 2009a. China's education cooperation with Africa. Meeting the FOCAC targets？In：

Africa Day Workshop African Studies Programme，HKU，25 May 2009，University of Hong Kong，Hong Kong.

King，K. 2009b. Higher education and international cooperation: the role of international collaboration in the developing world. In: Stephens，D.（Ed.），*Higher Education and International Capacity Building: Twenty-five Years of Higher Education Links*. Symposium Books，Bristol.

King，K. 2010a. New donors, new paradigms, *NORRAG News*，44，8—12. Accessed at www.norrag.org

King，K. 2010b. China's cooperation with Africa, and especially South Africa, in education and training. A special relationship and a different approach to aid? *Journal of International Cooperation in Education*，13（2），73—88.

King，K. 2010c. China—Africa human resource development: Partnership or oneway? *Pambazuka News*，497，23rd September 2010. http://pambazuka.org/en/category/comment/67178.

King，K. 2010d. China's cooperation with education and training in Kenya: A different model? *International Journal of Educational Development*，30，488—496.

King，K. 2010e. Representing Africa to China and the world: The African Pavilion at the Shanghai Expo 2010. *Pambazuka News*，495，9 September 2010. 2010-09-09, Issue 495 http://pambazuka.org/en/category/comment/66795

King，K. 2010f. Trends in the Internationalisation of China's Mainland Universities—What Implications for Hong Kong? In: 8th Salon of Continuing Education & Lifelong Learning，25 November 2010，HKU Space，Hong Kong.

King，K. 2011a. China's cooperation with Ethiopia. With a focus on human resources. *OSSREA Bulletin*，VIII，1，88—113. Accessed at: http://www.ossrea.net/images/stories/ossrea/bulletin-feb-2011.pdf

King，K. 2011b. Skills development and lifelong learning. Challenges for poverty reduction, sustainable growth and employability. In: International Symposium on Lifelong Learning 12—13 January 2011，Hong Kong Institute for Education，Hong Kong. Accessed at www.ied.edu.hk/isll/Keynote_present.html

King，K. 2011c. Eight proposals for a strengthened focus on technical and vocational education and training（TVET）in the Education for All（EFA）agenda. Background paper for EFA GMR 2012；2012/ED/EFA/MRT/PI/06，UNESCO，Paris. Accessed at www.unesco.org/new/fileadmin/MULTIMEDIA/HQ/ED/pdf/gmr2012-ED-EFA-MRT-PI-06.pdf

King，K. 2011d. The new aid architecture in Ghana: influencing policy and practice? *European Journal of Development Research*，23，648—667.

King，K. 2012a. The geopolitics and meanings of India's massive skills ambitions. *International*

Journal of Educational Development，32（5），665—673. http://dt. doi. org/10. 1016/j. ijedudev. 2012. 02. 001.

King，K. 2012b. Sino-African relations and the internationalization of China's universities. In：Adamson，B，Nixon，J. and Su. F. （Eds），*The Reorientation of Higher Education： Challenging the East-West Dichotomy*. Comparative Education Research Centre，University of Hong Kong/Springer，Hong Kong，134—147.

King，K. 2012c. South-South Cooperation in the internationalisation of African higher education. Keynote at 6th Annual UKZN Teaching and Learning Conference，25—27 September 2012，Howard Campus，Durban.

King，K. and McGrath，S. 2004. *Knowledge for Development? Comparing British，Japanese，Swedish and World Bank Aid*. Zed Books，London.

King. K. and Palmer，R. 2008. *Skills for Work，Growth and Poverty Reduction：Challenges and Opportunities in the Global Analysis and Monitoring of Skills*. British Council，and UK National Commission for UNESCO，London.

King，K. and Palmer，R. 2011. *New Trends in International Cooperation：Background Paper for the World Report on Technical and Vocational Education Training （TVET）*. UNESCO，Paris.

King，K. and Palmer，R，2012. Education and skills in the post-2015 global landscape：History，context lobbies and visions. Background paper for NORRAG workshop on Education and Skills in Post-2015MDGs and EFA：Actors，Agenda and Architecture，12 September 2012，IHEID，Geneva.

King，K. and Rose，P. （Eds），2005. Special Issue—International and National Targets for Education：Help or Hindrance. *International Journal of Educational Development*，25，4.

Kitano，N. 2004. Japanese contribution in supporting China's reforms：a study based on ODA loans. *China Report* （New Delhi），40（4），461—488.

Kitano，N. 2011. *Korea and China：Enhancing Development Aid*. Memorandum，JICA，Tokyo.

Knorringa，P. 2009. Responsible production in Africa：The rise of China as a threat or an opportunity. In：Van Dijk，M. P. （Ed.），*The New Presence of China in Africa*. Amsterdam University Press，Amsterdam.

Kotze，R. 2010. Notes from the recent Confucius Institutes Africa Regional Conference. Special Issue of *China Monitor*，No. 47. 'Let a Thousand Flowers Blossom'：Confucius Institutes in Africa. Centre for Chinese Studies，University of Stellenbosch，Stellenbosch.

Kotze，R. 2012. Promoting the integration of Confucius Institutes into local university and community. Presentation at Africa Regional Conference of CIs，11—13 September 2012，University of Stellenbosch.

Kragelund, P. 2011. Back to BASICs? The rejuvenation of non-traditional donors' cooperation with Africa. *Development and Change*, 42(2), 585—607.

Kurlantzick, J. 2007. *Charm Offensive: How China's Soft Power Is Transforming the World.* Yale University Press, New Haven.

Kurlantzick, J. 2009. China's soft power in Africa. In: Li,M. (Ed.), 2009. *Soft Power: China's Emerging Strategy in International Politics.* Lexington Books, Plymouth.

Langendorf, J. and Muller, U. 2011. Triangular cooperation: a promising new mode of development cooperation in DAC- and non-DAC donors. In: Rethinking Development in an Age of Scarcity and Uncertainty. EADI/DSA Conference, 19—22 September 2011, University of York.

Large, D. 2006. The 'new' politics of development in Africa: A warning example in China. In: Seminar on 'A Chinese Scramble?' The Politics of Contemporary China-Africa Relations, 12—13 July 2006, Sidney Sussex College, University of Cambridge.

Large, D. 2008. Beyond 'Dragon in the bush': the study of China-Africa relations. *African Affairs*, 107/426, 45—61.

Leong, W. K. 2010. Confucius Institutes: Cultural centres 'not about power'. *Straits Times*, A21, 12 July 2010.

Leroy, M. 2012. The aid industry is threatening partner countries with its ROD—Results Obsession Disorder. *NORRAG News*, 47, 55—56. Accessed at www. norrag. org

Li, A. 2007. China and Africa. Policy and challenges. *China Security*, 3(3), 69—93.

Li, A. 2011. Chinese medical cooperation with Africa: With special emphasis on medical teams and anti-malaria campaign. Discussion Paper No. 52, Nordic Africa Institute, Uppsala.

Li, A. 2012. Letter to readers. *Peking African Tele-Info*, 86, 10 April 2012 (in Chinese).

Li, A. and Liu, H. 2012. The evolution of the Chinese policy of funding African students and an evaluation of its effectiveness. Research proposal, UNDP, Beijing.

Li, A. and Liu, H. 2013. The evolution of the Chinese policy of funding African students and an evaluation of its effectiveness. Draft report. Centre for African Studies, Peking University, Beijing.

Li, J. 2012. World-class higher education and the emerging Chinese model of the university. *Prospects*, 42, 319—339.

Li, M. 2008. China debates soft power. *Chinese Journal of International Politics*, 2, 287—308.

Li, M. (Ed.). 2009. *Soft Power: China's Emerging Strategy in International politics.* Lexington Books, Plymouth.

Li, W., Huang J., Wang, K., Mao, X. and Chen, F. 2010. Education assistance to Africa: We can do more and better, *Transition Studies Review*, 17(2), 280—296.

Livingstone, D. 1858. *Missionary Travels and Researches in South Africa Including a Sketch of*

Sixteen Years' Residence in the Interior of Africa. Harper & Brothers, New York.

Liu, H. 2008. China-Africa relations through the prism of culture: The dynamics of China's cultural diplomacy with Africa. *China Aktuell, The Journal of Current Chinese Affairs*, 3, 9—43.

Liu, H. 2009. The status and trend of Chinese companies in Africa. In: Liu, H. and Yang, J. (Eds), *Fifty years of Sino-African Cooperation: Background, Progress and Significance. Chinese Perspectives on Sino-African Relations*. Yunnan University Press, Yunnan.

Liu, H. 2011. From equal exchange to learning from each other: Whither the China-Africa cultural and intellectual cooperation? In: de Sousa, I. C., Diakite, A. D., and Iwaloye, O. O. (Eds), *Africa: New Types of Exchange, Cultural Identity and Emerging Relations in a Globalised World*. St. Joseph Academic Press, Macao.

Liu, H. and Yang, J. (Eds). 2009. *Fifty Years of Sino-African Cooperation: Background, Progress and Significance. Chinese Perspectives on Sino-African Relations*. Yunnan University Press, Yunnan.

Liu, Y. 2010. Working together towards the sustainable development of Confucius Institutes. Keynote speech at the 5th Confucius Conference, 10 December 2010, Beijing.

McGrath, S. 2012. The unbearable lightness of evidence-based VET practice. *NORRAG News* 47, 16—18. Accessed at www. norrag. org

McNamee, T. 2012. Africa in their words: A study of Chinese traders in South Africa, Lesotho, Botswana, Zambia and Angola. Discussion Paper 2012/03, Brenthurst Foundation, Johannesburg.

Mahmoud, R. 2010. How to promote Chinese language teaching through cultural activities? *Confucius Institute*, 6, November 2010.

Manji, F. and Marks, S. (Eds). 2007. *African Perspectives on China in Africa*. Fahamu, Oxford.

Marris, P. and Somerset, H. C. A. 1971. *African Businessmen: A Study of Entrepreneurship and Development in Kenya*. Routledge and Kegan Paul, London.

Mawdsley, E. 2008. FuManchu versus Dr. Livingstone in the dark continent? Representing China, Africa and the West in British broadsheet newspapers. *Political Geography*, 27, 509—529.

Mawdsley, E. 2011. The changing geographies of foreign aid and development cooperation: contributions from gift theory. Transactions of the Institute of British Geographers, NS 2011, The Royal Geographical Society, London.

Mawdsley, E. 2012. *From Recipients to Donors: Emerging Powers and the Changing Development Landscape*. Zed Books, London.

Melber, H. 2013. Europe and China in Africa: Common Interests and/or Different Approaches. Asia Paper. Institute for Security and Development Policy. Stockholm.

Michel, S. and Beuret, M. 2010. *China Safari: On the Trail of Beijing's Expansion in Africa*. Nation Books, New York.

Monson, J. 2008. Liberating labour. In: Alden, C., Large, D. and Soares de Oliviera, R. (Eds), *China Returns to Africa: A Rising Power and a Continent Embrace*. Hurst and Company, London.

Monson, J. 2009. *Africa's Freedom Railway: How a Chinese Development Project Changed Lives and Livelihoods in Tanzania*. Indiana University Press, Bloomington.

Mosher, S. 2012. Confucius Institutes: Trojan horses with Chinese characteristics. Testimony presented to the Subcommittee on Oversight and Investigations, House Committee on Foreign Affairs, 28 March 2012, Washington.

Moyo, D. 2012. *Winner Takes All. China's Race for Resources and What It Means for Us*. Allen Lane, London.

Muhumuza, R. 2012. China Skirting Corruption in Direct Aid. Associated Press, 9 February 2012.

Mwanawina, I. 2008. China-Africa economic relations: The case of Zambia. AERC Scoping Study, AERC, Nairobi.

Niu, C. 2009. China and Africa: a new paradigm in educational cooperation. In: Liu, H. and Yang, J. (Eds), *Fifty Years of Sino-African Cooperation: Background, Progress and Significance. Chinese Perspectives on Sino-African Relations*. Yunnan University Press. Kunming.

Nordtveit, B. 2010. China and Egypt: The continuation of a long friendship. *NORRAG News*, 44, 60—63. Accessed at www. norrag. org

Nordtveit, B. 2011a. An emerging donor in education and development: a case study of China in Cameroon. *International Journal of Educational Development*, 31(2), 99—108.

Nordtveit, B. 2011b. Politics, *guanxi*, and the search for objectivity: the intricacies of conducting research in Chinese contexts. *Comparative Education*, 47(3), 367—380.

NORRAG News 41, 2008. Special issue on the Politics of Partnership: Peril or Promise? Accessed at www. norrag. org

NORRAG News 44, 2010. A Brave New World of 'Emerging', 'Non-DAC' Donors and Their Differences from Traditional Donors. Accessed at www. norrag. org

NORRAG News 45, 2011. Special Issue on the Geopolitics of Overseas Scholarships and Awards. Old and New Providers, East & West, North & South. Accessed at www. norrag. org

NORRAG News 47, 2012. Special Issue on Value for Money in International Education and Training: A New World of Results, Impacts and Outcomes? Accessed at www. norrag. org

Nye, J. 1990. *Bound to Lead: The Changing Nature of American Power*. Basic Books, New York.

Nye, J. 2012. Why China is weak in soft power. *New York Times*, 12 January 2012. Accessed at www.nytimes.com/2012/01/18/opinion/why-china-isweak-on-soft-power.html

OECD/DAC, 2005. *The Paris Declaration on Aid Effectiveness*. OECD/DAC, Paris.

OECD/DAC. 2011. *Busan Partnership for Effective Development Cooperation*. Fourth High Level Forum on Aid Effectiveness, 29 November—1 December 2011, Busan, South Korea.

OECD DAC. China-DAC Study Group. 2011. *Economic Transformation and Poverty Reduction: How It Happened in China, Helping It Happen in Africa*. China-DAC Study Group, OECD, Paris and IPRCC, Beijing.

ODA (Overseas Development Administration). 1990. *Into the Nineties: An Education Policy for British Aid*. ODA, London.

Ogunkola, E. O., Bankole, A. S., and Adewuyi, A. 2008. China-Nigeria economic relations. AERC Scoping Study, AERC, Nairobi.

Park, Y. J. 2008. *A Matter of Honour: Being Chinese in South Africa*. Jacana Media, Auckland Park, S. Africa.

Park, Y. J. 2009. Chinese migration to Africa. SAIIA Occasional Paper, No. 24, Johannesburg.

People's Daily Online, 2011. How to improve China's soft power. 11 March 2010. Accessed at http://english.peopledaily.com.cn/90001/90776/90785/6916487.html

Pollet, I., Huyse, H., Li, P., Shomba, S. and Zhang, X. 2011. *Neither Comfort, Nor Conflict: The Co-Habitation of Chinese and Belgian Aid in the D.R. Congo*. HIVA, Catholic University of Leuven.

Pong, T. 2011. Hong Kong aspires to attract the 'best and the brightest' PhDs. *NORRAG News*, 45, 93—94. Accessed at www.norrag.org

Ramo, J. 2004. *The Beijing Consensus*. The Foreign Policy Centre, London.

Rebol, M. 2011. Pragmatism and non-interference: Explaining China's soft power in Africa. Doctoral dissertation, Department of International Relations and Public Affairs, Fudan University, Shanghai.

Rist, G. 1997. *The History of Development*. Zed Books, London.

Rotberg, R. (Ed.) 2008. *China into Africa: Trade, Aid and Influence*. Brookings/World Peace Foundation, Cambridge, MA.

Sautman, B. 1994. Anti-Black racism in post-Mao China. *The China Quarterly*, 138, 413—437.

Sautman, B. and Yan, H. 2006. East Mountain tiger, West Mountain tiger: China, the West and 'colonialism' in Africa. University of Maryland Series on Contemporary Asian Studies, Baltimore.

Sautman, B. and Yan, Y. 2008. Friends and interests: China's distinctive links with Africa. In: Guerrero, D. and Manji, F. (Eds), *China's New Role in Africa and the South: A Search for a New Perspective*. Fahamu, Oxford.

Sautman, B. and Yan, H. 2009. African perspectives on China-Africa links. *The China Quarterly*, 199, 749—751.

Sautman, B. and Yan, H. 2011. Barking up the wrong tree: Human Rights Watch and copper mining in Zambia. *Pambazuka News*, 563, 14 December 2011. http://pambazuka. org/en/category/features/78660

Sautman, B. and Yan, H. (forthcoming). African students in Tianjin universities: a comparative study of attitudes to China, work in progress, HKUST, Hong Kong.

Sawamura, N. 2002. Local spirit, global knowledge: a Japanese approach to knowledge development in international cooperation. *Compare*, 32(3), 339—348.

Sheng, D. 2010. Analysing rising power from the perspective of soft power: A new look at China's rise to the status quo power. *Journal of Contemporary China*, 19(64), 255—272.

Shinn, D. and Eisenman, J. 2012. *China and Africa: A Century of Engagement*. University of Pennsylvania Press, Philadelphia.

Snow, P. 1988. *The Star Raft. China's Encounter with Africa*. Weidenfeld and Nicolson, London.

Snow, P. 2008. Foreword, In: Alden, C. , Large, D. and Soares de Oliviera, R. (Eds), *China Returns to Africa: A Rising Power and a Continent Embrace*. Hurst and Company, London.

Sweden, Ministry for Foreign Affairs, 1998. *Africa on the Move. Revitalising Swedish Policy Towards Africa for the 21st Century*. Ministry for Foreign Affairs, Stockholm.

Tan, S. 1989. *Best Chinese Idioms*. Hai Feng Publishing Co. , Hong Kong.

Tang, X. 2010. Bulldozer or locomotive? The impact of Chinese enterprises on local employment in Angola and DRC. *Journal of Asian and African Studies*, 45 (3), 350—368. DOI: 10. 1177/0021909610364777

Taylor, I. 2009. *China's New Role in Africa*. Lynne Rienner, London.

Taylor, I. 2011. *The Forum on China-Africa Cooperation* (FOCAC). Routledge, Abingdon.

Taylor, I. 2012. From Santa Claus to serious business: Where should FOCAC go next? In: Special Edition: Quo Vadis FOCAC? *The China Monitor*. Centre for Chinese Studies, University of Stellenbosch, Stellenbosch.

Taylor, L. 2007. 'Give a man a fish'... and foreign aid. Policy Note, Schwarz Centre for Economic Policy Analysis, New School, New York.

Tumushabe, A. 2012. Chinese company arms teachers with phones in bid to improve teaching. *Daily Monitor*, 30.

UNESCO. 2010. *Education for All Global Monitoring Report* 2010. *Reaching the Marginalized*. EFA GMR, at UNESCO, Paris.

UNESCO. 2011a. UNESCO-China-Africa University Leaders Meeting: Prospects for future collaboration. Concept Note, UNESCO, Paris.

UNESCO. 2011b. UNESCO-China-Africa University Leaders Meeting: Prospects for future collaboration. Programme, 24—25 October 2011, UNESCO, Paris.

UNESCO. 2012a. *Transforming Technical and Vocational Education and Training: Building skills for work and life*. Main Working Document, Third International Congress on Technical and Vocational Training, 14—16 May 2012, Shanghai.

UNESCO. 2012b. *Youth and Skills: Putting Education to Work*. EFA Global Monitoring Report 2012. UNESCO, Paris.

Van Dijk, M. P. (Ed.) 2009. *The New Presence of China in Africa*. Amsterdam University Press, Amsterdam.

Varrall, M. 2012. Debunking the myth of China's soft power: Changes in China's use of foreign assistance from 1949 till the present. In: Lai, H. and Lu, Y. (Eds), *China's Soft Power and International Relations*. Routledge, London.

Varrall, M. 2012. We Chinese: Understanding Chinese foreign policy through the making of diplomats. Unpublished doctoral dissertation, Macquarie University and Free University of Amsterdam.

Verhoeven, H. and Urbina-Ferretjans, M. 2012. China as a Development Aid Actor: Rethinking Development Assistance and its Implications for Africa and the West. OUCAN Aid Symposium Report, 14 March, 2012, St. Antony's College, University of Oxford.

Vermaak, M. 2010. What should Confucius Institutes do? Special Issue of *China Monitor*, 47. 'Let a Thousand Flowers Blossom': Confucius Institutes in Africa. Centre for Chinese Studies, University of Stellenbosch, Stellenbosch.

Wagenfeld, F. 2011. The German Academic Exchange Service (DAAD) at a glance. *NORRAG News* 45, Special Issue on the Geopolitics of Overseas Scholarships and Awards. Accessed at: www.norrag.org

Wen, J. 2009. Building the new type of China-Africa strategic partnership. 4th Ministerial (FOCAC) Conference, 8 November, Sharm el Sheikh. See also: http://www.focac.org/eng/dsjbzjhy/hywj/t626387.htm

Wen, J. 2010. Towards the attainment of the Millennium Development Goals. Address to the UN High-level Meeting on the Millennium Development Goals, 22 September 2010. Accessed at http://www.un.org/en/mdg/summit2010/debate/CN_en.pdf

Wong, E. 2012. China's president lashes out at Western culture. *New York Times* (Asia Pacific), 3 January 2012. Accessed at http://www.nytimes.com/2012/01/04/world/asia/chinas-president-pushes-back-against-western-culture.html

World Bank, 1998. *World Development Report* 1998/9: *Knowledge for Development*. World Bank, Washington.

World Bank, 2004. *Investment Climate Survey. Kenya: Enhancing the Competitiveness of Kenya's Manufacturing: The Role of Investment Climate*. World Bank, Washington.

World Bank and China, the People's Republic, Development Research Centre (DRC) of the State Council. 2012. *China 2030: Building a Modern, Harmonious and Creative High-Income Society*. World Bank, Washington.

Wu, Y. 2012. The rise of China's state-led media dynasty in Africa. Occasional Paper no 117, South African Institute of International Affairs, University of the Witwatersrand, Johannesburg.

Wyatt, D. J. 2010. *The Blacks of Premodern China: Encounters with Asia*. University of Pennsylvania Press, Philadelphia.

Xu, L. 2010. Plenary address to 5th Convention of Confucius Institutes, 11—12 December 2010, China National Convention Centre, Beijing.

Xu, L. 2010b. Annual Report on the 2010 Work and 2011 Plan. The Confucius Institute headquarters, presented at 4th Assembly of the CI Council, 9 December 2010.

Yan, H. and Sautman. B. 2012. Chasing ghosts: Rumours and representations of the export of Chinese convict labour to developing countries. *The China Quarterly*, 210, 398—418.

Yang, R. 2007. China's soft power project in higher education. *International Higher Education*, 46, 24—25.

Yang, R. 2010. Soft power and higher education: an examination of China's Confucius Institutes, *Globalisation, Societies and Education*, 8(2), 235—245.

Yin, B. 2012. Chinese donations: Tale of frustration that lies behind health aid to Africa. Accessed at http://www.ft.com/cms/s/0/67e9f95a-87a9-11e1-ade2-00144feab49a.html#axzz1uB86fBRC

Yuan, T. 2011a. China's educational 'aid' to Africa: A different donor logic? Unpublished doctoral dissertation, Graduate school of Education, University of Bristol.

Yuan, T. 2011b. China's aid modalities of human resource development in Africa and an exploration in Tanzania: differences and recognitions. In: Rethinking Development in an Age of Scarcity and Uncertainty, EADI/DSA Conference, 19—22 September 2011, University of York.

Zhe, R. 2010. Confucius Institute: China's soft power? In: Policy Commentary, June 2010, Sigur Centre for Asian Studies, George Washington University, Washington DC.

Zimmermann, F. and Smith, K. 2011. More actors, more money, more ideas for international development cooperation. *Journal of International Development*, 23, 722—738.

附　　录

中国政府对外援助八项原则

1964年1月5日,周恩来在阿克拉阐述了中国政府对外援助的八项原则。这些对外援助原则或合作发展很好地经历了时间的考验:

1. 中国政府一贯根据平等互利的原则对外提供援助,从来不把这种援助看作是单方面的赐予,而认为援助是相互的。

2. 在提供对外援助的时候,严格尊重受援国的主权,绝不附带任何条件,绝不要求任何特权。

3. 以无息或者低息贷款的方式提供经济援助,在需要的时候延长还款期限,以尽量减少受援国的负担。

4. 提供外援的目的是帮助受援国逐步走上自力更生、经济上独立发展的道路。

5. 帮助受援国建设的项目,力求投资少,收效快,使受援国政府能够增加收入,积累资金。

6. 中国政府提供自己所能生产的质量最好的设备和物资,并且根据国际市场的价格议价。如果中国政府所提供的设备和物资不合乎商定的规格和质量,中国政府保证退换。

7. 中国政府对外提供任何一种技术援助的时候,保证做到使受援国的人员充分掌握这种技术。

8. 中国政府派到受援国的专家,同受援国自己的专家享受同样的物质待遇,不容许有任何特殊要求和享受。

索　引

B

巴黎宣言　29,52,134,143

C

财政不平衡　39

长期培训　12,34,42,45,48,75,81,
114,147,202

D

大学合作　32,37,57,65,202

对外援助司　6,15,18,20,21,135,139,
143,148,150,151,153,164,181

F

非洲劳工研究网络　118,119,127

非洲联盟　51,77,79,141,142,152,
153,187

非洲企业　186

非洲人力资源开发基金　2,28,33,42

非洲学生协会　84

非洲研究中心　1,19,46,56,60,64,75,
98,129,149,151,158,184,190

G

共同发展　5,6,39,56-58,92

H

汉办　11,15,16,34,35,48-51,82,113,

165,166,168,173,177,195,199

合作伙伴　31,32,34,38,44,45,48,50-
52,57,58,71,134,143,153,154,
158,160,164,173,182,199,202

和平发展　163

互惠互利　9,27,55,57,87,88,163

华东师范大学　17,32,79,83

J

捐助国　1,2,7,13,18,21,23,25,26,
27,30,31,45,49-57,113,128,133-
161,194,198

K

可持续发展　28,137,138

孔子课堂　12,18,86,167,188,193,
194,198,202,205

孔子学院　11,12,16,18,19,21,23,26,
29,30,32,34-57,64,65,70,74,80,
82,87,88,96,113,148,149,164-
177,188-199,202,205

L

伦理诉求　39,87

N

南南合作　2-11,23,27,28,35,39,44,

49，51，56，87，133，143，150，154，155，157-160，163，184，190，192，201，204

内罗毕大学 18，19，41，48，50，51，64，67，70，74，78，96，100，102，148，168，184，202

能力建设 13，16，21，30，34，42，56，59，98，99，107，112，114，116，118-120，129，130，138，139，156，191

农业展示中心 27，128，153，203

Q

千年发展目标 15，27，51，52，85，145，203

R

人力资源开发 1，2，7，11-58，98，113，118，122-124，140，141，148，150，163，185，187，189-191，197-199，203

软实力 9-12，50，51，82，87，89，95，161，163-199，204

S

三方合作 53，157，158，160

双赢合作 5，37，52，92，179

T

天津职业技术师范大学 33，34，42，46，64，65

Y

亚洲发展银行 15

印非论坛峰会 6

援助原则 59，186

Z

浙江师范大学 17，19，26，32，34，36-43，45，46，64，65，74-76，78-81，87，158

郑和 17，21，66，163，164，204

职业教育 2，14，28，33，42，64，93，96-98，119，139，161，183，195

智库 26，38，46，55，153，190，203

中非发展基金 9，27，57

中非高等教育合作 27-29，37，49，51，52，55

中非合作论坛 4，5，7，9，10，12，14-17，22，23，26，27，29，30，33，34，36-38，42，46，48，51，52，58-65，78-87，95，103，121，133，151-160，168-199

中非教育部长论坛 28

中非教育合作 17，29，31，32，38，39，41，46，47，57，59，60，78，86，149，150，190

中非友谊学校 26，53，153

中国发展话语 6

中国教师 4，29，31，49，57，62，73，146

中国社科院 17

中国研究中心 19，23，38，49，53，95，104，142，153，197，203

中国政府奖学金 7，14，16，47，53，66，85，117，149，180

中国志愿者 21，140

中兴公司 99

周恩来 3，5，6，8，17，20，55，59，92，114，122，136，143，185，186，189，191，201，204，207

译者后记
Translators' Postscript

在历史上,中非之间一直有着密切的联系。自步入 21 世纪以来,随着 2000 年首届中非合作论坛的举行,中非的关系进入到新的历史阶段,尤其是中非之间的教育合作与交流。但是与中非火热的关系相比,中国相关的研究则显得薄弱,甚至是滞后。不要说关于非洲的研究,就是中国自身关于中非关系的研究,恐怕也比不上西方关于中非的研究。肯尼斯·金教授在本书里说道:"在我书桌后面,有一整架关于中非的书籍。"这"一整架"到底有多少本,译者没有向金教授进一步打听,但想必也是一个不小的数目。那么,国内的情况呢?

正是鉴于这种差距,浙江师范大学开始着手翻译和出版"非洲教育译丛"系列。肯尼斯·金教授的这本书为此系列的第六本译著。本书是一本比较特别的书籍,一个西方学者尝试站在中国的视角来探讨中国对非洲的援助及其软实力。长期以来,西方关于中非关系的研究带有大量的偏见,用有色的眼睛来看待中国在非洲的一举一动。例如,西方有不少媒体和学者认为:1) 中国向非洲学生和专业人士提供大量的长期和短期培训,其目的是为了获得非洲的资源。这种援助只是一种交易。2) 中国挑选的许多非洲留学生是未来的领袖和舆论影响者(opinion former)。3) 孔子学院是中国政府主导的一种文化入侵。4) 中国不在非洲培训当地的员工,而只是把中国的劳工带到非洲,甚至使用囚犯,等等。

由于缺乏对中国的了解,这些偏见深深地影响了西方的民众,甚至一部分非洲民众。金教授通过大量的田野调查,对这些偏见进行了辩驳,并得出了一些独到的结论。例如,被问到中国向非洲学生和专业人士提供大量的长短期培训的原因时,金教授是如此回答的:1) 中国官方版本的一个解释是,这是中国作为世界上最大的发展中国家而对拥有发展中国家最多的非洲大陆的利益回报。从某种意义上讲,这不是中国的援助,而是一系列合作协议,是南南合作的一种形式,体现了互利和共同发展。

2）这属于一种文化外交。其他国家，例如德国、日本、印度和巴西，所提供的大规模培训也属于文化外交。3）认为提供奖学金的背后是为了获取非洲资源的看法是站不住脚跟的，因为中国的奖学金面向与中国建交的所有非洲国家，而其中有些国家根本没有什么资源。

这种回答应该说非常接近事实的真相。因此，中国的读者阅读金教授的这本书时，在大部分时候会感觉到亲切，甚至会觉得这些都是正确的、无须重复的常识。但如果联系到西方的背景，就会知道此书的价值。当然，书里还有一些结论，值得中国学者进一步明辨，毕竟金教授是一位西方学者。例如，在中国没有种族歧视的文化背景下，中国人对于外来的非洲学生，究竟存在多大程度的歧视，需要进一步明晰。

2014年6月初，我与张燕军老师前往博茨瓦纳参加学术会议。这是我第一次踏出国门，第一次近距离感受非洲。虽然已经过去一年之久，但非洲那广袤无限的土地、碧蓝纯净的天空、粗犷纯朴的人民、轻松欢快的音乐、精美绝伦的雕塑，一直让我记忆犹新。但同时，非洲的无序、欠发展也让我感慨万千。作为一个学者，要想真正弄懂非洲，或许要长期扎根在当地，而不是只做简单的案头研究。

这本书由我和华东师范大学彭利平老师合译。我翻译了前言、第1～3章和结论部分，彭老师翻译了第4～6章，最后由我对全书作了统稿和校正。在本书的翻译中，每遇到疑问之处，我都向肯尼斯·金教授请教并得到他的详细答复。我的爱人黄英和曾经的师妹、现在武汉大学读博的欧玉芳，也为本书的翻译和校正做了不少努力。在本书的翻译过程中，浙江师范大学国际与比较教育研究院的徐辉教授和万秀兰教授一直给予关心，在此一并表示感谢。最后，我要感谢浙江大学出版社、浙江省高校人文社会科学浙江师大高等教育学重点研究基地对本书出版的支持。

在本书的出版过程中（2015年5月），由于种种原因，我从浙江师范大学国际与比较教育研究院（杭州校区）调往浙江师范大学田家炳教育科学研究院（金华本部）。由于学院的变更，我可能无法花更多的精力在非洲教育研究上，但由于浙江师范大学的一大特色就是非洲研究，新单位也距离非洲研究院更近，我还是会时时关注该领域。在此我想说几句题外话，那就是目前国内研究非洲教育的队伍太过薄弱，国内对话与争论的平台也很少。从这个角度上讲，如何壮大研究队伍，提升研究人员的素质，尤其是英文发表的能力（如此才能够国际对话），拓展并加深非洲教育研究的方向与主题，是一件需要重点考虑的事情。这背后离不开各种扶持和激励机制。据我所知，目前国内愿意发表非洲教育研究的期刊很少（这在一定程度上与国内非洲教育研究的水平相关,也与文章的引用率相关),申请非洲教育研究的课题也较难,相关教师评职称也很困难。人都是理性的,尤其是竞争日益激烈的当下,人都有一种趋利避害的天性。

　　由于本人是初入非洲研究这块领地,关于非洲有许多知识尚不了解,故译文可能会出现错误和纰漏,敬请读者批评指正。

刘爱生

2015 年 7 月 24 日